AF717033

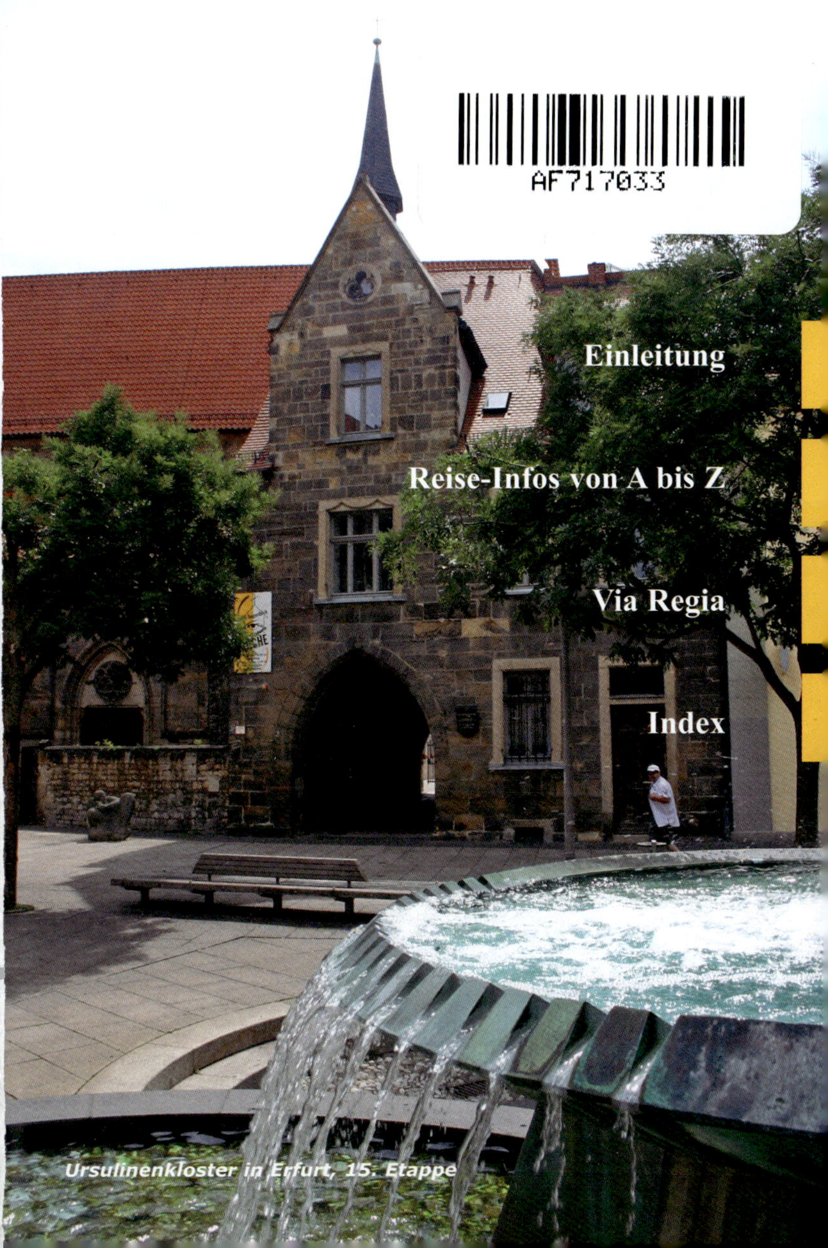

Ursulinenkloster in Erfurt, 15. Etappe

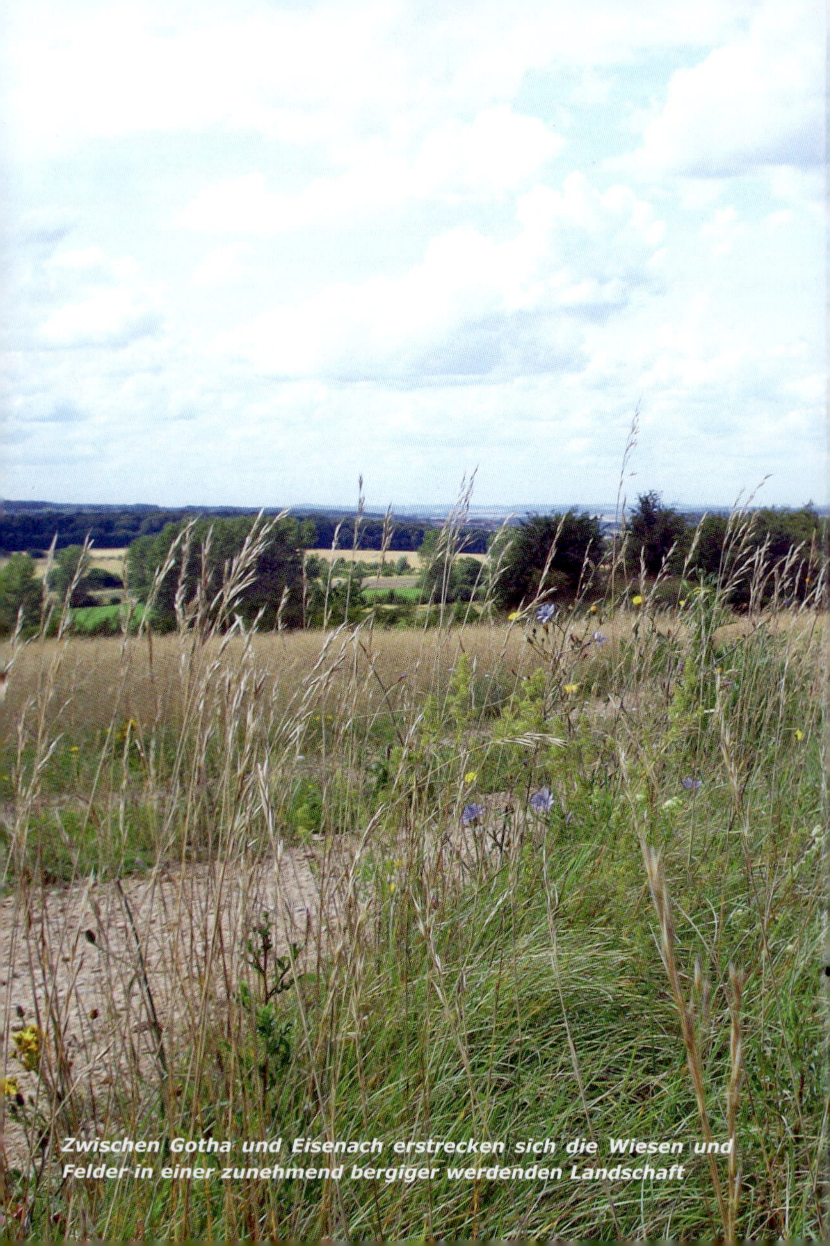

Zwischen Gotha und Eisenach erstrecken sich die Wiesen und Felder in einer zunehmend bergiger werdenden Landschaft

Band 288

OutdoorHandbuch

Thorsten Hoyer

Via Regia

Pilgerweg von Görlitz nach Vacha

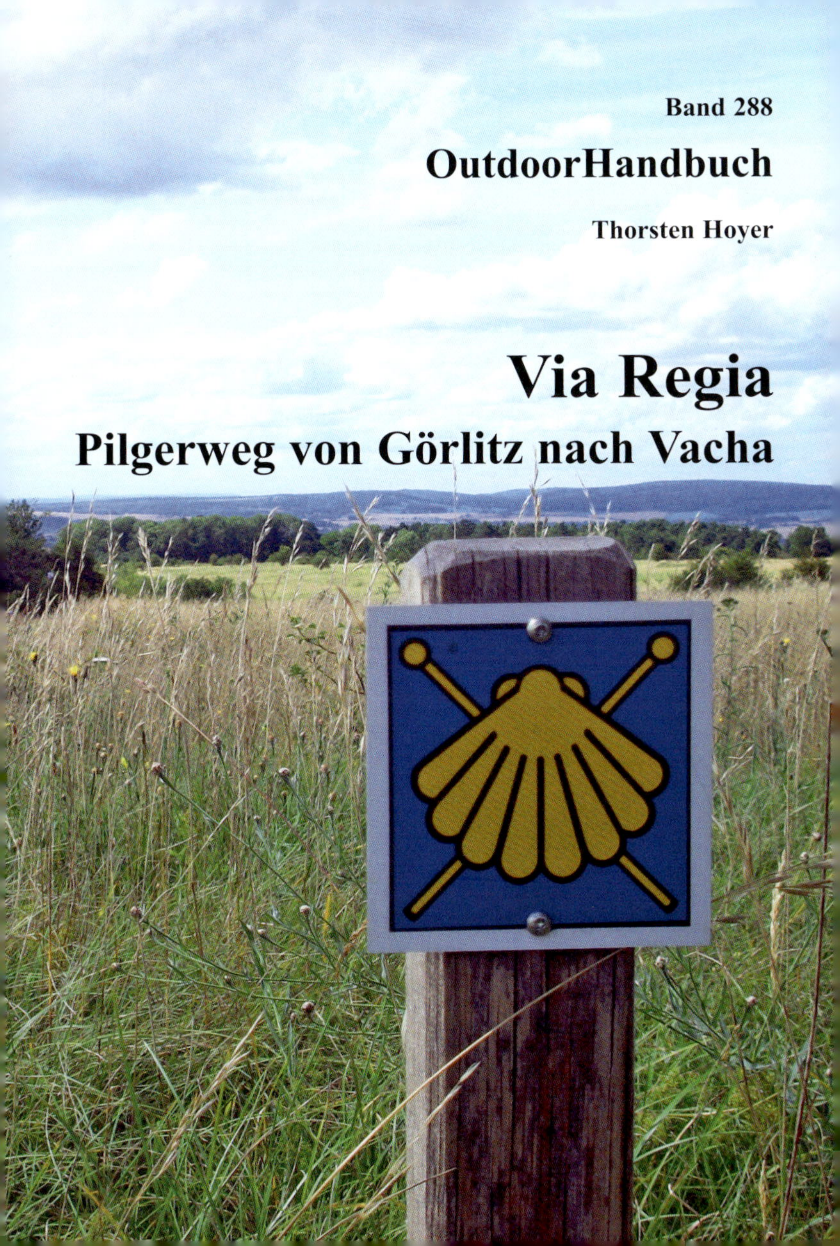

Via Regia: Pilgerweg

Dieses OutdoorHandbuch wurde konzipiert und redaktionell erstellt vom:

Conrad Stein Verlag GmbH
Kiefernstr. 6, 59514 Welver
☏ 023 84/96 39 12
info@conrad-stein-verlag.de
www.conrad-stein-verlag.de
www.facebook.com/outdoorverlag
www.instagram.com/outdoorverlag

Der Nachdruck, die Übersetzung, die Entnahme oder Kopie von Texten, Karten, Abbildungen und Symbolen sowie die Verwertung auf elektronischen Datenträgern, die Einspeicherung in Medien wie Internet (auch auszugsweise) sind ohne vorherige schriftliche Genehmigung des Verlags unzulässig und strafbar.

Copyright Conrad Stein Verlag GmbH. Alle Rechte vorbehalten.

Klimaneutral
Druckprodukt
ClimatePartner.com/53106-2301-1004

Als Outdoor-Verlag sind uns der Schutz und die Erhaltung der Natur seit jeher ein besonderes Anliegen. Auch in Sachen Klimaschutz haben wir eine Vorreiterrolle inne: Wir sind der einzige Buchverlag in Deutschland, der bereits seit 2008 seine Bücher konsequent klimaneutral in Deutschland produzieren und transportieren lässt. Dabei wird nicht nur klimaneutral, sondern auch nachhaltig, d. h. so umweltschonend wie möglich produziert, z. B. durch die Auswahl von umweltfreundlichen Materialien. Die bei der Produktion der Bücher entstandenen CO_2-Emissionen werden durch die Unterstützung von zertifizierten Klimaschutzprojekten ausgeglichen. Jedes Buch wird daher mit dem Logo „klimaneutral“ und einer Climate-Partner-Zertifikatsnummer versehen. Mithilfe dieser Nummer können Sie unter www.climatepartner.com Informationen zu der eingesparten CO_2-Menge und dem Projekt finden, das mit der Abgabe gefördert wird.

Das Engagement des Conrad Stein Verlags wurde im Rahmen des Projekts „Klimaneutraler Buchverlag“ mit dem Westenergie Klimaschutzpreis 2022 ausgezeichnet.

OutdoorHandbuch Band 288

ISBN 978-3-86686-792-5 3., überarbeitete Auflage 2023

Text und Fotos: Thorsten Hoyer
Karten: Manuela Dastig
Lektorat: Ricarda Kuschma
Layout: Alexandra Sauerland

Gesamtherstellung: AZ Druck und Datentechnik GmbH, Kempten

Dieses OutdoorHandbuch hat 192 Seiten mit 57 farbigen Abbildungen sowie 30 farbigen Kartenskizzen im Maßstab 1:150.000, 19 farbigen Höhenprofilen, 5 farbigen Stadtplänen und einer farbigen, ausklappbaren Übersichtskarte.

Alle Informationen, schriftlich und zeichnerisch, wurden nach bestem Wissen zusammengestellt und überprüft. Sie waren korrekt zum Zeitpunkt der Recherche. Eine Garantie für den Inhalt, z. B. die immerwährende Richtigkeit von Preisen, Adressen, Telefonnummern und Internetadressen, Zeit- und sonstigen Angaben, kann naturgemäß von Verlag und Autor – auch im Sinne der Produkthaftung – nicht übernommen werden.

Autor und Verlag freuen sich über Ihr Feedback. Schreiben Sie Ihre Tipps und Verbesserungen an info@conrad-stein-verlag.de oder nutzen Sie unsere Social-Media-Kanäle. Bitte nennen Sie dabei Titel, Auflage und Seitennummer.

Dieses Buch ist im Buchhandel und in Ausrüstungsläden erhältlich und kann im Internet oder direkt beim Verlag bestellt werden.

Titelfoto: Blick auf Görlitz, 1. Etappe

Inhalt

☺ Eine **Übersichtskarte** des Weges, **Autorenprofil** sowie eine Liste aller verwendeten **Symbole** in diesem Buch finden Sie auf den vorderen und hinteren Umschlagseiten bzw. -klappen.

Einleitung

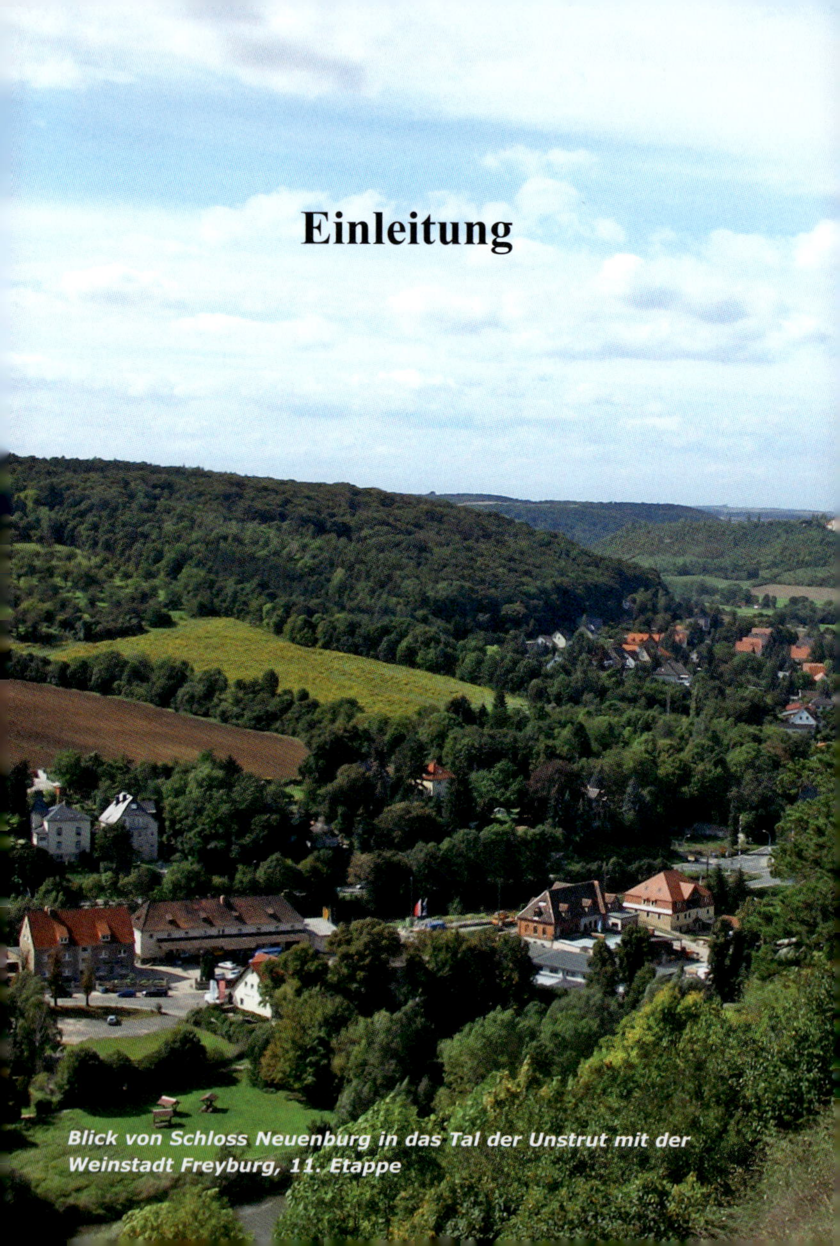

Blick von Schloss Neuenburg in das Tal der Unstrut mit der Weinstadt Freyburg, 11. Etappe

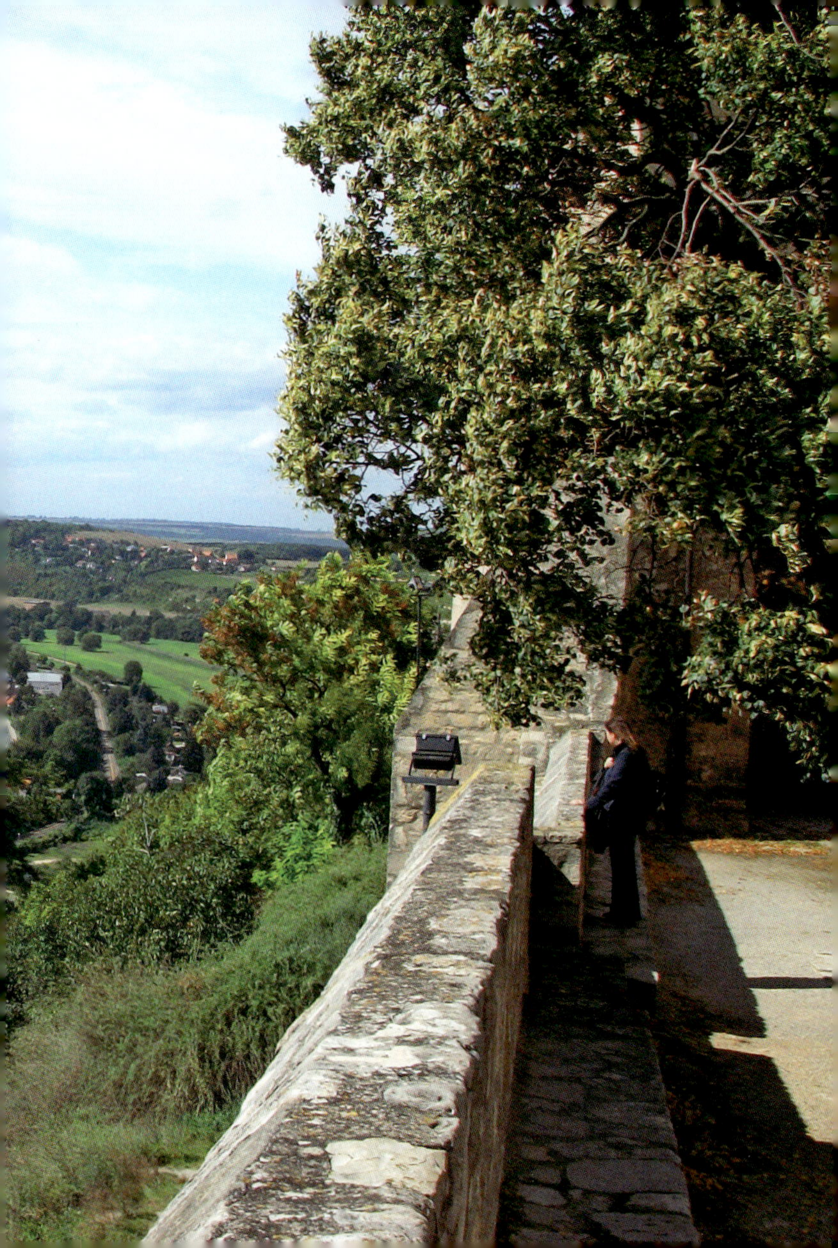

Künstlerisch-kreative Markierung

Pfade, Wege und Straßen spielten in der Geschichte der Menschheit von jeher eine entscheidende Rolle. Einerseits wurde Handel betrieben, Waren wurden ausgetauscht, Güter mussten transportiert werden. Andererseits waren Menschen unterwegs, die nichts in den Händen trugen oder auf einem Wagen oder Pferd transportierten. Sie reisten vielmehr mit ihren Ideen und ihrem Wissen von einem Ort zum anderen. Wissenschaftler und Künstler sorgten für den intellektuellen und kreativen Austausch. Bei alledem spielten Grenzen kaum eine Rolle. Manche der Reisenden trugen lediglich Papier und Stift bei sich und schrieben auf, wie es jenseits einer Grenze aussah. An einem anderen fernen Ort berichteten sie interessierten Zuhörern davon. Vielleicht entstand zu dieser Zeit bereits die Sehnsucht, aufzubrechen, sich auf den Weg zu machen, die Neugierde zu stillen, wie die Menschen, die Landschaften, das Leben an einem anderen, unbekannten Ort sind – selbst wenn es nur die nächste Stadt ist. Für die meisten Pilger hingegen war die nächste Stadt zumeist nur eine Zwischenstation, eine Möglichkeit, Obdach für die Nacht zu finden, sich auszuruhen, um sich auf einen weiteren Tag ihrer langen Reise zu einem spirituellen Ziel vorzubereiten.

Im Gegensatz zu all diesen friedlichen Anlässen zogen aber auch Armeen durchs Land, für die leider allzu oft Grenzen ebenfalls keine Rolle spielten. Und falls doch, dann nur, um darum zu kämpfen, sie zu verschieben, um Besitzansprüche zu befriedigen. Da waren nicht mehr Neugierde und Sehnsucht die Motivatoren, sondern bloßer Machtanspruch.

Bereits vor vielen Jahrhunderten wurden in den Ausbau dieser „Straßen" erhebliche Mittel investiert, denn die Ansprüche für den stetig wachsenden Austausch der unterschiedlichsten Waren wuchsen beständig. Bereits zu diesen Zeiten war die möglichst schnelle und sichere Beförderung von Waren ausschlaggebend für ein gutes Geschäft.

Eine der bekanntesten und wichtigsten dieser mittelalterlichen Handelsstraßen war die Via Regia, die einst Krakau und Frankfurt am Main miteinander verband. 1252 wurde die Straße erstmalig als „strata regia", also als Königsweg, da sie unter königlichem Schutz stand, erwähnt. Es ist aber davon auszugehen, dass sie wesentlich älter ist. Später setzte sich auch immer öfter der Name „Hohe Straße" durch. Entlang der Via Regia entstanden Siedlungen, die sich im Laufe der Zeit zu überregional bedeutenden Handels- und Messestädten entwickelten, die nicht nur allein durch Handel, sondern insbesondere auch aufgrund der Einnahmen durch Zölle und Gebühren Reichtum erlangten.

Aber alles hat seine Zeit, und da war auch die Via Regia keine Ausnahme. Infolge der endgültigen Niederlage Napoleons sowie der anschließenden Neuordnung Europas Mitte des 19. Jh. verlor sie an Bedeutung. Einmal mehr hatte ein Krieg zerstört, was Jahrhunderte Bestand hatte. Allerdings hätte der Niedergang wohl auch ohne dieses Ereignis nicht mehr lange auf sich warten lassen, denn mit Beginn der Industrialisierung und dem damit verbundenen stetigen Ausbau des Eisenbahnnetzes war das endgültige Ende der Via Regia gekommen. Erst mit der Wiedervereinigung Deutschlands rückte die alte Handelsstraße wieder ins Bewusstsein und ist heute wieder ein bisschen das, was sie einmal war: ein Weg, der verbindet, Deutschland mit Polen, Ost mit West und damit Europa insgesamt.

In diesem Buch wird der rund 450 km lange Teil der Via Regia von der deutsch-polnischen Grenze in Görlitz durch Sachsen, Sachsen-Anhalt und Thüringen bis nach Vacha an der thüringisch-hessischen Grenze beschrieben. Die Via Regia ist heute auch als Ökumenischer Pilgerweg ausgewiesen.

Das vorliegende Buch soll kein „normaler" Pilgerführer sein. Vielmehr wendet es sich an alle Interessierten, die etwas über die Via Regia, die faszinierenden Städte und die Besonderheiten der Regionen erfahren ... oder besser, erwandern wollen. Das Buch soll animieren, sich auf den Weg zu machen, um die eine oder andere vielleicht noch unbekannte Gegend zu entdecken – oder auch erneut zu besuchen.

Gute Reise!

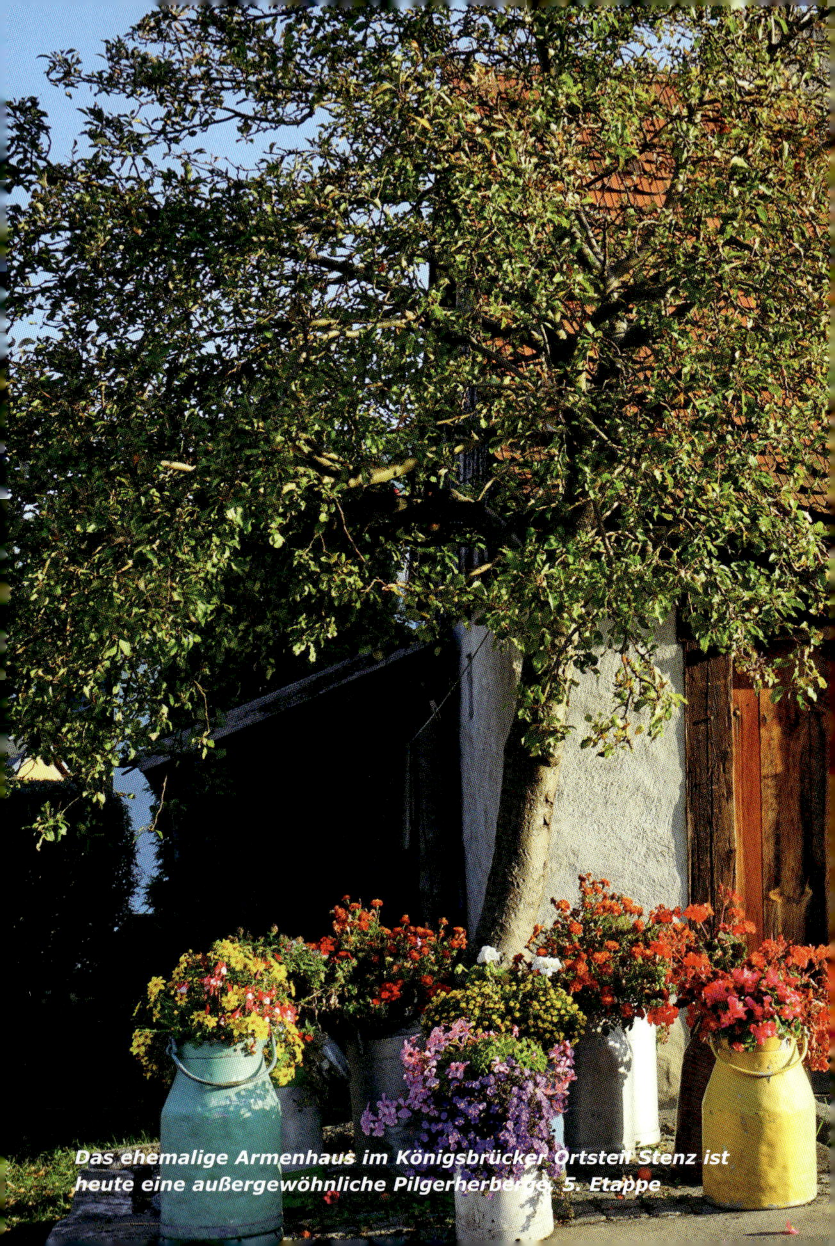

Das ehemalige Armenhaus im Königsbrücker Ortsteil Stenz ist heute eine außergewöhnliche Pilgerherberge. 5. Etappe

Reise-Infos von A bis Z

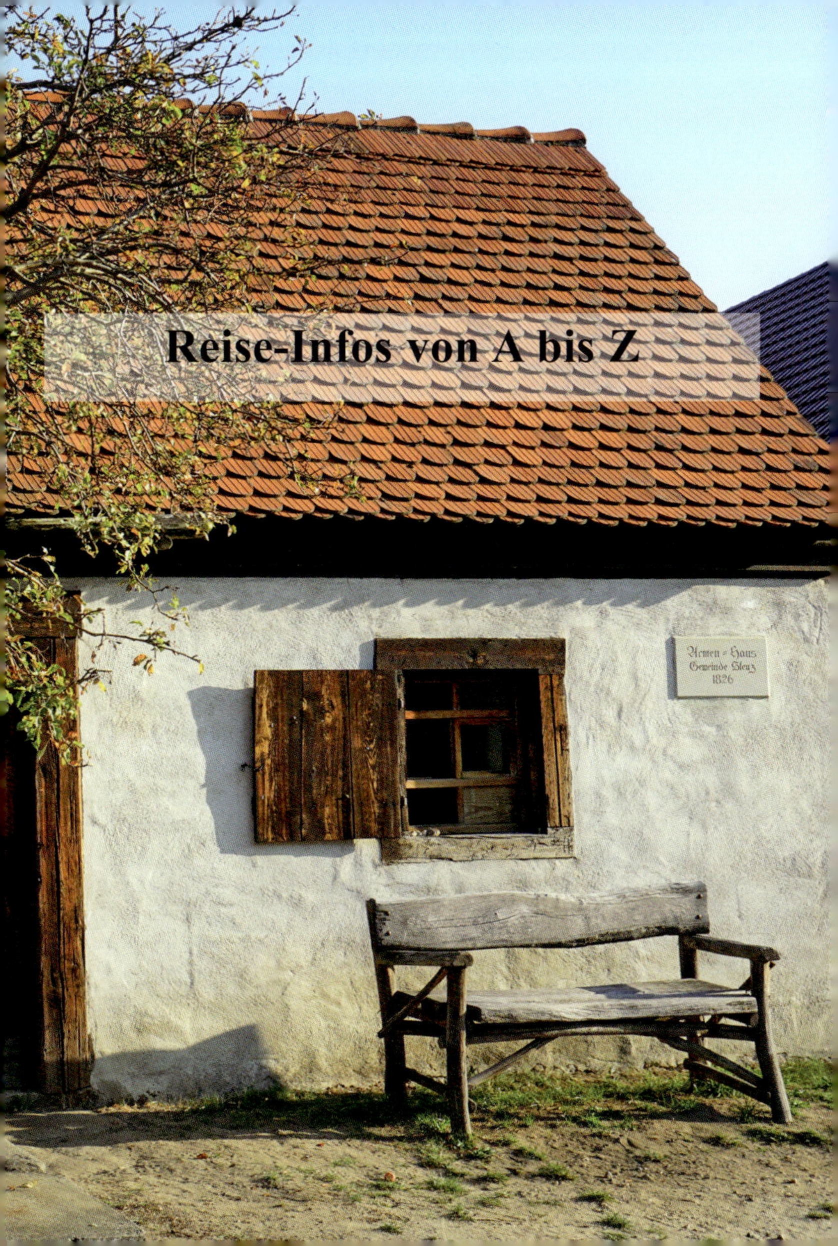

Anforderung

In technischer Hinsicht weist die Route keinerlei Schwierigkeiten auf. Weder gibt es ausgesetzte Passagen noch – bis auf wenige Ausnahmen – kräftezehrende Anstiege. Insgesamt sind die zu bewältigenden Höhenmeter im Auf- und Abstieg kaum der Rede wert. Nur in den Hörselbergen zwischen Gotha und Eisenach, ab Eisenach hinauf zur Wartburg und weiter durch den Thüringer Wald addieren sich die Höhenmeter deutlich schneller als zuvor.

Aber jeder Weg hat seine ganz eigenen Herausforderungen hinsichtlich des Streckenprofils, da macht auch die Via Regia keine Ausnahme. In der Regel freuen sich die Füße nicht besonders, wenn es längere Zeit über asphaltierte oder mit Betonplatten versiegelte Wege geht. Mit solchen mitunter kilometerlangen Wegabschnitten müssen Sie sich allerdings immer wieder auseinandersetzen. Zudem sind es nicht selten (auch stärker) befahrene Straßen.

Besonderes Augenmerk muss dem Sonnenschutz zuteilwerden. Über weite Strecken führt die Via Regia durch schattenlose Feld- und Wiesenflure, erst mit Erreichen der Hörselberge kurz vor Eisenach beginnt der waldreiche Teil der Wanderung.

Sonnenhut und Sonnencreme gehören zwingend in den Rucksack!

Anreise und ÖPNV

Fast alle Städte, in denen eine Etappe beginnt oder endet, sind an das Schienennetz der Deutschen Bahn angebunden. Somit gibt es praktische Möglichkeiten, die Erwanderung der rund 450 km langen Strecke entsprechend der zur Verfügung stehenden Zeit aufzuteilen.

Die Ortschaften entlang der einzelnen Etappen verfügen nicht immer über brauchbare ÖPNV-Verbindungen. In erster Linie sind davon die Dörfer sowie die Wochenenden und Feiertage betroffen.

mit dem Pkw

Die Autobahn A4 führt von Hessen kommend quer durch Thüringen und Sachsen direkt bis nach Görlitz.

mit der Bahn

Görlitz ist mit dem Zug grundsätzlich gut erreichbar. Eine ICE-Anbindung besteht nicht; es lässt sich in der Regel nicht vermeiden, mindestens einmal umzusteigen. Die Anreise führt zumeist über die Bahnhöfe in Dresden (Hauptbahnhof oder Dresden-Neustadt) oder Cottbus.

Die Fahrt vom Berliner Hauptbahnhof dauert beispielsweise nur gut 2 Std. 30 Min., eine Fernanreise kann dagegen auch dreimal so viel Zeit in Anspruch nehmen. Oder noch mehr. Die Städte am Weg sind alle gut miteinander verbunden.

Aktuelle Fahrplanauskünfte über DB-Verbindungen erhalten Sie hier:

▷ Rund um die Uhr gibt es unter ☏ 030/29 70 Informationen über Zugverbindungen und Fahrpreise. Zudem können auch Buchungen von Fahrkarten sowie Reservierungen getätigt werden.

▷ Kostenlose Fahrplanauskünfte über ein Sprachdialogsystem sind ebenfalls rund um die Uhr möglich, ☏ 08 00/150 70 90.

▷ Umfassende Informationen bekommen Sie auch unter 💻 www.bahn.de.

mit Bussen

Mehrere Verkehrsverbünde in Sachsen, Sachsen-Anhalt und Thüringen sorgen für den öffentlichen Personennahverkehr. Die im Folgenden genannten Dienstleister informieren über diverse Verbindungen des ÖPNV in den Regionen:

▷ **Zweckverband Verkehrsverbund Oberlausitz-Niederschlesien (ZVON)**, ☏ 035 91/32 69 10, ✉ info@zvon.de, 💻 www.zvon.de. Der Verkehrsverbund deckt den Bereich von Görlitz bis Kamenz ab.

▷ **Verkehrsverbund Oberelbe (VVO)**, ☏ 03 51/852 65 55, ✉ service@vvo-online.de, 💻 www.vvo-online.de. Das Verbundgebiet erstreckt sich von Kamenz bis Strehla.

▷ **Mitteldeutscher Verkehrsverbund (MDV)**, ☏ 03 41/91 35 35 91, ✉ post@mdv.de, 💻 www.mdv.de. Bedient wird der Bereich von Dahlen bis Eckartsberga.

▷ **Nahverkehrsservice Sachsen-Anhalt**, ☏ 03 91/536 31 80, ✉ info@nasa.de, 💻 www.insa.de. Bedient wird das Streckennetz zwischen Merseburg und Naumburg.

▷ **Verkehrsverbund Mittelthüringen (VMT)**,
☏ 03 61/194 49, ✉ service@vmt-thueringen.de,
💻 www.vmt-thueringen.de.
Der Verkehrsverbund verbindet die Ziele zwischen Eckartsberga und Gotha miteinander.

▷ **Verkehrsunternehmen Wartburgmobil (VUW)**,
☏ 01 80/712 13 14, ✉ service@wartburgmobil.info,
💻 www.wartburgmobil.info.
Die KVG Eisenach sorgt für die Beförderung im Wartburgkreis und in der Stadt Eisenach.

Ausrüstung

Wie unter „Anforderungen" bereits beschrieben sind bei Wanderungen auf der Via Regia keine technisch schwierigen Abschnitte zu erwarten. Ob Sie nun in Halbschuhen oder knöchelhohen Wanderschuhen laufen, ist daher allein Ihrem persönlichen Wohlbefinden geschuldet.

Der passende Rucksack ist wichtig

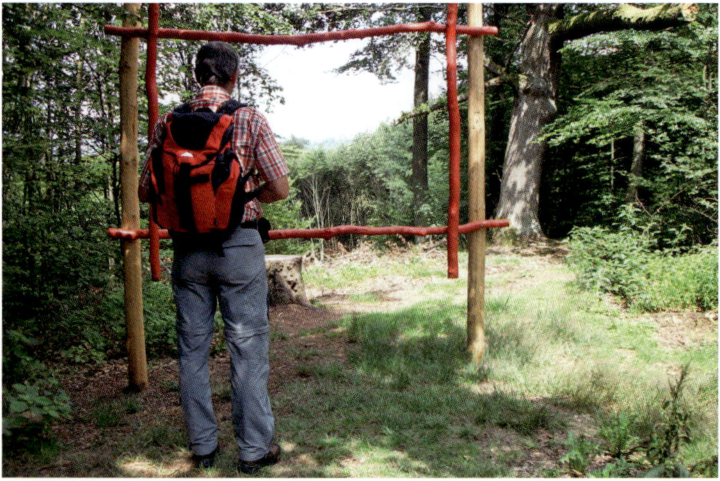

Allerdings sollten Sie bei der Wahl der Schuhe auf eine gute Dämpfung der Sohle achten, denn durch die mitunter sehr langen Asphaltabschnitte werden die Gelenke, insbesondere auch durch die Belastung durch einen mehr oder weniger schweren Rucksack, entsprechend beansprucht. Ein paar gute Trekkingsandalen im Gepäck können sicher nicht schaden.

Die Rucksackgröße ist natürlich immer davon abhängig, was individuell als unverzichtbar angesehen wird. Empfehlenswert ist es, einen kleineren Rucksack zu wählen, dann fällt das Aussortieren von möglicherweise überflüssigen Dingen von vornherein schon leichter. Mit einem 40-l-Rucksack sollte jeder gut bedient sein – Sie müssen ihn ja nicht gänzlich füllen.

Einkaufen und Einkehren

In den kleinen Dörfern werden Sie auf Einkaufsmöglichkeiten zumeist verzichten müssen. Hatten sich hier und da immer noch mal kleine Tante-Emma-Läden gehalten, sind diese inzwischen leider auch verschwunden. Auch wenn es in der Regel mindestens eine Einkehrmöglichkeit gibt, sollten Sie darauf achten, für unterwegs immer etwas Proviant mitzunehmen. In den kleinen Ortschaften entlang der Etappen gibt es meist ebenso wenig eine Möglichkeit, sich mit Verpflegung einzudecken. Ob unterwegs und am Ziel Einkehr- oder Einkaufsmöglichkeiten vorhanden sind, können Sie an den Symbolen bzw. in der Übersicht am Anfang jeder Etappe ablesen.

Essen und Trinken

Eine typisch sächsische Küche gibt es nicht – zumindest nicht in der Form einheitlicher traditioneller Rezepturen. Aufgrund großer regionaler Unterschiede zwischen den einzelnen Landesteilen, wie z. B. Erzgebirge, Vogtland, Lausitz, Sächsischer Schweiz sowie den Großstädten Dresden und Leipzig, entwickelten sich ganz eigene Regionalküchen. Was dabei jedoch für alle Gültigkeit hat, ist die Bodenständigkeit der oft deftigen Gerichte.

In Sachsen hat das Bäcker- und Konditorenhandwerk eine bedeutende Tradition. Zahlreiche Backwarenspezialitäten erlangten weit über die Grenzen Sachsens hinaus Berühmtheit.

Übrigens waren die Kaffee liebenden Sachsen die Ersten, die ihr Lieblingsgetränk zusammen mit Kuchen reichten. Mit Eröffnung des ersten Kaffeehauses in Leipzig im Jahr 1694 entwickelte sich in Sachsen eine Kaffeehauskultur, die bis heute in Deutschland einzigartig ist.

Im Gegensatz zur sächsischen Küche wartet die Thüringer Küche mit Spezialitäten auf, die im gesamten Freistaat gleichermaßen bekannt und beliebt sind. Ein traditionelles Gericht sind Thüringer Klöße mit Apfelrotkraut und Rinderroulade. Dass die Klöße hier an erster Stelle stehen, ist kein Zufall. Wie hoch deren Wertschätzung ist, macht der folgende Spruch deutlich: *„Ein Sonntag ohne Klöße verlöre viel von seiner Größe."*

Ansonsten wird von jeher gerne kräftig gekocht, wobei Fleisch eine wichtige Rolle spielt. „Der Rost brennt!" – so heißt es, wenn es endlich mit dem Grillen losgehen kann. Für Thüringer ist das Grillen eine Lebenseinstellung und zuweilen steigt der Rauch auch schon mal in den winterlichen Himmel empor!

Bei den Austragungen von Grillmeisterschaften findet nicht nur die bekannte Thüringer Bratwurst ihren Weg auf den Rost, da wird der Fantasie freien Lauf gelassen.

Zu all den leckeren Gerichten dürfen passende Getränke natürlich auf keinen Fall fehlen. Und auch hierbei haben die Regionen ihre eigenen schmackhaften und hochwertigen Produkte zu bieten. Bierliebhaber schätzen das *Köstritzer Schwarzbier.* Die bereits im Jahr 1543 erwähnte Brauerei ist nicht nur eine der ältesten Brauereien in Deutschland, sondern auch Marktführer bei den dunklen untergärigen Bieren.

Neben Bier wird aber auch gerne der heimische Wein aus dem Anbaugebiet Saale-Unstrut genossen. Das Gebiet erstreckt sich entlang der Flüsse Unstrut und Saale im südlichen Sachsen-Anhalt und nordöstlichen Thüringen. Die örtlichen Gegebenheiten sind besonders ideal für die Sorte Müller-Thurgau, aber Weißburgunder, Silvaner, Traminer und einige weitere Sorten werden ebenfalls angebaut. In den letzten Jahren sind auch die Rotweine der Region immer mehr in das Bewusstsein der Weinliebhaber gerückt. Inzwischen werden nicht nur Reben der Sorte Dornfelder erfolgreich angebaut, sondern auch Blauer Zweigelt und Lemberger. Überhaupt erstaunt die Sortenvielfalt in dieser verhältnismäßig kleinen Weinregion. Das bei allem auch die Qualität stimmt, beweisen die stetig steigende Beliebtheit der Saale-Unstrut-Weine – und zahlreiche Auszeichnungen.

Wo es Wein gibt, ist zumeist der Sekt nicht weit. Das stimmt besonders im Zentrum der Weinregion Saale-Unstrut, dem Städtchen Freyburg. Hier wird mit der Marke *Rotkäppchen* Deutschlands beliebtester Sekt gekeltert (☞ Freyburg).

GPS

Die GPS-Tracks zu den beschriebenen Wegen können Sie auf der Internetseite des Verlags (💻 www.conrad-stein-verlag.de) herunterladen.

📖 **GPS** *Grundlagen · Tourenplanung · Navigation* von Michael Hennemann, Conrad Stein Verlag, Basiswissen für draußen, ISBN 978-3-86686-769-7, ca. € 12,90, Neuauflage 2023

Informationen

Die Adressen und Telefonnummern der Touristinformationen in den einzelnen Etappenorten sind jeweils am Ende der betreffenden Wegbeschreibung aufgeführt. Darüber hinaus halten die Tourismusverbände auf Regions- und Landesebene weiterführende bzw. ergänzende Informationen bereit.

Für den Freistaat Sachsen:

▷ **Tourismus Marketing Gesellschaft Sachsen mbH**, Bautzner Str. 45/47, 01099 Dresden, ☎ 03 51/49 17 00, ✉ info@sachsen-tour.de, 💻 www.sachsen-tourismus.de

▷ **Marketing-Gesellschaft Oberlausitz-Niederschlesien mbH,** Humboldtstr. 25, 02625 Bautzen, ☎ 035 91/487 70, ✉ info@oberlausitz.com, 💻 www.oberlausitz.com

▷ **Tourismusverband Elbland Dresden e. V.,** Dresdner Straße 7, 01662 Meißen, ☎ 035 21/763 50, ✉ info@elbland.de, 💻 www.dresden-elbland.de

▷ **Tourismusverband Sächsisches Burgen- und Heideland e. V.,** Niedermarkt 1, 04736 Waldheim, ☎ 03 43 27/96 60, ✉ info@saechsisches-burgenland.de, 💻 www.saechsisches-burgenland.de

Für Sachsen-Anhalt:

▷ **Investitions- und Marketinggesellschaft Sachsen-Anhalt mbH**, Am Alten Theater 6, 39104 Magdeburg, ☏ 03 91/568 99 80, ✉ tourismus@img-sachsen-anhalt.de, 💻 www.sachsen-anhalt-tourismus.de

▷ **Saale-Unstrut-Tourismus e. V.**, Topfmarkt 6, 06618 Naumburg, ☏ 034 45/23 37 90, ✉ info@saale-unstrut-tourismus.de, 💻 www.saale-unstrut-tourismus.de

Für den Freistaat Thüringen:

▷ **Thüringer Tourismus GmbH**, Willy-Brandt-Platz 1, 99084 Erfurt, ☏ 03 61/374 20, ✉ service@thueringen-entdecken.de, 💻 www.thueringen-entdecken.de

▷ **Thüringer Tourismusverband Jena-Saale-Holzland e. V.**, Jahnstr. 29, 07639 Bad Klosterlausnitz, ☏ 03 66 01/90 52 00, ✉ info@saaleland.de, 💻 www.saaleland.de

▷ **Tourismusverband Thüringer Wald – Gothaer Land e. V.**, Reuterstraße 2, 99867 Gotha, ☏ 036 21/36 31 11, ✉ info@tourismus-thueringer-wald.de, 💻 www.tourismus-thueringer-wald.de

▷ **Nationalpark-Verwaltung Hainich**, Bei der Marktkirche 9, 99947 Bad Langensalza, ☏ 036 1/573 91 40 00, ✉ nationalpark.hainich@nnl.thueringen.de 💻 www.nationalpark-hainich.de

Informationen zur Via Regia bzw. zum Ökumenischen Pilgerweg:

▷ **Europäisches Kultur- und Informationszentrum in Thüringen**, Bahnhofstraße 27, 99084 Erfurt, ☏ 03 61/764 85 90, ✉ ekt@via-regia.org, 💻 www.via-regia.org

▷ **Ökumenischer Pilgerweg e. V.**, Tiefurter Allee 2c, 99425 Weimar, ☏ 036 43/81 57 33, ✉ info@oekumenischer-pilgerweg.de, 💻 www.oekumenischer-pilgerweg.de.
Hier gibt es eine „Mit-Geh-Zentrale“!

Karten

▷ Radwander- und Wanderkarte Ökumenischer Pilgerweg Görlitz – Vacha, Teil 1 Görlitz – Leipzig, Dr. Barthel Verlag, Maßstab 1:50.000, ISBN 978-3-89591-152-1, € 9,90

▷ Radwander- und Wanderkarte Ökumenischer Pilgerweg Görlitz – Vacha, Teil 2 Leipzig – Vacha, Dr. Barthel Verlag, Maßstab 1:50.000, ISBN 978-3-89591-153-8, € 9,90

Die Karten sind im Buch- und Fachhandel erhältlich, z. B. bei der Geobuchhandlung in Kiel.

☺ Die Kartenempfehlungen wurden von der Geobuchhandlung Kiel überprüft. 💻 www.geobuchhandlung.de

Literatur

▷ **Der Ökumenische Pilgerweg – Pilgerführer**, Herausgeber: Ökumenischer Pilgerweg e. V., € 12 inkl. Pilgerausweis zzgl. Versandkosten. Erhältlich unter 💻 www.oekumenischer-pilgerweg.de

▷ **Pilgern auf den Jakobswegen** von Raimund Joos, Conrad Stein Verlag, 160 Seiten, ISBN 978-3-86686-394-1, € 12,90. Das Standardwerk zum Thema Pilgern!

Radfahrer

Bis auf wenige Teilstrecken ist die Via Regia hervorragend mit dem Fahrrad zu bewältigen. Welche Stellen für Fahrräder nicht geeignet sind, geht aus den Wegbeschreibungen hervor.

Umweltschutz

Eigentlich sollte es für jeden Wanderer und Naturliebhaber eine Selbstverständlichkeit sein, dennoch sei an dieser Stelle auf folgende Punkte hingewiesen:

▷ Abfallbehälter sind gut – wenn sie denn auch entsprechend genutzt werden!
Am sinnvollsten ist es, wenn Sie Ihren Abfall wieder nach Hause oder bis zum nächsten Quartier mitnehmen.

▷ Bitte tragen Sie Ihren Teil zum Schutz von Tieren und Pflanzen bei, indem Sie auf markierten Wegen und Pfaden bleiben. Unterhaltungen in angemessener Lautstärke sowie der Verzicht auf laute Musik schützen ebenfalls die scheuen Waldbewohner.

▷ Bitte machen Sie Feuer nur an den speziell dafür vorgesehenen Stellen und verzichten Sie auf das Rauchen!

▷ Sogenanntes „wildes" Zelten sowie das Übernachten in Schutzhütten ist nicht erlaubt.

▷ Gehen Sie auf Nummer sicher und lassen Sie Ihren Hund im Wald bitte an der Leine.

Unterkünfte

In den meisten Städten stehen die vielfältigsten Unterkünfte zur Verfügung. Ob Luxushotel, bodenständiger Gasthof oder günstiges Privatzimmer – da findet jeder ein passendes Bett.

Verständlich, dass in den einzelnen Ortschaften natürlich nicht immer alle Kategorien zur Verfügung stehen können.

In diesem Buch wird auch auf Pilgerherbergen hingewiesen. Es wurde versucht, für Pilger möglichst in jedem Etappenort eine (oder mehrere) passende Herberge/n zu benennen. Diese Angaben sind lediglich ergänzende Hinweise, ohne dabei einen Anspruch auf Vollständigkeit erheben zu wollen. Insgesamt soll die Quantität an Pilgerherbergen weiter erhöht werden, sodass zukünftig mit erweiterten Angeboten gerechnet werden kann. Einen umfassenden Überblick hinsichtlich der Pilgerherbergen bietet der Ökumenische Pilgerweg e. V. auf seiner Internetseite.

💻 www.oekumenischer-pilgerweg.de.

Für Übernachtungen in Pilgerherbergen wird ein Pilgerausweis benötigt, der über den Ökumenischen Pilgerweg e. V. (☞ Informationen) bezogen werden kann.

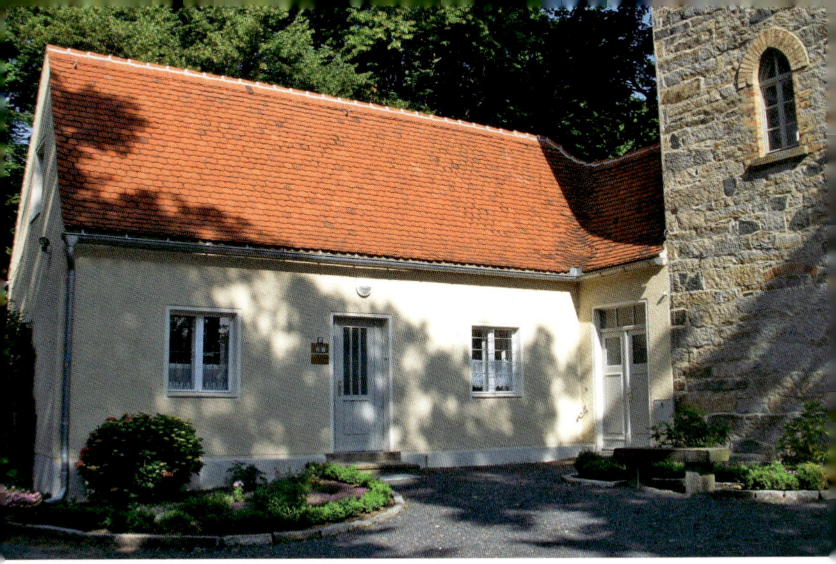

Pilgerherberge auf dem Hutberg oberhalb von Kamenz, 3. Etappe

In Görlitz, Leipzig und Erfurt ist die Auswahl an Unterkünften riesig, sodass in der entsprechenden Rubrik lediglich auf ein paar wenige Häuser hingewiesen wird, die quasi als Autorentipp zu verstehen sind. Ansonsten orientiert sich die Auswahl der im Buch aufgeführten Häuser an den Angaben der Touristinformationen der jeweiligen Städte.

Aufgrund der Übersichtlichkeit wurde weitestgehend auf die Nennung von Privatzimmern und Ferienwohnungen verzichtet. Bei jedem Etappenort sind die Kontaktdaten der Touristinformationen genannt, die gerne auch diese Angebote vermitteln.

Die in diesem Buch aufgeführten Preise beziehen sich auf die jeweils günstigste Saison und nur eine Übernachtung, bei der in der Regel ein Frühstück enthalten ist. Häuser, die keine Einzelübernachtungen anbieten, werden folglich nicht erwähnt. Die Reihenfolge der gelisteten Unterkünfte stellt keine Wertung der einzelnen Betriebe dar.

Entlang der Via Regia gibt es nur sehr wenige Campingplätze, die sich zudem teilweise in einiger Entfernung zum Weg befinden. Da dies somit keine Alternative zu den vorhandenen Übernachtungsangeboten darstellt, sind Campingplätze nicht erwähnt.

Unterwegs mit Hund

Viel Freude macht es, wenn der vierbeinige Begleiter mit auf Wanderschaft geht. Hinsichtlich Wegeprofil und Topografie ist das auf der Via Regia auch überhaupt kein Problem. Da nicht alle Beherbergungsbetriebe Hunde aufnehmen, empfiehlt sich das vorherige Anfragen im gewünschten Betrieb.

📖 Viele nützliche Informationen zum Thema gibt es in Band 143:
Trekking mit Hund von Heiko Kühr, Conrad Stein Verlag, Basiswissen für draußen, ISBN 978-3-86686-550-1, € 9,90.

Updates

Der Verlag veröffentlicht Updates zu diesem Buch, die direkt vom Autor oder von Lesern dieses Buches stammen. Bitte schauen Sie vor Ihrer Abreise auf die Verlags-Homepage 💻 www.conrad-stein-verlag.de. Unter dem Punkt „Updates" finden Sie alle wichtigen Informationen. Der QR-Code links führt Sie direkt zur richtigen Seite.

Wegemarkierung

Die Via Regia ist grundsätzlich durchgängig markiert. In manchen Städten weisen an Gebäudefassaden montierte weiße Blechschilder mit der roten Aufschrift „Via Regia" auf den Verlauf der historischen Handelsstraße hin. Als eine wegweisende Markierung ist dies nicht geeignet – was sicher aber auch gar nicht Sinn der Sache sein soll. Da die Via Regia aber auch als Ökumenischer Pilgerweg eingerichtet wurde, zeigt die bekannte gelbe Jakobsmuschel auf blauem Grund den Wegverlauf an. Dabei ist das Symbol auf Bäume gemalt, oft sind es kleine Schilder oder manchmal auch liebevoll geschnitzte Muscheln. Eher selten trifft man auf die ebenfalls von Jakobswegen bekannten gelben Pfeile, die die Richtung anzeigen. Allerdings ist die Markierung unterschiedlich gut. Auf manchen Abschnitten können Sie ihr leicht folgen, auf anderen müssen Sie schon mal suchen.

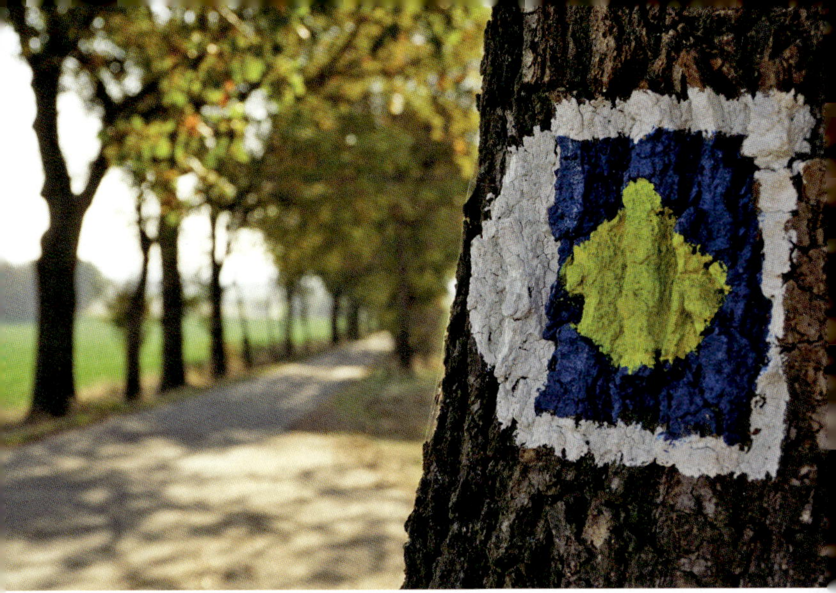

Markierung beim Milleniumsdenkmal, 3. Etappe

Leider gibt es auch Abschnitte, wo die Markierungen nur spärlich vorhanden sind oder teilweise sogar gänzlich fehlen. Da kann es schon mal passieren, dass an Kreuzungsbereichen in Stadt, Wald und Feld die Blicke ratlos umherirren. Nun muss natürlich festgehalten werden, dass dies eine Momentaufnahme während der Recherche zu diesem Buch war und die Markierungen zwischenzeitlich vielleicht ergänzt wurden.

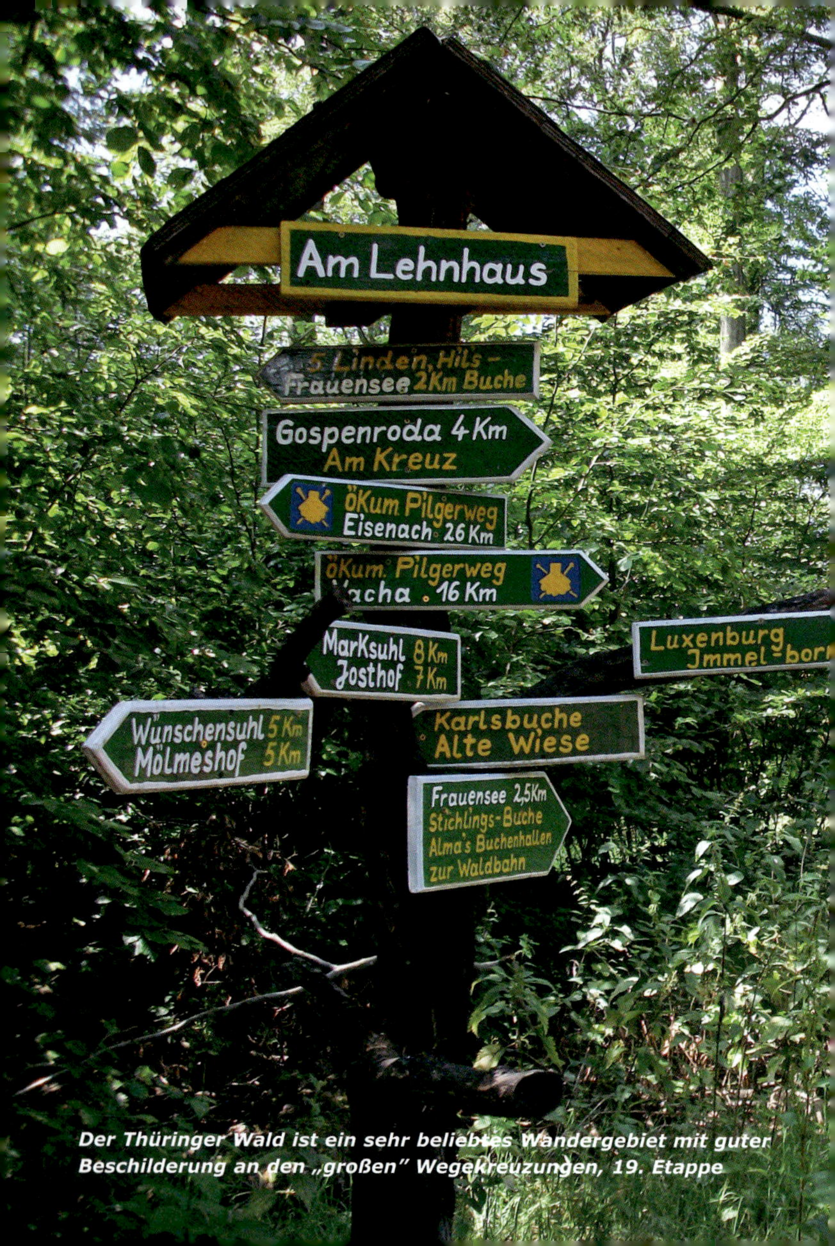

Der Thüringer Wald ist ein sehr beliebtes Wandergebiet mit guter Beschilderung an den „großen" Wegekreuzungen, 19. Etappe

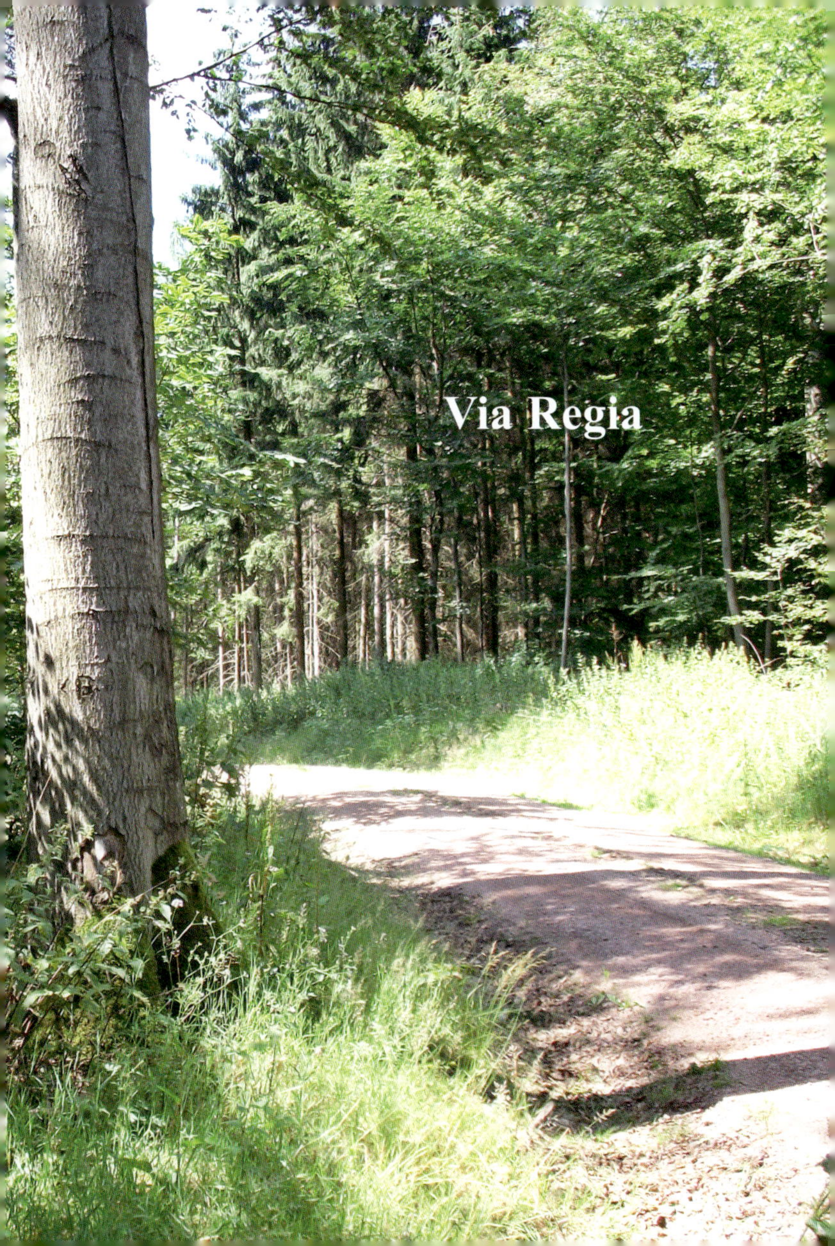
Via Regia

1. Etappe: Görlitz – Weißenberg

32,1 km, ca. 8 Std. 45 Min., 354 m, 347 m, 177-397 m

0,0 km	177 m	Görlitz
6,2 km	205 m	Ebersbach
15,7 km	397 m	Hochstein
20,6 km	205 m	Arnsdorf-Hilbersdorf
24,4 km	187 m	Melaune
32,1 km	195 m	Weißenberg

Die 1. Etappe lässt sich grob in drei Abschnitte einteilen: Der erste Teil führt auf rund 12 km durch die sich in westlicher Richtung erstreckenden Feldflure, daran schließt sich ein Waldgebiet an, das auf einer Länge von rund 7,5 km durchwandert wird – und damit eine der längsten Waldpassagen ist. Hier geht es auch „hoch" hinaus, denn mit dem Hochstein auf knapp über 400 m ist bereits zu Beginn der Wanderung der höchstgelegene Punkt erreicht. Jedenfalls bis zur 17. Etappe. Bis Weißenberg werden dann noch einige Dörfer passiert.

Görlitz

ca. 56.200 Einwohner, 035 81

Görlitz-Information, Obermarkt 32, 02826 Görlitz, 475 70, willkommen@europastadt-goerlitz.de, www.goerlitz.de, Mo bis Fr 9:00 bis 18:00, Sa 9:00 bis 17:00, So und Feiertag 9:00 bis 14:30, saisonale Anpassungen möglich

Görlitz hat nicht nur in Sachen Sehenswürdigkeiten jede Menge zu bieten, auch was die Anzahl der Gastgeber betrifft, hält es die Stadt mit dem Motto „Wer die Wahl hat, hat die Qual." Eine große Auswahl an Hotels, Gasthöfen, Pensionen und Privatzimmern steht zur Verfügung, daher sei hier nur auf ein paar ausgewählte Häuser hingewiesen. Unter www.goerlitz.de finden Sie das komplette Angebot.

Gotikhotel Frenzelhof, Untermarkt 5, 02826 Görlitz, 42 08 72, info@frenzelhof.de, www.frenzelhof.de, Appartements und Suiten ab € 119. Schon Goethe zeigte sich von den gotischen Hallenhäusern der Tuchhändler beeindruckt.

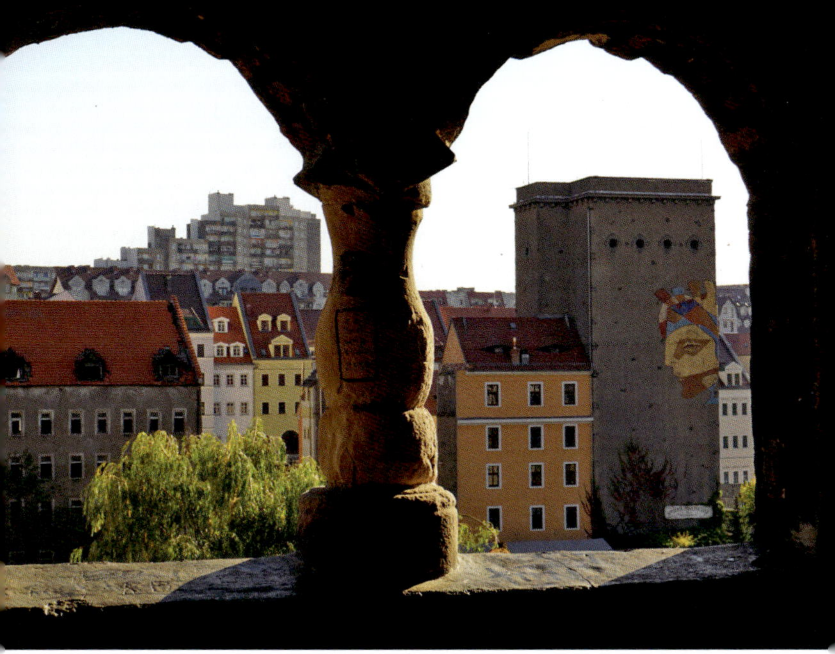

Blick von der Pfarrkirche St. Peter und Paul in Görlitz nach Zgorzelec/Polen

Hotel & Gasthof Dreibeiniger Hund, Büttnerstr. 13, 02826 Görlitz, ☏ 42 39 80, info@dreibeinigerhund.de, www.dreibeinigerhund.de, EZ ab € 85, DZ ab € 105. Der Name des aus dem 14. Jh. stammenden Hauses geht auf die auf S. 30 beschriebene Sage zurück.

Pension Goldene Feder, Handwerk 12, 02826 Görlitz, ☏ 684 38 61, 01 76/62 15 48 19, reisen@pension-goerlitz.de, www.pension-goerlitz.de, DZ ab € 50. Haus inmitten der Altstadt mit sehr persönlicher Note.

Jugendherberge Altstadt, Peterstr. 15, 02826 Görlitz, ☏ 649 07 00, goerlitz-city@jugendherberge.de, www.jugendherberge.de, ab € 36,60

♦ Gästehaus Peregrinus – CVJM Herberge, Langenstr. 37, 02826 Görlitz, ☏ 64 95 88, info@cvjm-schlesien.de, www.cvjm-schlesien.de, Übernachtungspreise auf Anfrage

„In Görlitz war bis vor wenigen Jahren an der Ecke der Juden- und Büttnergasse im Pflaster ein großes Abzugsloch. Das hieß im Volksmunde das Hundeloch. Das kommt daher:

In der Weihnachtsnacht zwischen zwölf und ein Uhr spukt in Görlitz ein großer schwarzer Hund. Der kommt aus einem ähnlichen Wasserloche am Jakobshospital heraus, geht zum Frauentore hinein bis an jenes Loch, wo er verschwindet; aber nach einiger Zeit kommt er wieder zum Vorschein, um seinen Rückzug anzutreten. Wegen dieses Hundes ließen die Stadtsoldaten am Frauentore allemal in der Weihnachtsnacht das Pförtchen auf, weil sie sich fürchteten, ihn in seinem Wege zu hindern. Es war aber einmal ein beherzter Kerl unter ihnen, der fürchtete sich vor dem Teufel selber nicht, spottete über die Erscheinung und beschloss, dem Hunde entgegenzutreten.

Es war ein sehr stürmischer Weihnachtsabend. Die andern Soldaten blieben in der Wachtstube, er aber schloss sorgfältig die Pforte und stellte sich mit aufgestecktem Bajonett an der inneren Seite derselben auf. Kaum hatte es zwölf Uhr geschlagen, da kam der Hund, groß, schwarz und zottig, und als er das Tor nicht geöffnet fand, schüttelte er sich zornig und machte so große feurige Augen, dass es erschrecklich anzusehen war. Plötzlich aber setzte er mit einem gewaltigen Sprunge über das hohe Gitter hinweg. Die Soldaten in der Wachtstube hörten ein furchtbares Schnauben und Poltern, dann war alles still. Wie sie endlich hinausgehen, finden sie ihren Kameraden leblos im Schilderhause. Seine Flinte aber war zusammengedreht wie eine Schraube. Als der Soldat erwachte, erzählte er, was ihm begegnet war. Er ist aber nicht wieder gesund geworden und schon nach drei Wochen gestorben."

Quelle: Sagen aus Schlesien, herausgegeben von Oskar Kobel, Nr. 20,
mit freundlicher Genehmigung entnommen von 💻 www.sagen.at

Stadtgeschichte

Unter der slawischen Bezeichnung „villa gorelic" wurde Görlitz erstmalig im Jahr 1071 urkundlich erwähnt. Die dauerhafte Erstbesiedlung um Görlitz' markanten Hausberg Landeskrone durch die Slawen reicht dagegen zurück bis ins 7. Jh. Zum Schutz der Siedlung wurde wahrscheinlich bereits im 9. oder 10. Jh. eine Befestigungsanlage auf der Landeskrone errichtet. Wegen der unmittelbaren Nähe zur Via Regia ließen sich ab Mitte des 12. Jh. vermehrt Kaufleute rund um eine bereits existierende Nikolaikirche nieder. Zu der Zeit wurde auch der Untermarkt ange-

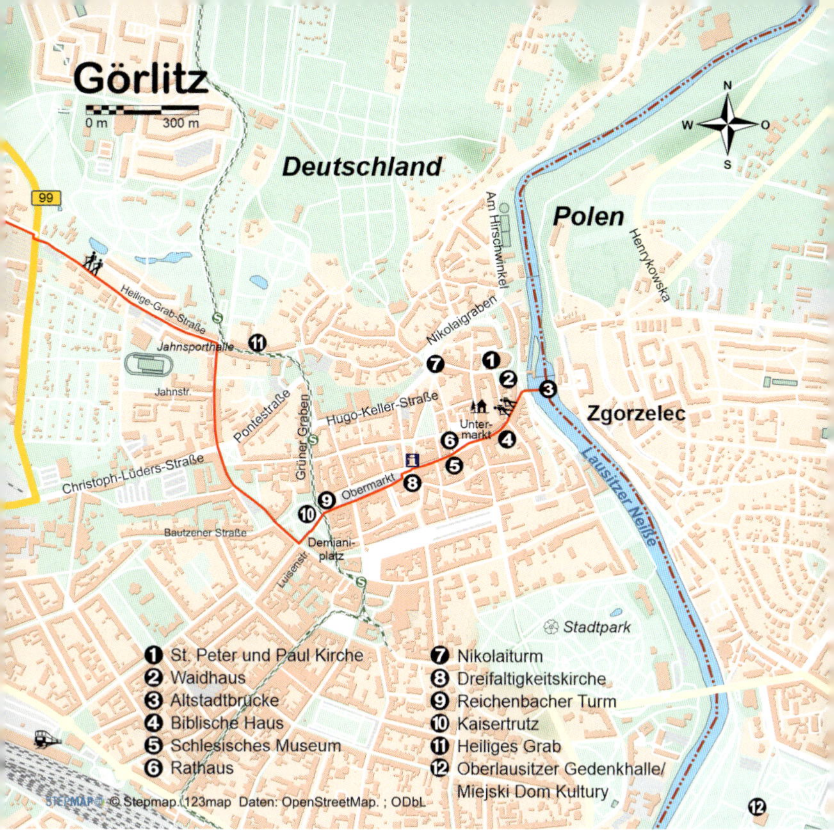

legt, der zusammen mit dem 1369 erbauten Rathaus bis heute den zentralen Platz in der Altstadt bildet. Etwa Mitte des 13. Jh. wurde damit begonnen, die Altstadt mit einer Stadtmauer zu sichern. In der ersten Hälfte des 14. Jh. erhielt Görlitz das Münz- sowie das sogenannte Stapelrecht. Durch dieses Recht wurden durchreisende Kaufleute „gezwungen", ihre Waren für einen bestimmten Zeitraum in der Stadt zu lagern und sie hier zum Kauf anzubieten. Der beständig zunehmende Warenaustausch, die Spezialisierung auf die Produktion von Tüchern sowie der Handel mit Waid – einer Pflanze, aus der blauer Farbstoff gewonnen wurde – verhalf der Stadt zu Ansehen und Wohlstand. Entlang der Via Regia galt Görlitz deshalb schon bald als die wichtigste Handelsstadt zwischen Breslau und Erfurt.

Aufgrund der stetig wachsenden wirtschaftlichen und gesellschaftlichen Einflüsse der Zünfte blieben Auseinandersetzungen mit den Regierenden nicht nur nicht aus, sondern zogen sich vielmehr über Jahrhunderte hin. Mit dem Beginn der Reformation und den daraus resultierenden Kontroversen wurde der Riss zwischen den beiden Lagern weiter vertieft, was schließlich im Schmalkaldischen Krieg (1546 bis 1547) endete. Das Kriegsende brachte allerdings keine nachhaltige Ruhe zwischen den Bürgern und den Herrschenden sowie Protestanten und Katholiken zustande, was herbe wirtschaftliche Einbrüche für die Handelsstadt nach sich zog.

In den nachfolgenden Jahrzehnten war es nicht möglich, an die vergangenen wirtschaftlichen Erfolge anzuknüpfen. Die allgemeine Situation blieb weiterhin unbeständig und wurde durch den Dreißigjährigen Krieg (1618 bis 1648) geradezu verheerend. Während der schlimmen Auseinandersetzungen trug die ehemals blühende Handelsstadt beträchtliche Schäden davon, was ihren Niedergang zusätzlich beschleunigte. Gelangte über die Via Regia einst Wohlstand nach Görlitz, so waren es nun Not und Elend.

Im Siebenjährigen Krieg (1756 bis 1763) standen sich 1757 in Görlitz preußische und österreichische Truppen, nur durch den Fluss Lausitzer Neiße getrennt, gegenüber. Die anschließende Schlacht konnten die Österreicher für sich entscheiden. In den Napoleonischen Kriegen (1792 bis 1815) musste Napoleon Bonaparte während seines Russlandfeldzuges 1813 katastrophale Verluste und damit eine vernichtende Niederlage gegen die Truppen des russischen Kaisers Alexander I. hinnehmen. Von Soldaten der sich zurückziehenden französischen Armee wurden Plünderungen vorgenommen, unter denen auch Görlitz zu leiden hatte.

Nach Kriegsende musste Sachsen aufgrund der Beschlüsse des Wiener Kongresses Besitz an Preußen abtreten. Görlitz, nun unter preußischer Regierung, erholte sich und dank der neu geschaffenen Bahnanbindungen nach Dresden und Berlin setzte schon bald die Industrialisierung ein. Die Ansiedlung zahlreicher Unternehmen schritt zügig voran und wirtschaftlicher Erfolg konnte wieder Einzug halten. Da die Befestigungsanlage inzwischen überflüssig geworden war, wurde ein erheblicher Teil der Mauer abgetragen, um die begehrten Steine für den Bau neuer Häuser zu verwenden.

Mit der Machtergreifung der Nationalsozialisten begann die systematische Verfolgung und Vernichtung der Juden sowie die Zerstörung jüdischer Einrichtungen.

In der Reichspogromnacht (Kristallnacht) vom 9. auf den 10. November 1938 wurde die Synagoge der Stadt vor dem Niederbrennen bewahrt und trug nur wenige Beschädigungen davon. Leider verfiel die Synagoge über Jahrzehnte, erst seit 1991 finden Sanierungsmaßnahmen statt. Am letzten Kriegstag (7. Mai 1945) wurden die Brücken über der Lausitzer Neiße von der zurückweichenden Wehrmacht gesprengt. Darunter befand sich auch die Altstadtbrücke, die die Görlitzer Altstadt über Jahrhunderte mit dem östlichen Stadtteil verband.

Nach Ende des Zweiten Weltkrieges wurde von den Siegermächten auf der Potsdamer Konferenz über die Neuordnung Deutschlands beraten. Mit Festlegung der neuen Grenzverläufe wurde die Teilung der Stadt Görlitz beschlossen. Die Stadtteile östlich der Lausitzer Neiße wurden Polen zugesprochen und bilden seitdem die Stadt Zgorzelec (☞ Ausflug ins polnische Zgorzelec). Der Volksaufstand in der DDR am 17. Juni 1953 führte in Görlitz zu einem beispiellosen Ereignis: Kurzzeitig mussten die SED-Machthaber den Verlust ihrer Herrschaft hinnehmen.

Mit der blutigen Niederschlagung des Aufstandes durch die sowjetische Armee wurden der Ausnahmezustand und das Kriegsrecht ausgerufen. Landesweit wurden Tausende Bürger als „Provokateure" verfolgt und verhaftet, Hunderte wurden in sibirische Gulags deportiert und sowjetische Gerichte erließen Todesurteile, die durch standrechtliche Erschießungen vollstreckt wurden.

Mitte der 1970er-Jahre entstanden am Stadtrand Plattenbauten mit Tausenden neuer Wohnungen. Die historische Altstadt wurde sich selbst überlassen, sie war dem Verfall preisgegeben und sollte komplett abgerissen werden. Diese Pläne wurden nach der Wiedervereinigung Deutschlands 1989 glücklicherweise nicht weiterverfolgt. Ganz im Gegenteil: Die wertvolle Bausubstanz wurde mit erheblichem Aufwand saniert und kann sich heute mit annähernd 4.000 Baudenkmälern aus fünf Jahrhunderten als eine der schönsten und besterhaltenen historischen Altstädte nicht nur Deutschlands, sondern ganz Mitteleuropas präsentieren. Dieser einzigartigen Pracht kann sich kaum ein Besucher entziehen und zusammen mit den zahlreichen weiteren Sehenswürdigkeiten macht die Altstadt die meisten Besucher zu Wiederholungstätern – Görlitz schenkt man gerne seine Zeit. Dank des friedlichen politischen Umbruchs sind die deutsche und die polnische Stadt wieder eng aneinandergerückt und durch die 2004 errichtete Neue Altstadtbrücke im wahrsten Sinne des Wortes wieder ein Stück zusammengewachsen. Heute bilden beide Städte gemeinsam die Europastadt Görlitz/Zgorzelec.

An dieser Stelle alle Sehenswürdigkeiten der Stadt aufzulisten, ist aus Platzgründen leider nicht möglich – es sind schlichtweg zu viele! Im Grunde genommen würde als Aufzählung schon einfach „Görlitz" ausreichen, denn die Stadt an sich ist eine Sehenswürdigkeit. Hier einige ausgesuchte Höhepunkte:

✞ **Pfarrkirche St. Peter und Paul**. Majestätisch erhebt sich die größte fünfschiffige gotische Hallenkirche Sachsens in die Höhe und stellt mit ihrer Präsenz ein Wahrzeichen der Stadt dar. Am Westportal beginnt ein Kreuzweg, der zum Heiligen Grab (Scheingrab) führt.

🚪 März bis Dez Mo bis Sa 10:00 bis 16:00, So und Feiertage 11:30 bis 16:00

✞ **Biblisches Haus**. In der Neißstraße trägt das Haus Nr. 29 eine überragend künstlerische Fassade, die verschiedene Szenen aus dem Alten und Neuen Testament zeigt.

⌘ **Schlesisches Museum**. Der Schönhof, so der Name dieses einmalig schönen Frührenaissancehauses, beherbergt das Schlesische Museum. Dieses erzählt die tausendjährige Kunst- und Kulturgeschichte Schlesiens und zeigt somit die traditionellen Gemeinsamkeiten von Deutschen, Polen und Tschechen auf.

♦ ☎ 879 10, ✉ kontakt@schlesisches-museum.de,
💻 www.schlesisches-museum.de, 🚪 Jan bis März Di bis So 10:00 bis 16:00, April bis Nov Di bis Do 10:00 bis 17:00, Fr bis So 10:00 bis 18:00

☺ **Ausflug ins polnische Zgorzelec**. Bei einem Besuch von Görlitz bietet es sich natürlich an, dem Nachbarn Zgorzelec (Görlitz) am gegenüberliegenden Neißeufer „Dzień dobry!" („Guten Tag!") zu sagen. In der 30.000 Einwohner zählenden Stadt fällt der monumentale Bau der einstigen Oberlausitzer Gedenkhalle auf. Das beeindruckende Gebäude zu Ehren der deutschen Kaiser Wilhelm I. sowie Friedrich III. wurde am 28. November 1902 von Kaiser Wilhelm II. eingeweiht. Seit Ende des Zweiten Weltkrieges wird das Gebäude als Kulturhaus (Miejski Dom Kultury) genutzt und ist heute die bekannteste Sehenswürdigkeit der Stadt. Gleich nach dem Überqueren der Altstadtbrücke und nur wenige Meter nach dem Rechtsabbiegen befindet sich direkt am Neißeufer (Straße Feliksa Dzierzynskiego) das Haus, in dem der Philosoph Jakob Böhme (1575-1624) einen Teil seines Lebens verbrachte.

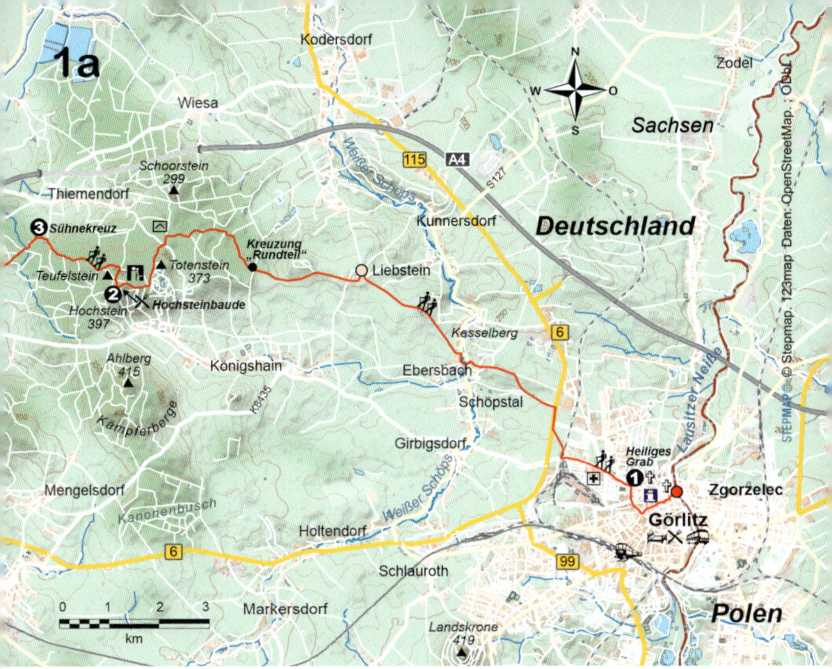

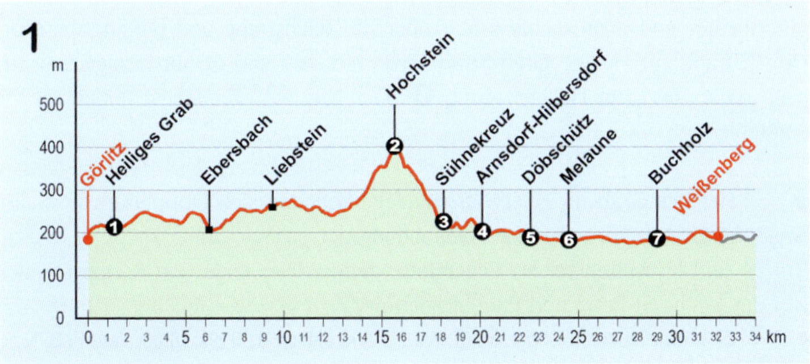

Start der Wanderung. Die Wanderung auf der Via Regia beginnt direkt an der Altstadtbrücke unweit der Kirche St. Peter und Paul. Über die ansteigende Neißstraße gelangen Sie schon bald zum Unter- und Obermarkt und damit in das historische Zentrum der Stadt.

Das Ende des Obermarktes wird vom Reichenbacher Turm begrenzt, auf der anderen Straßenseite am Demianiplatz erhebt sich der Kaisertrutz.

Reichenbacher Turm. Der 1376 erstmals erwähnte Turm streckt sich in unmittelbarer Nähe zur Kaisertrutz 51 m in den Himmel.

♦ www.goerlitzer-sammlungen.de, Di bis Do 10:00 bis 17:00, Fr bis So 10:00 bis 18:00

Kaisertrutz. Der Kaisertrutz ist eines der Wahrzeichen von Görlitz. Der wuchtige Turm wurde 1490 als ein Teil des ausgeklügelten Stadtbefestigungssystems erbaut.

Der Name entstand allerdings erst wesentlich später und geht auf eine Begebenheit im Dreißigjährigen Krieg zurück. Schwedische Truppen hatten die Stadt eingenommen und sie sollte von der kaiserlichen und sächsischen Armee wieder befreit werden. Dies gestaltete sich allerdings als schwierig – das Gemäuer „trotzte“ dem Kaiser.

♦ www.goerlitzer-sammlungen.de, Di bis Do 10:00 bis 17:00, Fr bis So 10:00 bis 18:00

Die Via Regia führt über die Treppenstufen zum wenige Meter entfernten Stadttheater und dann rechts weiter über die Teichstraße und die angrenzende Hohe Straße zur Heilige-Grab-Straße. Von hier aus sind es nur wenige Schritte nach rechts bis zum Heiligen Grab ❶. Der kurze Abstecher ist unbedingt zu empfehlen!

Heiliges Grab. In einer Gartenanlage befinden sich Doppelkapelle, Salbhaus und Grabkapelle, die eine Nachbildung der großen Grabeskirche in Jerusalem ist und im Mittelalter als Pilgerstätte diente. Hier endet ein Kreuzweg, der von der Kirche St.Peter und Paul hierherführt.

♦ www.evkulturstiftunggr.de, Mai bis Aug täglich 9:00 bis 18:00, Jan, Feb, Nov, Dez täglich bis 16:00, März, April sowie Sep und Okt täglich bis 17:00

Der Heilige-Grab-Straße folgen Sie nach links bis zu einer verkehrsreichen Kreuzung. Nach dem Queren der Straße befinden Sie sich in der Girbigsdorfer Straße, in der sich zur Linken das Städtische Klinikum befindet. Unmittelbar nachdem Sie die Bahngleise (Brücke) überquert haben, zweigen Sie nach rechts auf den asphaltierten Radweg und kurz darauf auf den nach links abknickenden Feldweg ab, der wiederum bis zur Bundesstraße B6 führt. Auf der gegenüberliegenden Straßenseite wandern Sie auf dem zunächst breiten Asphaltweg weiter. Für ein kurzes Stück wechselt der Wegbelag, ehe Sie auf einen asphaltierten Wirtschaftsweg stoßen. Auf diesen biegen Sie nach links ab und laufen mit schöner Aussicht auf den Görlitzer Hausberg Landeskrone bis zum Ort Ebersbach.

Die Straße Kirchberg bringt Sie bis zur Hauptstraße, die in Höhe der Kirche überquert wird. Weiter geht es über den Bach Weißer Schöps bis zum Königshainer Weg, auf dem Sie nach rechts weiterwandern. Wenige Meter bevor Sie wieder auf die quer durch den Ort führende Hauptstraße treffen, halten Sie sich links und wandern entlang der Verbindungsstraße bis nach Liebstein. Am Dorfausgang verlassen Sie die Straße in der Linkskurve und gehen geradeaus auf dem Feldweg weiter.

Der Hochstein ist ein herrlicher Platz zum Rasten

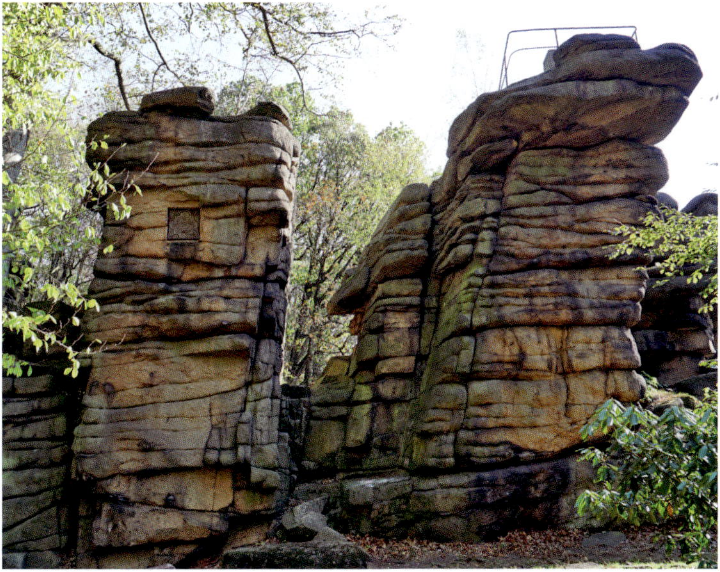

Nach rund 1,7 km erreichen Sie am Waldrand eine Kreuzung mit dem Schild „Rundteil". Erst geht es für ein paar Meter geradeaus, dann zweigt die Route aber nach rechts ab und führt durch einen sehr abwechslungsreichen Mischwald. Der Waldboden ist in diesem Gebiet durch zahlreiche kleine Quellen stellenweise sehr feucht, darauf weist auch der Bewuchs hin.

Nachdem der kleine Steinbach gequert wurde, halten Sie sich an der Waldkreuzung links. Der Weg führt Sie zu einem nahen Asphaltsträßchen. Zur Rechten sehen Sie eine Schutzhütte und ein Hinweisschild auf die Hochsteinbaude, ab hier steigt der unbefestigte Weg nun etwas kräftiger an.

Kurz bevor Sie auf den asphaltierten Zufahrtsweg zur Baude gelangen, fallen die zahlreichen einzelnen Felsbrocken sowie die Blockschuttfelder auf. Am asphaltierten Weg angekommen lüftet sich das Geheimnis um die Steinlandschaft: Hier befand sich einst ein Steinbruch. Auf dem Asphaltweg geht es rechts weiter auf den fast 400 m hohen Hochstein ❷ mit seinen auffälligen und mächtigen Felsen. Die Hochsteinbaude ist ein herrlicher Ort zum Rasten, vom Aussichtsturm bietet sich ein Blick über Baumwipfel hinweg bis zum Riesen- und Isergebirge.

✕ Hochsteinbaude, ☏ 03 58 36/601 16, 💻 www.hochsteinbaude.de, 🚪 Mi bis So 11:00 bis 18:00

Von der Baude geht es auf einem naturbelassenen Pfad wieder abwärts; dabei wird ein Schild passiert, das zu einem kurzen Abstecher zum Teufelsstein einlädt. Der Volksmund berichtet, dass sich der Teufel auf diesem Felsgebilde niederließ, um seine Kleidung zu flicken. Die sichtbaren Furchen sollen vom Ablegen seiner Nähutensilien stammen! Nach knapp 250 m biegen Sie an der Kreuzung auf den zunächst eben verlaufenden Weg nach links ab. Rauf auf den Berg heißt auch wieder runter, und so muss ein kräftiger Abstieg bewältigt werden, der sich bis zum Waldrand zieht. Hier wandern Sie jetzt aber nicht geradeaus weiter, sondern zweigen auf den nach links führenden Pfad erneut in den Wald ab. Er bringt Sie zügig zum Sühnekreuz ❸ und weiter an eine mit einem unübersehbaren Felsen, der die Inschrift „Kirchsteig" trägt, markierte Kreuzung.

ℹ Am Sühnekreuz ist auf einem Schild zu lesen: „Der Sage nach hat ein Thiemendorfer Bauer im Dreißigjährigen Krieg Säcke mit Scherben und Abfällen hier im Wald vergraben wollen. Dabei wurde er von zwei Strauchdieben beobachtet.

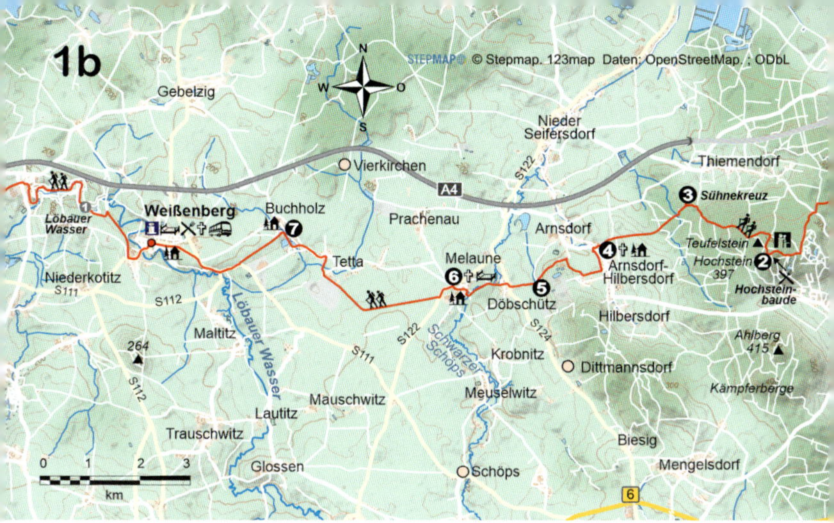

Da sie glaubten, er vergräbt Wertsachen, überfielen sie den Bauer und schlugen ihn tot. Sie verloren dabei ein Messer mit eingeritztem Namen. Nach einiger Zeit wurden die Mörder gefasst. Unter Folter gestanden sie die Tat und wurden zum Tode verurteilt. Vor der Hinrichtung mussten sie am Ort ihres Verbrechens den Sühnekreuzstein setzen."

Dem Weg geradeaus folgend verlassen Sie bald das Waldgebiet und wandern zwischen Feldern hindurch nach **Arnsdorf-Hilbersdorf ❹**.

Für eine Übernachtung in der hiesigen Pilgerherberge (10 Betten in der Pfarrhofscheune neben der Kirche; auf Spendenbasis) kontaktieren Sie bitte die ev. Kirchengemeinde, ☏ 03 58 27/708 31, 💻 www.landkino-arnsdorf.de Hier wartet noch eine echte Besonderheit: das Landkino – im Sommer gibt es Filmvorführungen!

Vorbei an Kirche und Friedhof wird der Bach Arnsdorfer Wasser und gleich darauf die durch den Ort führende Kreisstraße nach rechts überquert. Biegen Sie dann sogleich wieder links ab; der Weg führt am westlichen Ortsrand entlang. Halten Sie sich an den folgenden zwei Kreuzungsbereichen jeweils rechts. Am Ortsausgang von Arnsdorf gelangen Sie an eine T-Kreuzung, dort biegen Sie links ab und erreichen nach etwa 800 m die Siedlung Heideberg.

An der T-Kreuzung am Ortseingang zweigen Sie nach links ab, folgen der Straße durch die Siedlung und überqueren am Ortsausgang den Bach Nietsche in Richtung Döbschütz ❺, das Sie nach wenigen Gehminuten erreichen. Auf die Durchgangsstraße biegen Sie rechts und nach ca. 70 m wieder links ab und passieren das ♜ Döbschützer Schloss, ein ehemaliges Wasserschloss, dessen Ursprung bis ins 12. Jh. zurückgeht.

Über den mit Splitt versehenen Dammweg entlang des Baches Schwarzer Schöps erreichen Sie die Wassermühle am Ortsrand von Melaune ❻. Ein leichter Anstieg führt Sie am Pfarrhaus vorbei zu einer Straßenkreuzung, an der Sie links zur Kirche abbiegen.

Melaune

🛏 🏠 🚌, ca. 310 Einwohner, ✆ 03 58 27

🏠 Pilger finden in der „Jugendscheune" eine Herberge (Haus Nr. 42), ☎ 703 54, ✉ kontakt@jugendscheune.com, 💻 www.jugendscheune.com. Übernachtungspreis auf Anfrage

🛏 Pension König, Neubausiedlung 2, 02894 Melaune, ☎ 707 08, ✉ katharina.koenig@aco-live.de, 💻 www.pension-melaune.de, € 30 pro Person

Von der Kirche geht es knapp 400 m die Durchgangsstraße entlang, bis nach rechts ein mit Betonplatten versehener Wirtschaftsweg abzweigt. Mit Blicken zu beiden Seiten über die weiten Felder und vorbei an einigen Windkraftanlagen kommen Sie an den Ortsrand von Vierkirchen. An der T-Kreuzung halten Sie sich zuerst rechts und dann gleich wieder links, überqueren den Bach Buchholzer Wasser und wandern weiter bis zur Straße. Entlang der Straße gehen Sie links in den Ort **Buchholz** ❼. Am Ortseingang kommen Sie an einen Teich, den Sie nach rechts umrunden. Bis zur nächsten Straße passieren Sie weitere Teiche. Der Straße folgen Sie nach links zur Kirche und biegen vor dieser erneut nach links in die Totengasse ab.

🏠 Die Pilgerherberge ist in der Alten Schule gegenüber der Kirche untergebracht, ☎ 03 58 76/404 40, Preise für Übernachtung bitte anfragen.

Zum Ortsrand sind es nur wenige Meter, dann werden Sie von einem auffälligen Stein, hier war mal ein Schild mit dem Wegverlauf der Via Regia angebracht, verabschiedet. Es schließt sich ein schöner, von Bäumen gesäumter Wiesenpfad an, der Sie zu einer Landstraße bringt. Hier halten Sie sich rechts und folgen dem parallel der Straße verlaufenden Rad-/Fußweg für etwa 900 m, bis zum Abzweig (Reichenbacher Straße). In Weißenberg trennt sich die Via Regia von der Durchgangsstraße und führt auf einem Fußweg geradewegs zum Marktplatz.

Wenn Sie der gegenüber dem Marktplatz nach links abzweigenden Straße folgen, können Sie nach wenigen Schritten der Alten Pfefferküchlerei einen Besuch abstatten.

⌘ **Alte Pfefferküchlerei**. In Europas einzigem Museum des Pfefferkuchenhandwerks gibt es köstliche Einblicke über die jahrhundertealte Tradition des Festtagsgebäcks.

♦ ☏ 404 29, Di und Fr 10:00 bis 12:00 und 13:00 bis 16:00, Mi und Do 13:00 bis 16:00, Sa und So 14:00 bis 16:00, im Dez 13:00 bis 17:00 (1. Wochenende im Monat geschlossen!)

Weißenberg

ca. 3.100 Einwohner, ✆ 03 58 76

Stadtverwaltung Weißenberg, August-Bebel-Platz 1, 02627 Weißenberg, ☏ 44 00, info@stadt-weissenberg.de, www.stadt-weissenberg.de, Mo, Di, Do und Fr 9:00 bis 12:00, Di 14:00 bis 18:00, Do 14:00 bis 16:00 (Mi geschlossen!)

Hotel am Bahnhof, Bahnhofstr. 16, 02627 Weißenberg, ☏ 422 42, info@hotel-ambahnhof-weissenberg.de, www.hotel-ambahnhof-weissenberg.de, EZ ab € 30, DZ ab € 45

Ferienwohnung Schulze, Brauhausstr. 10, 02627 Weißenberg, ☏ 456 78, 01 51/18 47 79 43, heidrun_schulze@gmx.net, Preise auf Anfrage

♦ Ferienwohnung Fischer, Nieskyer Str. 8, 02627 Weißenberg, ☏ 423 70, erika-weissenberg@t-online.de, Preise auf Anfrage

Pension Silvia Kreusch, Pestalozziplatz 6, 02627 Weißenberg, ☏ 402 10, 01 74/573 26 00. Pilgerherberge; auf Wunsch Frühstück, Preise auf Anfrage, Bitte um Anmeldung

Von Montag bis Freitag bestehen tagsüber mehrere Busverbindungen von der Haltestelle „ehem. Bahnhof" nach Bautzen (ca. 35 Min.) sowie auch nach Görlitz (ca. 1 Std. 30 Min.). An den Wochenenden sowie an Feiertagen sind keine Busverbindungen verfügbar! www.zvon.de

2. Etappe: Weißenberg – Bautzen

22,7 km, ca. 6 Std. 15 Min., 149 m, 135 m, 156-238 m

0,0 km	195 m	Weißenberg
4,5 km	194 m	Gröditz
8,3 km	157 m	Wurschen
10,2 km	173 m	Drehsa
15,6 km	215 m	Kubschütz
22,7 km	204 m	Bautzen

Die Etappe besticht gleich zu Beginn durch das Naturschutzgebiet Gröditzer Skala, in dem sich naturnahe Pfade dicht am Ufer des Löbauer Wassers entlangziehen – durchaus ein landschaftliches Highlight. Anschließend führt ein kurzer, aber knackiger Anstieg in das idyllische Gröditz, bevor Wurschen erreicht wird. Das Dörfchen verbindet Überraschendes mit Paris. In Bautzen sollte der Besuch der Altstadt unbedingt auf dem Plan stehen, die Via Regia führt – wenn auch in unmittelbarer Nähe – nämlich an ihr vorbei.

Vom Marktplatz verläuft die Via Regia vor Kirche und Friedhof links die Berggasse hinunter, um anschließend der Bahnhofsstraße über den Fluss Löbauer Wasser ❶ zu folgen. Hinter dem Hotel am Bahnhof folgen Sie der Straße An der Kommune bis zur Kläranlage, von wo es auf einem alten Bahndamm geradeaus weitergeht. Nach gut 200 m führt der Weg vor der ehemaligen Bahnbrücke links

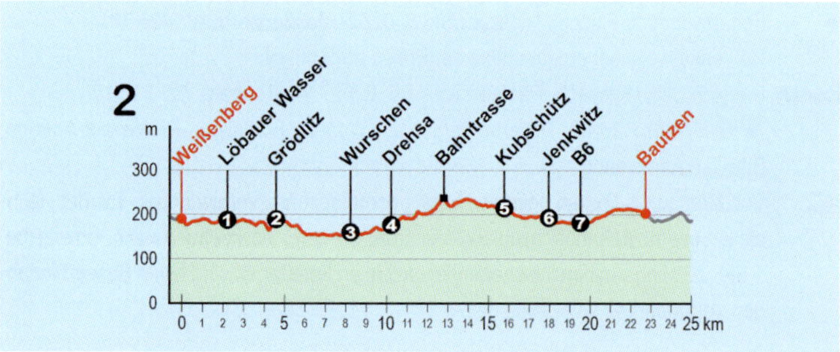

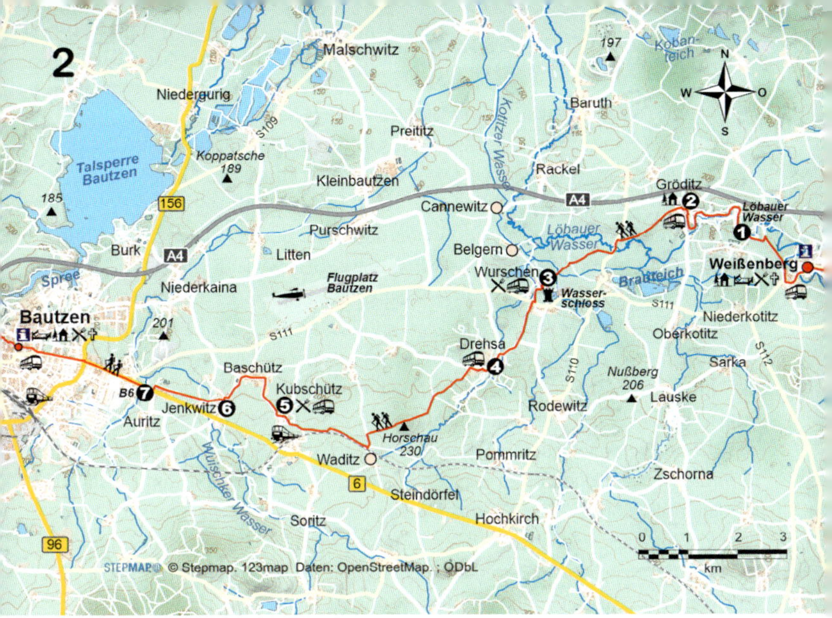

die Stufen hinunter. Nun folgen Sie dem Weg auf einer Länge von ca. 350 m, um ihn in einer Linkskurve geradewegs in das Naturschutzgebiet Grödlitzer Skala wieder zu verlassen.

Der Fluss Löbauer Wasser muss über eine Brücke aus einem einzelnen mächtigen Baumstamm überquert werden.

Bei feuchter Witterung heißt es dabei mächtig aufgepasst, das Holz kann dann rutschig sein und das rustikale Geländer wirkt nicht unbedingt vertrauenerweckend.

Mit dem Überqueren der Brücke scheint gleichzeitig ein Schritt in eine andere Welt gemacht worden zu sein. Schöner, nicht zu dichter Laubwald, durch den wildromantisch das Löbauer Wasser fließt, breitet sich vor Ihnen aus. Immer dicht am Ufer entlang führt ein schmaler, von Steinen und Wurzeln durchsetzter Pfad – eines der landschaftlichen Highlights entlang der Via Regia. Bei Nässe ist hier besondere Vorsicht geboten. An einer Weggabelung weist ein Schild auf eine Pilgerherberge im nun oberhalb des Weges liegenden Ort Gröditz ❷ hin.

Refugio Santa Martha, Schloss Gröditz, 01 74/668 00 77, pro.groeditz@web.de, www.pro-groeditz.de, 6 Betten, Kapazitäten und Übernachtungspreise auf Anfrage. Uriges Ambiente mit Kachel- und Kaminofen!

Bevor Sie in den Ort kommen, wandern Sie aber noch ein kurzes Stück durch das Tal. Am Ortsrand geht es über die Straße An der Skala in die Straße Alter Berg. Nomen est omen: Eine kräftige Steigung führt durch den Ort hinauf bis zum Dorfplatz kurz vor der Kirche. Von hier aus wird der Ort über die Straße Bäckerberg und die angrenzende Lindenallee verlassen. An die Lindenallee schließt sich ein betonierter Wirtschaftsweg an, dem Sie nun wieder durch Felder und Wiesen folgen. Der Weg trifft auf eine Landstraße, der Sie für ca. 300 m nach links folgen, bevor Sie dann rechts auf den Feldweg abbiegen. Im weiteren Verlauf geht der Weg in einen Wiesenweg über und mündet in eine Kreuzung am Rand eines kleinen Waldgebietes. Die Wegmarkierung weist nach links auf einen schmalen, bei Nässe recht matschigen Pfad. Sie können hier aber genauso gut dem breiten Weg folgen, denn der Pfad verläuft parallel und trifft nach ungefähr 300 m auf den Weg. Nochmal eine ähnliche Entfernung ist es bis zum Dorf Wurschen ❸. Am Teich vorbei setzt sich die Via Regia links zum Wasserschloss fort.

In dem Schloss nächtigte Napoleon 1807, als er sich nach der Unterzeichnung des sogenannten Tilsiter Friedens auf dem Weg nach Paris befand. 1813 versammelten sich hier die verbündeten Truppen von König Friedrich Wilhelm III. und dem russischen Zaren Alexander, um sich auf die bevorstehende Schlacht gegen die napoleonischen Truppen vorzubereiten. Napoleon siegte und zum Dank ließ er „Wurschen" am Pariser Triumphbogen eingravieren. Das Schloss befindet sich heute wieder in Privatbesitz.

Am Schloss rechts vorbei wird die parkähnliche Anlage zur Landstraße hin passiert und die Wanderung ins Dorf **Drehsa** ❹ auf der gegenüberliegenden Straßenseite zunächst auf einem Feldweg, dann auf einer Kreisstraße fortgesetzt. Im Ort gehen Sie am ehemaligen Wasserturm vorbei und setzen am Ortsausgang Ihre Wanderung nach links auf einem Feldweg fort.

Folgen Sie dem Wegverlauf. Nach der Durchquerung eines kleinen Waldgebiets, in dem Sie eine Schutzhütte passieren, halten Sie sich an der nächsten T-Kreuzung links und gehen vor der Brücke über die Bahntrasse wieder nach rechts.

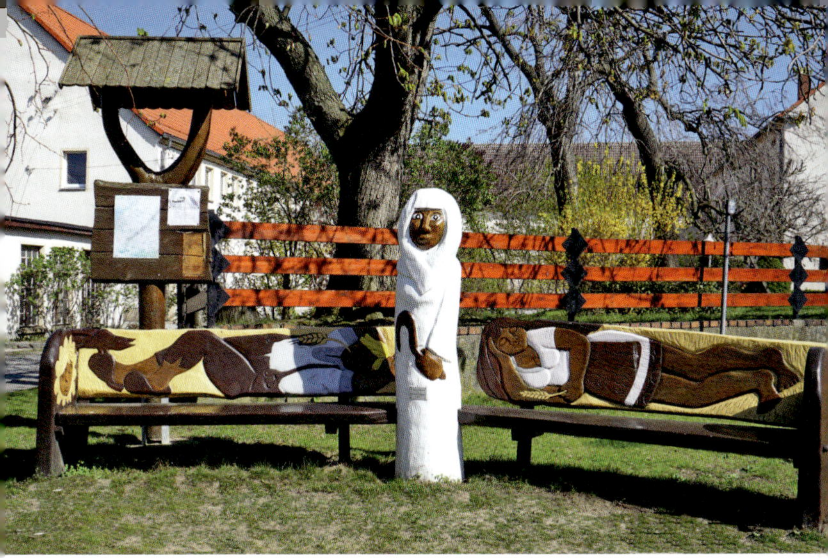

Kunstvoll einladende Sitzbank in Kubschütz

Der Weg verläuft mit etwas Abstand parallel zu den Gleisen. Sobald der Weg in Asphalt übergeht, besteht die Möglichkeit, links abzubiegen und zur nahen Bahnhaltestelle von **Kubschütz** ❺ zu gehen. Nach rechts führt der Weg in den Ort und trifft hier auf die Baschützer Straße (Kreisstraße) und die ✕ Gaststätte Kubschützer Ecke (☏ 035 91/226 41, Mo und Di Ruhetag, Mi bis Fr 18:00 bis 22:00, Sa und So 11:00 bis 14:30 und 17:00 bis 22:00).

Auf der Kreisstraße verlassen Sie Kubschütz, wandern auf ihr durch Baschütz, bis Sie kurz vor Ortsausgang nach links in die Jenkwitzer Straße (K7238) einbiegen und ins fast angrenzende Jenkwitz ❻ gehen. Hier verlassen Sie die Kreisstraße (sie trägt hier den Namen Am Monarchenhügel) an der zweiten nach rechts abzweigenden Straße (Auenweg). Am Dorfrand macht die Straße eine Linkskurve, in der Sie sich aber geradeaus auf dem Feldweg halten. Bald schon passieren Sie ein Gelände mit Bau- und Supermärkten und treffen auf die Löbauer Straße (B6) ❼, eine der großen Einfallstraßen nach Bautzen, der Sie nach rechts folgen.

Die nächsten rund 2,5 km sind etwas nervig, denn das Gehen entlang der stark frequentierten Straße ist kein Vergnügen. Kurz nach der Taucherkirche und dem Hauptfriedhof erreichen Sie den Holzmarkt und halten sich hier rechts. Nach ein paar Schritten geht es an der Kreuzung geradeaus in die Töpferstraße.

Ev.-Luth. Kirchengemeinde St. Petri, Töpferstr. 23a, ☏ 035 91/36 97 10, pfarramt@st-petri-bautzen.de, www.st-petri-bautzen.de, Matratzenlager gegen Spende, Anmeldung erforderlich!

Die Töpferstraße führt zu einer Straßenkreuzung und einem auffälligen historischen Gebäude, das heute das Finanzamt beherbergt. Rechts am Gebäude vorbei gehen Sie in die Straße Vor dem Schülertor, wo Sie schon kurz darauf auf selbiges treffen.

⌘ Das Schülertor bildet sozusagen den „Eingang" zur sehenswerten Altstadt. Diesen Zweck erfüllte das Tor bereits mit seiner Errichtung im 15. Jh., als dies die erste Zufahrt von der Via Regia zur Stadt war.

Bautzen

ca. 39.300 Einwohner 035 91

Tourist-Information Bautzen, Hauptmarkt 1, 02625 Bautzen, ☏ 420 16, touristinfo@bautzen.de, www.tourismus-bautzen.de, April bis Okt Mo bis Fr 9:00 bis 17:00, Sa, So und Feiertag 9:00 bis 15:00, Nov. bis März Mo bis Fr 9:00 bis 17:00, Sa 10:00 bis 15:00

Hotel Goldener Adler, Hauptmarkt 4, 02625 Bautzen, ☏ 486 60, www.goldeneradler.de, kontakt@goldeneradler.de, EZ ab € 74, DZ € 99

♦ Hotel Dom-Eck, Breitengasse 2, 02625 Bautzen, ☏ 50 13 30, info@wjelbik.de, www.wjelbik.de, EZ ab € 64, DZ ab € 84. Autorentipp! Das sorbische Hotel liegt inmitten der Altstadt direkt am Dom St. Petri. Im Hotel gibt es zahlreiche Werke sorbischer und Lausitzer Künstler zu entdecken und im Restaurant Wjelbik wird sorbische Küche unter Verwendung frischer Produkte aus der Lausitz angeboten.

♦ Hotel Villa Antonia, Lessingstr. 1, 02625 Bautzen, ☏ 46 08 88, info@hotel-villa-antonia.de, www.hotel-villa-antonia.de, EZ € 79, DZ ab € 87

♦ Stephans Wirtshaus und Pension, Schlossstr. 1, 02625 Bautzen, ☏ 475 90, pension.stephan@t-online.de, www.m.pension-wirtshaus-stephan.weblotse.com, EZ € 55, DZ € 70

♦ Hotel Alte Gerberei, Uferweg 1, 02625 Bautzen, ☏ 27 23 90, info@hotel-alte-gerberei.de, www.hotel-alte-gerberei.de, EZ ab € 61, DZ ab € 82

Hotel Garden, Niederkainaer Str. 3, 02625 Bautzen, ☏ 670 00 0, info@hotel-garden-bautzen.de, www.hotelgarden.net, EZ ab € 75, DZ ab € 85

♦ Pension & Restaurant Le Petit, Steinstr. 35, 02625 Bautzen, ☏ 435 98, matthias.jarcke@web.de, www.lepetit-bautzen.de, Übernachtungspreise auf Anfrage

♦ Spree-Pension, Fischergasse 6, 02625 Bautzen, ☏ 489 60, info@spree-pension.de, www.spree-pension.de, EZ ab € 52, DZ ab € 75

♦ Pension Zum Echten, Lauengraben 16, 02625 Bautzen, ☏ 423 45, zum.echten@t-online.de, www.zum-echten-bautzen.de, EZ ab € 45, DZ ab € 75

Hotel garni Schloss-Schänke, Burgplatz 5, 02625 Bautzen, ☏ 30 49 90, hotelinbautzen@email.de, www.schloss-schänke.com, EZ ab € 74, DZ ab € 99. Das Haus mit jahrhundertealter Geschichte befindet sich inmitten der Altstadt; für Weinliebhaber sehr zu empfehlen.

♦ Hotel garni Haus Buchheim, Schlossstr. 11, 02625 Bautzen, ☏ 464 04 99, info@pension-am-schloss-bautzen.de, www.pension-am-schloss-bautzen.de, EZ ab € 55, DZ ab € 74

♦ Pension Lausitz, Bahnhofstr. 16, 02625 Bautzen, ☏ 60 24 30, info@pension-lausitz.com, www.pension-lausitz.com, EZ € 55, DZ € 72

♦ Pension Stadtwall, Flinzstr. 4a, 02625 Bautzen, ☏ 448 48, info@pension-stadtwall.de, www.pension-stadtwall.de, EZ € 36, DZ € 54

♦ Pension Kubenz, An der Kirschallee 1, 02625 Bautzen, ☏ 229 45, info@pension-kubenz.de, www.pension-kubenz.de, EZ ab € 34, DZ ab € 52. Am Stadteingang nur ein paar Schritte von der Via Regia entfernt.

♦ Pension Völkner, Martin-Hoop-Str. 18, 02625 Bautzen, ☏ 432 09, www.voelkner-pension.de, info@voelkner-pension.de, EZ ab € 30, DZ ab € 46

♦ City-Pension, Dr.-Maria-Grollmuß-Str. 14, 02625 Bautzen, ☏ 49 01 57, 01 72/491 64 62, info@city-pension-bautzen.de, www.city-pension-bautzen.de, EZ ab € 45, DZ ab € 48

Jugendherberge Bautzen „Gerberbastei", Am Zwinger 1, 02625 Bautzen, ☏ 403 47, bautzen@jugendherberge.de, ab € 28,50

♦ Pilgerwohnung für bis zu sechs Personen im Kirchengemeindehaus, Am Stadtwall 12, 02625 Bautzen, ☏ 369710, www.st-petri-bautzen.de. Den Schlüssel erhalten Sie bei der Bäckerei Richter in der Töpferstraße 5 und am Wochenende während der Öffnungszeiten bei der Domaufsicht im Dom, Sa 10:00 bis 16:00 und So 12:00 bis 16:00. Voranmeldungen/Buchungen sind nicht möglich!

Stadtgeschichte

„Budissin" – mit diesem Namen wurde Bautzen im Jahre 1002 urkundlich erstmals erwähnt. Bei Ausgrabungen gemachte Funde zeugen aber davon, dass Bautzen und Umgebung bereits in der Steinzeit besiedelt gewesen sind. In den ersten Jahrhunderten unserer Zeitrechnung ließen sich zunächst germanische, später slawische Stämme nieder. Die Milzener, ein westslawischer Stamm, errichteten im 10. Jh. auf einem mächtigen Felsen über der Spree die Ortenburg. Hier wurde 1018 ein Friedensvertrag zwischen dem römisch-deutschen Kaiser Heinrich II. und dem polnischen Fürsten Boleslaw I. Chrobry geschlossen. In diesem „Frieden von Bautzen" wurden die von beiden Seiten erhobenen Gebietsansprüche an die Oberlausitz geregelt. Bis 1031 stand die Region unter dem Machteinfluss Boleslaws, des zukünftigen Königs von Polen, fiel dann aber wieder dem Heiligen Römischen Reich zu. In den nachfolgenden Jahrhunderten gelangten Teile der Lausitz und Bautzen immer wieder in verschiedene Herrschaftsbereiche. Wann genau Bautzen die Stadtrechte zugesprochen bekam, scheint nicht ganz eindeutig belegbar zu sein, dürfte sich aber auf die erste Hälfte des 13. Jh. datieren lassen. Reisende auf der Via Regia mussten vor der Stadtgrenze zunächst die Spree überqueren, um die in Bautzen angesiedelten Herbergen, Gasthäuser, Handwerksbetriebe und Geschäfte zu erreichen. Nicht nur die Reisenden, auch die Städte selbst litten unter den Überfällen der umherziehenden Raubritter und Räuberbanden, denn der immer stärker zunehmende Handels- und Warenverkehr entlang der Via Regia führte zu einem gewissen Wohlstand. Zunächst nur aus Gründen der Sicherheit wurde 1346 unter Führung der Stadt Bautzen mit den Städten Görlitz, Kamenz, Lauban, Löbau und Zittau der Sechsstädtebund ins Leben gerufen. Dieses Bündnis erwies sich als äußerst effektiv, was den wirtschaftlichen und politischen Einfluss der Lausitz über Jahrhunderte förderte und sicherte. 1405 kam es zum sogenannten Handwerkeraufstand, der sich gegen die Ratsherren richtete. Von der Heftigkeit überrascht riefen die Ratsherren König Wenzel IV. von Böhmen zu Hilfe. Erst mit seiner Unterstützung gelang die Niederschlagung der Revolte.

Als im 15. Jh. die Hussiten, eine progressive Bewegung, die sich auf die reformatorischen Anschauungen des tschechischen Theologen Jan Hus berief, erstarkte, war auch Bautzen nicht vor deren Besitzansprüchen sicher. In den Jahren 1429 und 1431 wurde die Stadt von Hussiten belagert. Dass die Unterwerfung Bautzens nicht gelang, soll, so die Legende, dem Erzengel Michael zu verdanken sein.

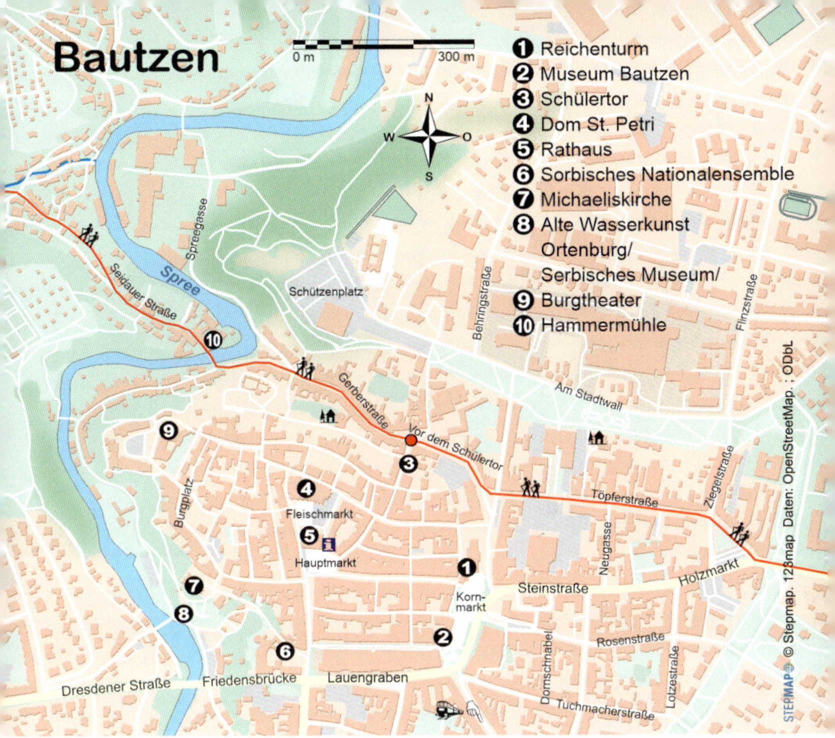

Wie dem auch sei, heute jedenfalls ist der damalige Dank der Bürger in Form der Michaeliskirche wesentlich greifbarer.

In der zweiten Hälfte des 15. Jh. fiel die zum Königreich Böhmen gehörende Oberlausitz mit ihrer „Hauptstadt" Bautzen für 21 Jahre dem ungarischen König Matthias Corvinus zu. In der ersten Hälfte des 16. Jh. schwand aufgrund der Reformation der Einfluss der katholischen Kirche, erhalten blieb der Domstift St. Petri, bis heute das Zentrum der katholischen Kirche in der Oberlausitz. Im Jahr 1547 musste der Oberlausitzer Sechsstädtebund eine empfindliche Beschneidung seiner wirtschaftlichen und politischen Sonderrechte hinnehmen, denn sie verweigerten als Protestanten Ferdinand I., dem katholischen König von Böhmen, den Gehorsam, als dieser seinem Bruder, Kaiser Karl V., im Kampf gegen den protestantischen Schmalkaldischen Bund zu Hilfe kam. Nach dem Sieg der kaiserlichen Truppen folgte die Bestrafung des Sechsstädtebundes, was als „Oberlausitzer Pönfall" in die Geschichte eingehen sollte.

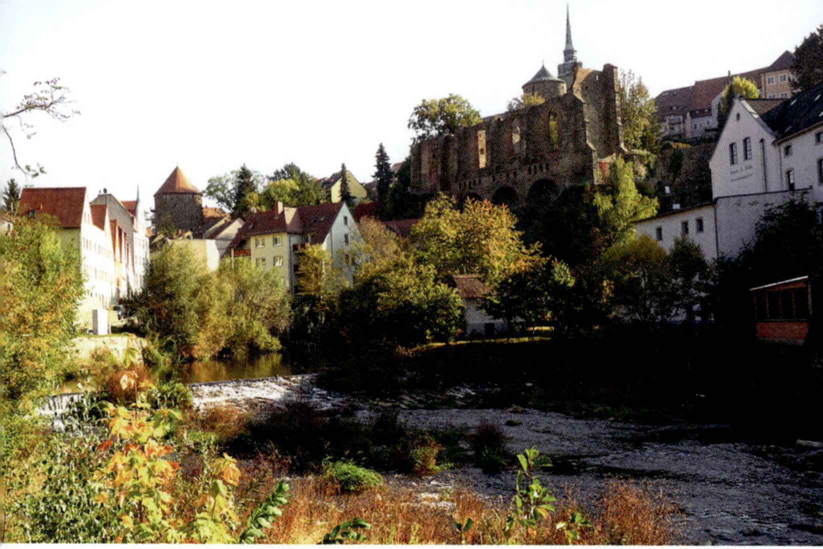

Bautzen besticht durch seine vielen historischen Gebäude

Im Dreißigjährigen Krieg wurde Bautzen mehrfach von verschiedenen Truppen besetzt, bis es 1634 niedergebrannt wurde. Im darauffolgenden Jahr fiel die Oberlausitz an Sachsen. Zwei verheerende Brände in der ersten Hälfte des 18. Jh. verwüsteten erneut große Teile der Stadt.

Während der Befreiungskriege konnte Napoleon im Mai 1813 in der Schlacht bei Bautzen zwar einen weiteren Sieg über die verbündeten Preußen und Russen erzielen, allerdings, so wird berichtet, trug er solch hohe Verluste davon, dass die Kampfkraft seiner Armeen nachhaltig geschwächt war. Möglicherweise führte u. a. dies zu Napoleons Niederlage in der Völkerschlacht bei Leipzig im Oktober 1813, die das Ende der Befreiungskriege bedeutete. Nach Napoleons Niederlage wurden auf dem Wiener Kongress Länder und Landesgrenzen in Europa neu geordnet. Die Lausitz wurde geteilt und Görlitz und Lauban wurden an Preußen abgetreten, die übrigen vier Städte blieben sächsisch. Die Folge war, dass 1815 nach annähernd 500 Jahren der Oberlausitzer Sechsstädtebund aufgelöst wurde.

1868 wurde der Name der Stadt Budissin offiziell in Bautzen geändert. Per Dekret von Papst Benedikt XV. wurde 1921 das Bistum Meißen neu gegründet, vier Jahre später gründete der Bautzener Bischof ein Franziskanerinnenkloster. Der Bischofssitz wurde 1979 von Bautzen nach Dresden verlegt.

Mit der Machtergreifung durch die Nationalsozialisten wurden die 1904 und 1906 erbauten Gefängnisse Bautzen I (wegen der gelben Klinker nur „gelbes Elend" genannt) und Bautzen II ein prägender und trauriger Teil der Stadtgeschichte. Die beiden Gefängnisse dienten zunächst den Nazis, dann den sowjetischen Besatzern als Gefängnis für politisch Andersdenkende. Bis in die 1950er-Jahre starben allein in Bautzen Tausende Gefangene aufgrund der grauenvollen Haftbedingungen. Auch unter dem SED-System der DDR wurden hier zahlreiche Regimegegner inhaftiert. Bautzen II diente der Staatssicherheit (Stasi) der DDR bis 1989 als „Sonderhaftanstalt" für politische Gefangene. Heute ist hier eine Gedenkstätte untergebracht. Auch in Bautzen wurde den historischen Bauten in der Altstadt leider wenig Beachtung geschenkt, stattdessen entstanden in den Jahren zwischen 1973 und 1987 fast 7.500 neue Wohnungen in Plattenbauweise am Stadtrand. Nach 1990 ging die Einwohnerzahl der Stadt aufgrund von Abwanderung und geringer Geburtenzahlen kräftig zurück, sodass 2003 mit dem Abriss von Wohnblöcken begonnen wurde.

Reichenturm in Bautzen

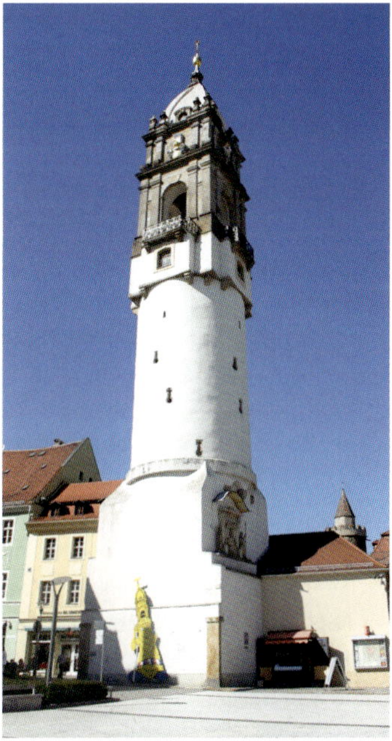

⌘ **Alte Wasserkunst**. Bereits 1496 wurde zur Trinkwasserversorgung der Bevölkerung ein Wasserturm gebaut. Diese aus Holz errichtete Konstruktion brannte 1515 ab und wurde durch einen massiven Steinbau ersetzt. 1877 wurde die Anlage um einen zweiten Turm erweitert und bis 1965 betrieben. Heute lässt sich das Bauwerk besichtigen und vom Turm ein toller Ausblick genießen.

♦ ☏ 415 88,
✉ info@altewasserkunstbautzen.de,
💻 www.altewasserkunstbautzen.de,
🚪 Jan Sa und So 10:00 bis 16:00, Feb und März täglich 10:00 bis 16:00, April bis Okt täglich 10:00 bis 17:00, Nov und Dez täglich 10:00 bis 16:00

Reichenturm. Ein faszinierender Blick über Bautzen eröffnet sich vom 56 m hohen „Schiefen Turm" auf dem Kornmarkt.

April bis Okt täglich 10:00 bis 17:00

Dom St. Petri. Die prächtige spätgotische Hallenkirche ist die größte und älteste Simultankirche Deutschlands (hier finden evangelische und katholische Gottesdienste statt). Bereits 1221 seiner Bestimmung übergeben präsentiert sich die Kirche in ihrer heutigen Form seit 1430. Vom ursprünglichen Bau ist u. a. noch das Westportal erhalten.

♦ 311 80, info@dompfarrei-bautzen.de, www.dompfarrei-bautzen.de, täglich 10:00 bis 16:00, So ab 12:00. In unmittelbarer Nähe des Doms befindet sich ein ökumenischer Domladen. Der Besuch der Domschatzkammer (An der Petrikirche 6) ergänzt das Besichtigungsprogramm, 035 91/35 19 50, Mo bis Fr 10:00 bis 12:00 und 13:00 bis 16:00. Neben dem Dom laden auch die **Maria-Martha-Kirche** und die **Taucherkirche** zu einem Besuch ein.

Museum Bautzen. Am Kornmarkt finden Sie das Museum Bautzen; verschiedene Themenrundgänge bringen die lebhafte Geschichte auf moderne Weise nahe.

♦ 53 49 33, museum@bautzen.de, April bis Sep Di bis So 10:00 bis 17:00, Okt bis März Di bis So 10:00 bis 18:00

Sorbisches Museum. Das Nationalmuseum der Sorben wartet mit Geschichte, Volkskunde, Kunst und Kultur auf.

♦ 270 87 00, sekretariat@sorbisches-museum.de, www.sorbisches-museum.de, Di bis So 10:00 bis 18:00

Sorbisches Nationalensemble. In der Äußeren Lauenstraße 2 werden professionelle Darbietungen des sorbischen Volkstanzes, des Volksliedes, der Trachtenkunst und des sorbischen Brauchtums gezeigt.

♦ 35 80, info@sne-gmbh.de, www.sne-gmbh.de

Auch der Besuch des Deutsch-Sorbischen Volkstheaters in der Seminarstraße sowie des neuen Burgtheaters inmitten des historischen Ortenburghofs sind zu empfehlen. Die Aufführungen finden in deutscher und sorbischer Sprache statt.

♦ Karten unter 58 42 25, www.theater-bautzen.de

3. Etappe: Bautzen – Kamenz

31,5 km, ca. 8 Std. 15 Min., ↑ 209 m, ↓ 219 m, ⇧ 163-266 m

0,0 km	⇧ 204 m	Bautzen
4,3 km	⇧ 257 m	Salzenforst
10,5 km	⇧ 164 m	Dreikretscham
16,2 km	⇧ 167 m	Crostwitz
20,6 km	⇧ 171 m	Kloster Marienstern
26,4 km	⇧ 168 m	Nebelschütz
31,5 km	⇧ 197 m	Kamenz

Auf der 3. Etappe muss fast ein Drittel der Strecke auf befahrenen Straßen zurückgelegt werden, wobei es sich zumeist um Kreisstraßen handelt. Nachdem die Statuen zweier Slawenapostel passiert sind, überrascht das Kloster St. Marienstern als die bedeutendste Sehenswürdigkeit der Etappe.

Nach dem Durchwandern des schönen Dorfes Nebelschütz treffen Sie vor dem Aufstieg in die Kamenzer Altstadt auf Zeugen von Deutschlands düsterer Vergangenheit.

Vom Schülertor am Rande der Altstadt wandern Sie die Gerberstraße hinunter und überqueren mit Blick auf die Hammermühle die Spree. An der nächsten Kreuzung, hier befindet sich das Gasthaus Krause, biegen Sie nach links in die Salzenforster Straße ab. Sie unterqueren die Autobahn A4 und folgen dem Straßenverlauf für ca. 2 km geradewegs zur Siedlung Salzenforst. Am Ortseingang biegen Sie an der Weggabelung nach rechts auf die Straße Am Chorberg ab, halten sich im weiteren Verlauf links in den Bergweg und wandern nach dem Kreuzen der Durchgangsstraße in den Schwalbenweg. Vorbei am Friedhof wird kurz darauf die Landstraße über eine Brücke gequert.

Nach dem Bach Milkwitzer Wasser ist die Siedlung Oberuhna ❶ erreicht.

Hier passieren Sie ein Wohnhaus (Hausnr. 7) in einem sehr gepflegten Garten. Pilger sind gern gesehene Gäste, ☏ 03 59 37/14 99 10. Übernachtungspreise bitte anfragen.

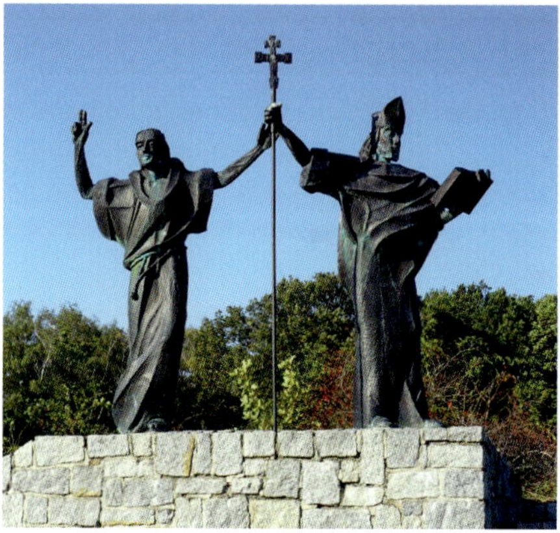

Das Millenniumsdenkmal

Hier zweigen Sie auf die Durchgangsstraße nach rechts ab und folgen der Straße in das kaum 100 m entfernte Niederuhna. Nachdem Sie die paar Häuser hinter sich gelassen haben, macht die Straße eine leichte Rechtskurve. Geradeaus führt hier ein von Bäumen gesäumter asphaltierter Weg zu einer weiteren Kreisstraße, auf die Sie nach links abbiegen und bis zum Millenniumsdenkmal ❷ wandern.

⌘ Die beiden großen Statuen stellen die griechischen Missionare und Slawenapostel Cyrill und Methodius dar. Das Denkmal wurde im Jahre 2000 feierlich eingeweiht.

Von der Kreisstraße zweigen Sie links ab – nur noch etwa 350 m und Sie können sich endlich ein bisschen von den vielen Asphaltstrecken erholen! Dann geht es nach rechts über einen geschotterten Feldweg weiter, bis Sie kurz vor dem Örtchen Dreikretscham wieder auf die Landstraße treffen. Auf dieser geht es rechts in den kleinen Ort, dann laufen Sie erneut auf einer Kreisstraße in Richtung **Storcha** ❸. Dabei wandern Sie am ✕ Gasthaus Dreikretscham (☏ 03 59 37/832 04, 🚪 bitte anfragen) vorbei.

Das Dorf Storcha haben Sie nach gut 500 m erreicht. Kurz hinter dem Ortseingang befindet sich zur Rechten etwas oberhalb eine Bäckerei. Das „Asphaltfressen" nimmt allerdings schon wieder seinen Lauf, denn die Markierung leitet Sie noch über 3,5 km beständig auf befahrenen Straßen bis nach Prautitz. Nach den wenigen Häusern gehen Sie links auf einen breiten Schotterweg, der Sie bald zum südlichen Ortsrand von **Crostwitz** ❹ führt. In Höhe der ersten Häuser weist Sie die Markierung über eine Wiese in den Ort zur Kirche. In einem Bogen spazieren Sie durch das Dorf wieder zurück zum Weg entlang des Ortsrandes.

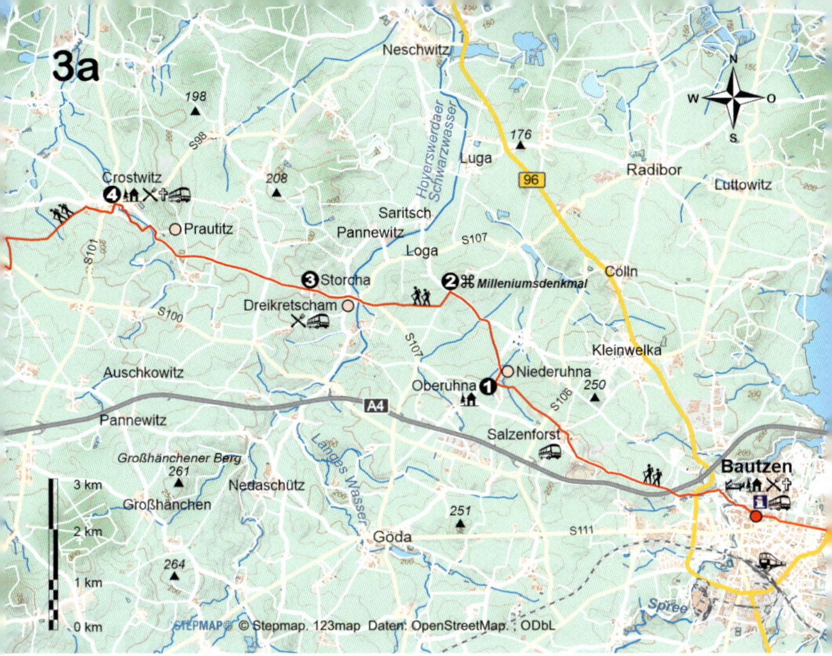

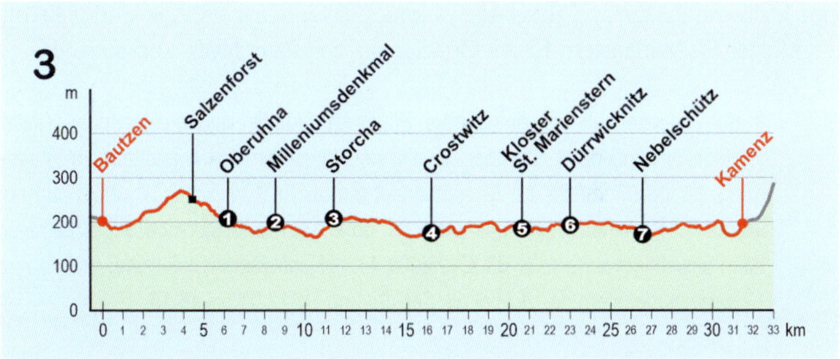

Inmitten des Ortes treffen Sie auf eine Pilgerherberge (7 Schlafplätze, Preise auf Anfrage) – durch einen ausdauernden „Pilger“ unübersehbar, ☏ 03 57 96/964 64, 📱 01 63/983 87 16. Darüber hinaus lockt ein Schild mit der Aufschrift „Pilgeroase“ in den Garten, wo im Gegenzug einer Spende Getränke, Kuchen und Obst angeboten werden.

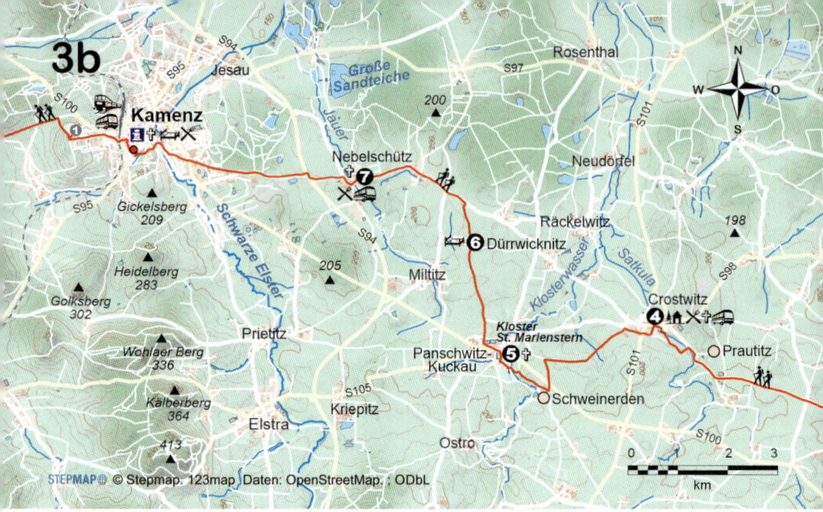

Fast schon am Ende des Ortes angelangt knickt die Via Regia nach links weg und verläuft für rund 1,8 km wie gewohnt durch weite Feldflure. Dann müssen Sie auf den durch groben Schotter unangenehm zu laufenden Weg nach links abbiegen. Sie treffen auf den Dorfrand von Schweinerden. Gehen Sie nicht in das Dorf, sondern halten Sie sich am Dorfrand rechts. Nach ca. 900 m erreichen Sie eine idyllische Parkanlage, durch die es keine 500 m mehr bis zum eindrucksvollen **Kloster St. Marienstern ❺** am Ortseingang von **Panschwitz-Kuckau** sind.

✝ In der Zisterzienserinnen-Abtei finden Pilger Quartier gegen eine Spende (bitte telefonisch anmelden!). Darüber hinaus steht auch ein Gästehaus zur Verfügung, ☎ 03 57 96/994 31, Erreichbarkeit Mo bis Fr 8:30 bis 10:00 und 14:30 bis 16:00, gaestehaus@marienstern.de, ab € 31. Die klösterliche Schatzkammer kann besichtigt werden, ☎ 03 57 96/994 44, info@marienstern.de, www.marienstern.de, April bis Sep Sa und So 12:30 bis 16:15

Vom Kloster führt Sie der Weg in den Ort, wo Sie der Cisinskistraße nach links über den Bach mit dem treffenden Namen Klosterwasser folgen. Nehmen Sie dann den nächsten nach rechts führenden Abzweig (An der Hohle) und verlassen Sie über die Straße den Ort. Ohne nennenswerte Veränderung bringt Sie der Schotterweg zu einer Kreisstraße. Dazwischen passieren Sie im Weiler **Dürrwicknitz ❻** einen Töpferhof.

🛏 Alte Herberge und Töpferhof Wetenca, Dorfplatz 6, ☏ 03 57 96/961 52, 📱 01 74/241 13 64, ✉ info@toepferhof-lausitz.de, 💻 www.toepferhof-lausitz.de. Die urig-gemütlichen und traditionellen Ferienhäuser bieten sich auch für einen längeren Aufenthalt an.

Auf die Kreisstraße (Nebelschützer Straße) biegen Sie nach links ab und durchqueren auf ihr Wendischbaselitz. Weiter geht es – diesmal auf einem Fuß-/Radweg – parallel zur Straße in den schönen Ort **Nebelschütz** ❼ mit seinem attraktiven Kirchenbau.

Im Dorf wird der Bach Jauer überquert, dann das ✕ Gasthaus Zur Kastanie (☏ 035 78/30 10 07, 🚪 bitte nachfragen) passiert und der Hauptstraße nach links Richtung Kamenz gefolgt. Zur Rechten befindet sich die Gemeindeverwaltung und unübersehbar an einer weißen Hausgiebelseite die Aufschrift „Wobchod Einkaufsladen", wo Sie sich tagsüber mit Proviant versorgen können. Eine Fußgängerbrücke bringt Sie sicher auf die andere Seite einer stark befahrenen Landstraße. Nun wandern Sie parallel zu einer Kreisstraße, die im weiteren Verlauf in die Forststraße übergeht, auf der Sie dann in Kamenz ankommen. Hier queren Sie die Hohe Straße, folgen geradewegs der Wilhelm-Weiße-Straße und der anschließenden Uferstraße und schwenken am kommenden Abzweig nach links in den Mühlweg. Wenn nach rund 600 m der Mühlweg in die Straße Herrental übergeht, stehen Sie unübersehbar vor der Gedenkstätte des KZ-Außenlagers Kamenz-Herrental.

⌘ Die Gedenkstätte auf dem Gelände des Konzentrationslagers ist frei begehbar.

Zur Rechten steigen Sie einige Stufen hinauf zur Altstadt. Hier gehen Sie ein paar Schritte auf der Straße Anger nach links und biegen gleich wieder nach rechts in die Kurze Straße ein. Sie haben den historischen Marktplatz erreicht.

Kamenz

ca. 14.700 Einwohner, ✆ 035 78

ℹ Kamenz-Information, Schulplatz 5, 01917 Kamenz, ☏ 37 92 05, ✉ kamenzinformation@kamenz.de, 💻 www.kamenz.de, 🚪 Mo bis Fr 10:00 bis 18:00, Sa und So 11:00 bis 16:00

- Hotel Goldener Hirsch, Markt 10, 01917 Kamenz, ☏ 783 50, info@hotel-kamenz.de, www.hotel-kamenz.de, EZ ab € 87, DZ ab € 107
- ♦ Hotel Stadt Dresden, Weststr. 10-12, 01917 Kamenz, ☏ 344 50, info@hotelstadtdresden.de, www.hotelstadtdresden.de, EZ € 75, DZ € 89
- ♦ Hotel-Restaurant Villa Weiße, Poststr. 17, 01917 Kamenz, ☏ 37 84 70, info@villa-weisse.de, www.villa-weisse.de, EZ ab € 63, DZ ab € 89
- Pension Wendländer, Pulsnitzer Straße 25, 01917 Kamenz, ☏ 30 42 94, ab € 20
- Direkt an der Via Regia, ca. 1,7 km vom Zentrum entfernt, befindet sich auf dem Hutberg eine Pilgerherberge. ☞ Seite 60

Stadtgeschichte

Die Stadt Kamenz wurde erstmals im Jahr 1225 urkundlich erwähnt. Bereits zum Ende des vorangegangenen Jahrhunderts wurde nahe der Schwarzen Elster eine Burganlage erbaut, von der aus die hier den Fluss querende Via Regia kontrolliert und gesichert werden konnte. Schon zu dieser Zeit profitierte der Ort so stark von der wichtigen Handelsroute, dass die beträchtlichen Ausgaben für den Bau einer Burg als unabdingbar für die Wahrung des Reichtums und somit für die Unabhängigkeit der Stadt galten. Bestand hatte die Anlage indes nicht, denn als Folge der hussitischen Eroberung der Stadt im Jahr 1429 wurde die Burg zerstört und 1432 abgetragen. Am ehemaligen Standort befindet sich heute die Altstadt.

Am Lessingmuseum

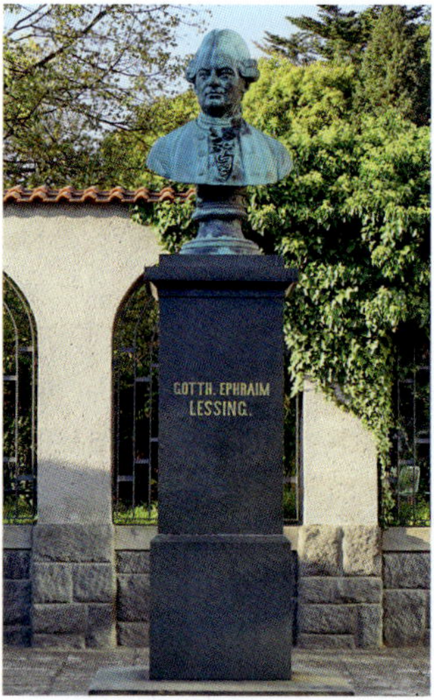

Kamenz war 1346 Gründungsmitglied des Oberlausitzer Sechsstädtebundes und musste 200 Jahre später wie alle anderen Mitgliedsstädte die als Oberlausitzer Pönfall bezeichneten Sanktionen mittragen (☞ Bautzen). Während des Dreißigjährigen Krieges verpfändete Böhmen aufgrund des Prager Friedens von 1635 die Oberlausitz an Sachsen. In den Jahren 1707 und 1842 tobten schwere Brände, die große Teile der Stadt verwüsteten.

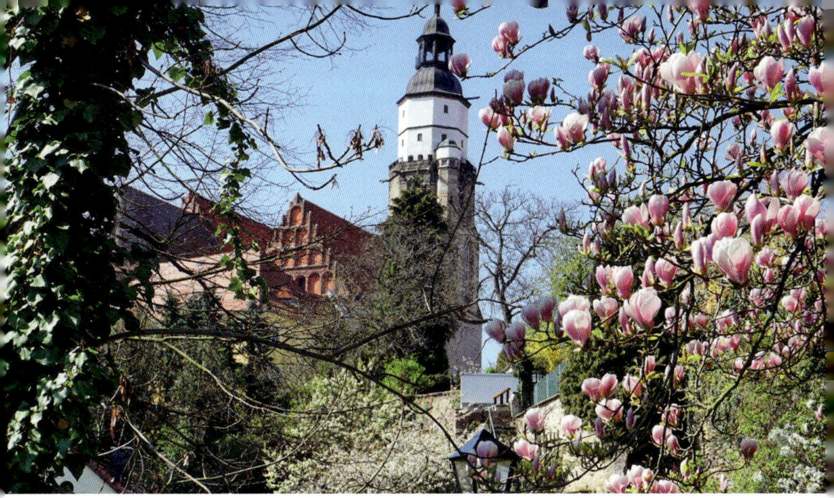

Blick auf die St.-Marien-Kirche in Kamenz

Am 22. Januar 1729 erblickte der bedeutende Dichter Gotthold Ephraim Lessing in Kamenz das Licht der Welt. Hier wurde er in der St.-Marien-Kirche getauft und besuchte vier Jahre die hiesige Schule. 1871 wurde die Bahnverbindung nach Radeberg feierlich eröffnet. Mit Beginn der Industrialisierung um 1900 erlebte Kamenz einen neuen wirtschaftlichen Aufschwung. Am 7. Mai 1945 wurde die Stadt kampflos der Roten Armee übergeben. Die Nationale Volksarmee der DDR unterhielt hier eine Offiziershochschule der Luftwaffe, die 1990 geschlossen wurde.

⌘ **Lessingmuseum**. Unzählige Ausstellungstücke zeigen Leben und Wirken von Deutschlands beliebt(est)em Schriftsteller und Dichter, der als Freigeist und Kritiker völlig neue Impulse für das Theater in Deutschland setzte.

♦ Lessingplatz 1-3, ☏ 37 91 11, ✉ kontakt@lessingmuseum.de, 💻 www.lessingmuseum.de, 🚪 Di bis Fr 9:00 bis 17:00, Sa, So und Feiertag 13:00 bis 17:00

✞ **Gotische Schnitzaltäre**. Sakrale Kunstgeschichte gibt es in Kamenz nicht nur im Doppelpack, sondern sogar achtfach! Wundervolle kunsthandwerklich gestaltete gotische Schnitzaltäre sind in der Klosterkirche St. Annen, Hauptkirche St. Marien und St.-Just-Kirche zu bestaunen.

💻 www.kamenz.de/sakrale-schaetze.html

4. Etappe: Kamenz – Königsbrück

15,7 km, ca. 4 Std. 15 Min., 136 m, 160 m, 170-288 m

0,0 km	197 m	Kamenz
1,7 km	286 m	Hutberg
5,7 km	215 m	Schwosdorf
10,9 km	189 m	Reichenau
15,7 km	171 m	Königsbrück

Von Kamenz nach Königsbrück sind es gut 15 km, was die 4. Etappe zu einer der kürzeren macht. Das schöne Kamenz verabschiedet sich mit dem über der Stadt thronenden Lessingturm. Der Weg nach Königsbrück führt abwechslungsreich zwischen Wiesen und Feldern entlang sowie durch schöne Waldgebiete.

Das Markierungszeichen Jakobsmuschel weist Sie vor dem Marktplatz nach links in die Rosa-Luxemburg-Straße und am nächsten Abzweig nach rechts in die Kirchstraße, die nach dem Queren der Zwingerstraße in die Klosterstraße übergeht. Schöner ist es aber, über den Marktplatz zu gehen und sich am Rathaus links zu halten. Das ist kein Umweg und Sie treffen dann ebenfalls auf den Beginn der Klosterstraße. Der Straße folgen Sie durch den Torbogen hindurch direkt zur St.-Annen-Kirche. Nach links zweigt die Weststraße ab und mündet in einem Kreisverkehr. Der Weg setzt sich geradeaus über die Königsbrücker Straße fort. Sie gehen am Friedhof vorbei, dann zweigt links die Straße Am Hutberg ab, die von dem parallel durch die Parkanlage verlaufenden Fußweg begleitet wird. Nach dem Anstieg haben Sie mit dem Gipfel auch eine Gaststätte, den Lessingturm ❶ sowie eine Pilgerherberge erreicht.

Hutberggaststätte, 035 78/373 77 33, info@hutberggaststaette-kamenz.de, www.hutberggaststaette-kamenz.de, Mo und Di nach Vereinbarung, Mo bis So ab 11:00

Pilgerherberge Türmerhaus direkt neben dem Lessingturm, 035 78/30 41 99 (Pfarramt), info@kg-kamenz-cunnersdorf.de, www.kg-kamenz-cunnersdorf.de, 2 Räume mit je 2 Betten, Dusche, € 12. Gegen Vorlage des Pilgerausweises wird der Schlüssel in der Kamenz-Information ausgehändigt.

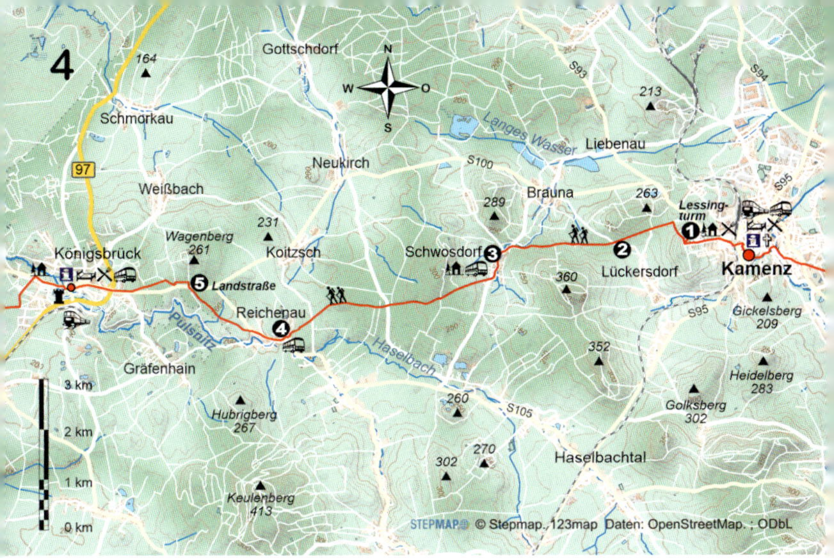

Aus Richtung des Lessingturms kommend biegen Sie rechts in den Waldweg ein und halten sich nach ein paar Metern wieder links. Über den am Waldrand entlangführenden Wiesenweg erreichen Sie die Verbindungsstraße nach Lückersdorf ❷, der Sie nach links folgen. Sobald die Straße eine Linkskurve macht, wandern Sie geradeaus auf dem breiten Schotterweg weiter. Die weite Sicht über die umliegenden Felder lassen Sie allmählich hinter sich. Zunächst geht es durch ein kleines Waldstück und ein reizendes Bachtal nach **Schwosdorf** ❸. Die Landstraße (K9270) leitet Sie durch das Dorf. Kurz nach dem Passieren des auffälligen Hauses mit der Aufschrift „Wal- und Wüsteberghaus“ biegen Sie rechts in den Wald ein.

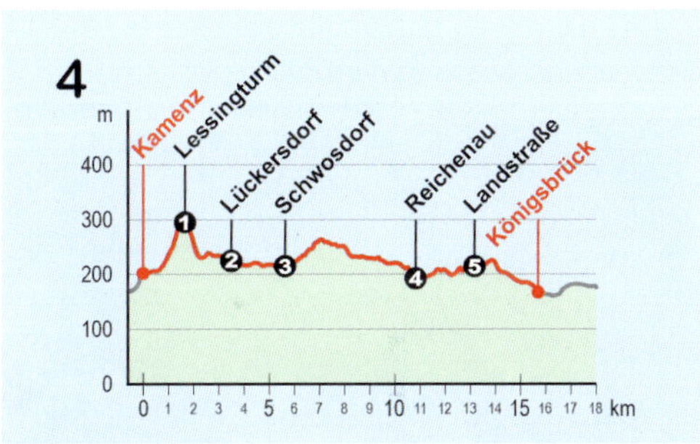

Wal- und Wüsteberghaus, Frau Claudia Zickler, 01 76/37 70 37 89, info@wal-wueste-berg.de, www.wal-wueste-berg.de., Preise bitte anfragen. Der ungewöhnliche Name beruht auf einem hiesigen Verein, der sich zum Schutz des nahe gelegenen Walberges und Wüsteberges vor industrieller Nutzung gegründet hat.

Nun steht eine bequeme und schöne Etappe auf ebenem Weg durch einen herrlichen Kiefernwald an. Folgen Sie stetig dem Wegverlauf, dabei wandern Sie an einer Schutzhütte vorbei, überqueren eine Kreisstraße und gelangen nach **Reichenau ❹**. Die Via Regia führt durch den Ort und biegt kurz vor dem Ortsausgang nach links auf einen Feldweg ab. An der nächsten Weggabelung laufen Sie rechts auf den Wiesenweg und wieder in ein Waldgebiet. Nachdem die Landstraße ❺ überquert ist, gehen Sie für ca. 85 m den Waldweg weiter, biegen dann links ab und halten sich an der wenig später folgenden T-Kreuzung erneut links. Nach etwa 40 m zweigen Sie wieder rechts ab und wandern am nächsten Abzweig links zur Kamenzer Straße, mit der Sie Königsbrück erreicht haben. Die Kamenzer Straße bringt Sie nach rechts zum Marktplatz.

Schöne Einblicke in Königsbrück

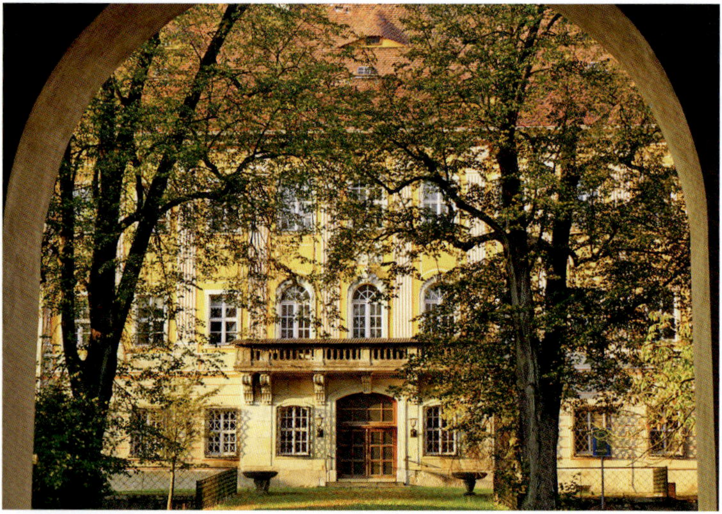

Königsbrück

ca. 4.500 Einwohner, 03 57 95

Königsbrück-Information, Markt 19, 01936 Königsbrück, ☎ 425 55, information@koenigsbrueck.de, www.koenigsbrueck.de, Mo bis Fr 9:00 bis 12:00, Di 13:00 bis 18:00, Mi und Do 13:00 bis 16:00

Hotel Stadt Königsbrück, Weißbacher Str. 22, 01936 Königsbrück, ☎ 360 92, info@hotel-stadt-koenigsbrueck.de, www.hotel-stadt-koenigsbrueck.de, EZ € 40, DZ € 50

Pension Zur Aue, Gartenstr. 21, 01936 Königsbrück, ☎ 324 46, pension@ferienwohnung-lunze.de, www.fewo-lunze.de, ab € 30

♦ Pension Zum Markt, Marktstr. 3, 01936 Königsbrück, ☎ 468 99, pension@ulbrich-koenigsbrueck.de, www.ulbrich-koenigsbrueck.de, ab € 15

♦ Pension Jörg Gläser, Buchenweg 6, 01936 Königsbrück, ☎ 318 67, 01 72/781 48 09, joerg-graeser@web.de, www.pension-joerg-graeser.de, € 15

♦ Haus Emmaus, Mittelstr. 5, 01936 Königsbrück, ☎ 420 67, 01 63/579 61 86, aemmaus@online.de, EZ € 20, DZ ab € 40

♦ Pension Bettenhaus Königsbrück, Kamenzer Str. 20, 01936 Königsbrück, ☎ 39 94 99, rondo67@web.de, ab € 14 (Sonderkonditionen für Pilger)

Im direkt angrenzenden Ortsteil Stenz steht eine Pilgerherberge im sogenannten Armenhaus aus dem Jahr 1826 zur Verfügung, eine wirklich urige Herberge mit drei Strohbetten und kleiner Kaminstube. Informationen und Anmeldung beim Heimatverein Königsbrück, ☎ 394 97, heimatverein@koenigsbrueck.de

Stadtgeschichte

In einer Urkunde aus dem Jahr 1248 wird Königsbrück, das „Tor zur Westlausitz", erstmalig erwähnt. Königsbrück liegt direkt am Ufer der Pulsnitz, die zur damaligen Zeit Grenzfluss zwischen Sachsen und Böhmen war. Zur Grenzsicherung sowie zur Erhebung des Brückenzolls wurde unweit des Flussufers eine Burg errichtet. An dieser Stelle befand sich zudem der Übergang der Via Regia, die von zahlreichen Reisenden auch als Zubringer genutzt wurde, um in das von hier aus nur gut 20 km entfernte Dresden zu gelangen. Die strategisch wichtige Lage sowie die Zolleinnahmen hatten maßgeblichen Einfluss auf die Entwicklung des Ortes; so wurde die Burg zu einem Schloss erweitert und 1331 das Stadtrecht verliehen.

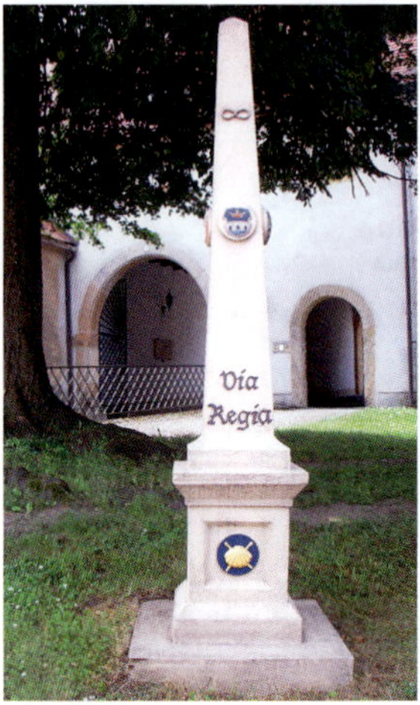

In Königsbrück

Königsbrück musste im Laufe der folgenden Jahrhunderte mehrfach die „Seiten wechseln“, gehörte mal zu Sachsen, mal zu Böhmen. 1884 wurde die Bahnverbindung nach Dresden-Klotzsche in Betrieb genommen. Die weiten Heideflächen um Königsbrück wurden 1906 dafür genutzt, großflächig einen Truppenübungsplatz einzurichten. Die Anlage wurde während des Dritten Reiches und anschließend durch die Rote Armee erweitert. Dafür mussten Einwohner ihre Häuser verlassen, einige Ortschaften wurden zunächst geräumt, später zerstört. Königsbrück war einer von vier Orten in der DDR, in dem die sowjetische Regierung nukleare SS-12-Raketen stationieren ließ. Das Gelände ist heute das größte zusammenhängende Naturschutzgebiet Sachsens.

Zu DDR-Zeiten befand sich hier auch das Institut für Luftfahrtmedizin, in dem der Kosmonaut Sigmund Jähn auf seine Reise ins All vorbereitet wurde. Das Institut gibt es heute noch; es wird von der Luftwaffe der Bundeswehr unterhalten.

Das Schloss befindet sich in Privatbesitz, Besichtigungen sind nicht möglich.

⌘ **Via Regia als Modell**. Liebevoll gestaltete Modelle bedeutender Bauwerke gewähren einen ungewohnten und übersichtlichen Blick auf den Wegverlauf der Via Regia.

♦ Am Schlosspark 19, ☎ 364 25, 📱 015 75/848 43 73, 💻 www.architekturmodellbau-koenigsbrueck.de, 🚪 Mo bis Mi 9:00 bis 14:00, Do und Fr 10:00 bis 17:00

❀ **Königsbrücker Kamelien**. Als größte Attraktion der Stadt sind sicher drei Kamelien zu nennen. Hierbei handelt es sich um Pflanzen, die um 1825 gesetzt wurden und damit als die ältesten Kamelien in Deutschland, möglicherweise sogar nördlich der Alpen gelten! Sie werden in einem speziellen Gewächshaus am Schloss Königsbrück gehegt und gepflegt. Zur Blütezeit in den Monaten Januar bis März strömen Tausende Pflanzenfreunde nach Königsbrück.

5. Etappe: Königsbrück – Großenhain

31,8 km, ca. 8 Std., ↑ 32 m, ↓ 64 m, ⇧ 116-180 m

0,0 km	⇧ 171 m	Königsbrück
7,7 km	⇧ 167 m	Tauscha
12,5 km	⇧ 143 m	Lötzschen
16,6 km	⇧ 149 m	Schönfeld
22,1 km	⇧ 135 m	Quersa
31,8 km	⇧ 119 m	Großenhain

Das typische Landschaftsbild, also die ebenen Flächen aus Wiesen und Feldern, bleibt auch auf der 5. Etappe erhalten. In dem Dorf Schönfeld ist das gleichnamige Schloss sehenswert. Insgesamt gestaltet sich die erste Hälfte der Etappe abwechslungsreicher und insgesamt reizvoller.

Schloss Schönfeld

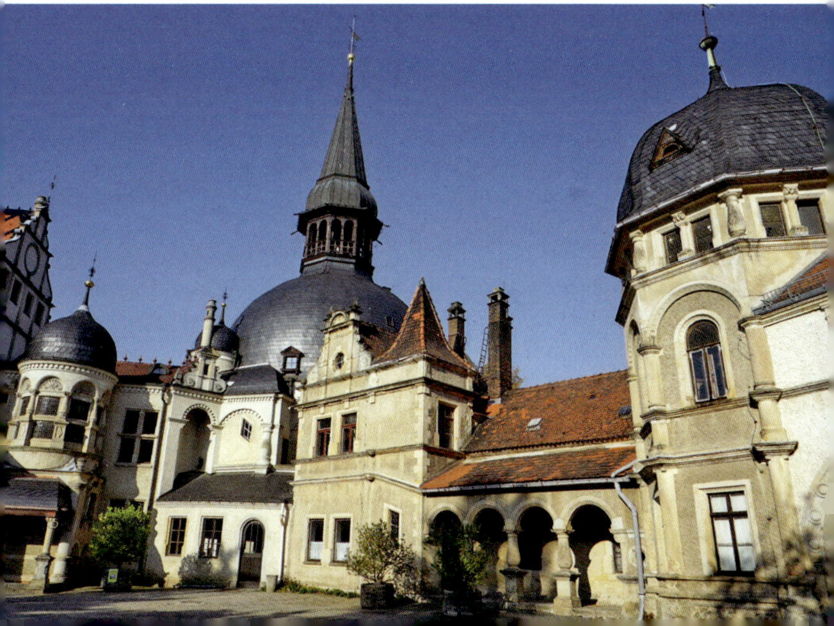

Vom Marktplatz kommen Sie über die Schlossstraße nach nur wenigen Metern zum Königsbrücker Schloss.

♜ Das Schloss in seinem heutigen Aussehen wurde vermutlich um 1700 erbaut. Allerdings wurde bereits 1351 erstmals ein Schloss erwähnt, von dem aus der Brückenzoll zum Überqueren der Pulsnitz sowie die Abgaben für Geleitschutz von den Reisenden entlang der Via Regia erhoben wurden. Über die Jahrhunderte wurde das Schloss für ganz unterschiedliche Zwecke genutzt. Seit 2001 befindet sich das Gemäuer in Privatbesitz.

Im Schlossgarten steht das Gewächshaus mit den ❀ Königsbrücker Kamelien.

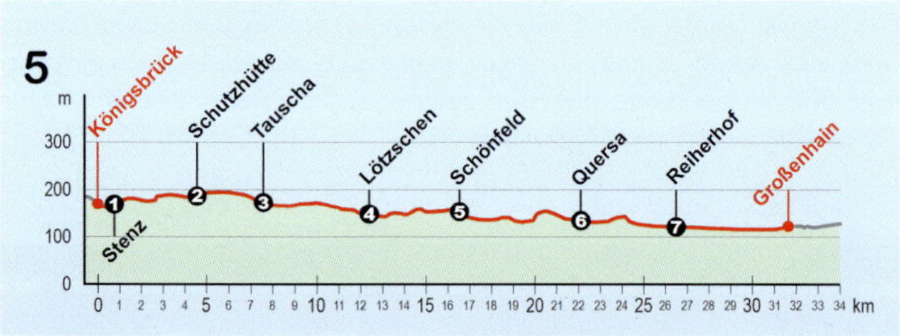

Die Wanderung führt nach rechts über die Großenhainer Straße in den unmittelbar an Königsbrück angrenzenden Ortsteil **Stenz ❶**. Kurz vor einer leichten Linkskurve treffen Sie auf die Pilgerherberge im sogenannten Armenhaus. Auf deren Höhe biegen Sie in die Straße Am Sandberg ab.

Die Straße Am Sandberg führt aus Stenz heraus. Hinter den letzten Gebäuden schließt sich ein kleines Waldstück an, das bis zu einem Weg durchquert wird. Hier geht es nach links am Waldrand weiter. Nach knapp 250 m stoßen Sie auf einen Weg, dem Sie nach rechts bis zur B98 folgen.

Auf der anderen Straßenseite wartet eine sehr schöne Waldstrecke auf Sie. Zunächst halten Sie sich auf dem rechten Pfad, der Sie zu einer Wegkreuzung bringt. Nun wandern Sie auf einem befestigten Weg bis zu einer schön angelegten Schutzhütte ❷ (ab B98 rund 1,9 km). An dieser geht es rechts auf einem naturbelassenen Pfad vorbei. Im weiteren Verlauf werden mehrere Kreuzungen passiert, Sie wandern aber unbeirrt immer geradeaus weiter.

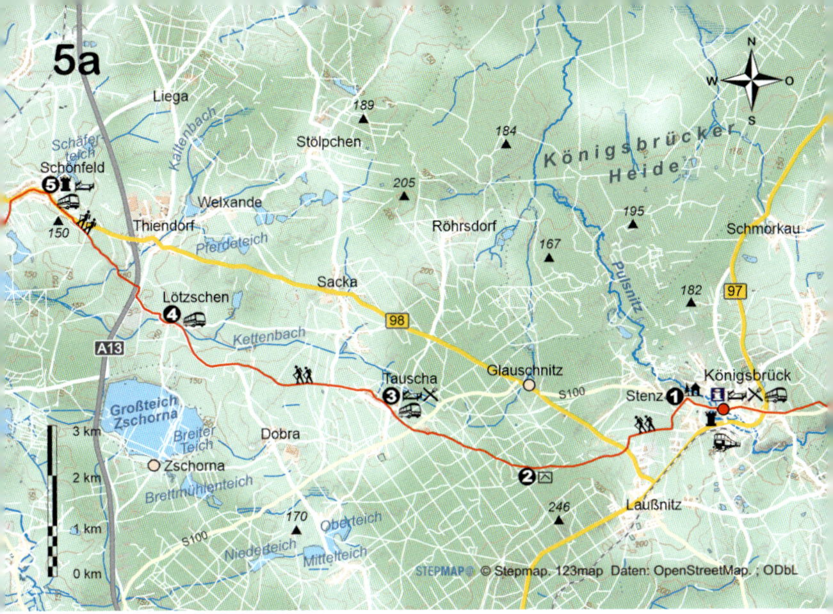

Am Waldrand passieren Sie eine Geflügelfarm und gelangen nach dem Überqueren der Landstraße in den Ort Tauscha ❸, der auf der Dorfstraße durchquert wird. Dabei wandern Sie am ✕ Gasthof Tauscha (aktuelle Öffnungszeiten unter ☏ 03 52 40/722 91) und der Pension im Heidebogen vorbei.

Pension im Heidebogen, Pilgerstr. 17, 01561 Tauscha, 01 72/608 50 43, info@pension-im-heidebogen.de, www.pension-im-heidebogen.de, EZ € 27, DZ € 48, Pilgerlager € 20

Am Ortsende von Tauscha setzen Sie Ihre Wanderung rund 500 m auf der Kreisstraße nach rechts fort. In der dann folgenden 90°-Rechtskurve nehmen Sie den Wiesenweg geradeaus. Mit Blick auf den Ort Dobra können Sie den angenehm zu laufenden Weg genießen, bevor sich wieder eine anstrengende Asphaltstrecke anschließt. In Höhe einer Baumgruppe treffen Sie auf eine Kreisstraße, der Sie nach rechts durch den Ort Lötzschen ❹ bis zur A13 folgen. Nachdem Sie diese unterquert haben, laufen Sie mit etwas Abstand an einem Anwesen im Kaltenbachtal vorbei und gelangen schon bald wieder an die B98.

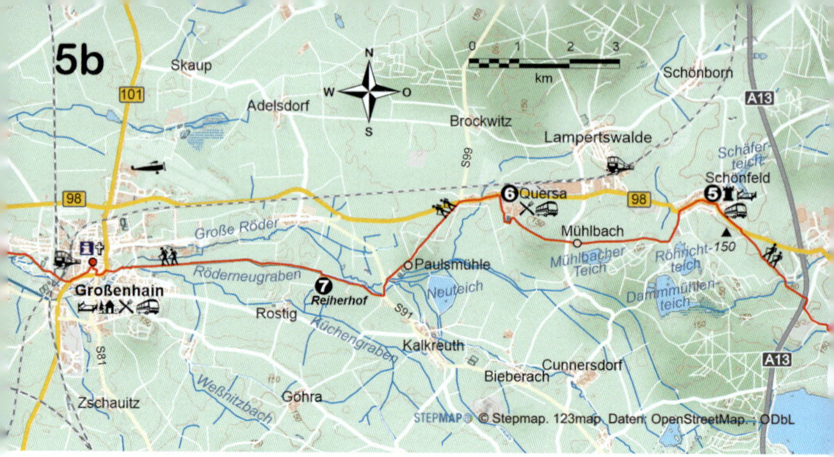

Auf der gegenüberliegenden Straßenseite befindet sich ein von der Straße abgetrennter Fuß-/Radweg, auf dem Sie nach links ins nahe Schönfeld gehen.

✋ Unmittelbar am Ortsrand wird der Fuß-/Radweg direkt auf die Bundesstraße geleitet und Sie müssen auf den gegenüberliegenden Bürgersteig wechseln. Aufgrund des sehr starken Verkehrsaufkommens, darunter auch jede Menge Schwerlastverkehr, ist das notwendige Queren der Straße kein harmloses Unterfangen. Da Fahrzeugführer an dieser Stelle offensichtlich nicht mit Fußgängern rechnen, sollten Sie größte Vorsicht walten lassen!

Durch **Schönfeld ❺** folgen Sie der Durchgangsstraße, dabei zieht das eindrucksvolle Schloss die Blicke auf sich.

♜ Zu Beginn des 13. Jh. wurde urkundlich erstmals von einer Wehranlage an diesem Ort berichtet. Das ursprünglich von Wassergräben umschlossene Gemäuer diente dem Schutz der Via Regia. Im Laufe der Zeit fanden zahlreiche Um- und Ausbauten statt. Heute präsentiert sich das Schloss als repräsentativer Ort für verschiedenste Veranstaltungen und Feierlichkeiten.

♦ ☎ 03 52 48/203 60, ✉ info@schoenfelder-traumschloss.de, 💻 www.schloss-schoenfeld.de, Schlossführungen März bis Nov bei Sonntagsveranstaltungen, dann hat auch das ☕ Schlosscafé geöffnet. Andere Termine nach Absprache

Schönfeld

🛏 ⛪ 🏊 ♜, ca. 1.830 Einwohner, ✆ 03 52 48

🛏 Pension Krause, Freie Scholle 4, 01561 Schönfeld, ☎ 814 55, EZ und DZ mit Frühstück, Übernachtungspreise bitte anfragen

♦ Pension Steinborn, Großenhainer Str. 5a, 01561 Schönfeld, ☎ 818 16, EZ und DZ mit Frühstück, Übernachtungspreise bitte anfragen

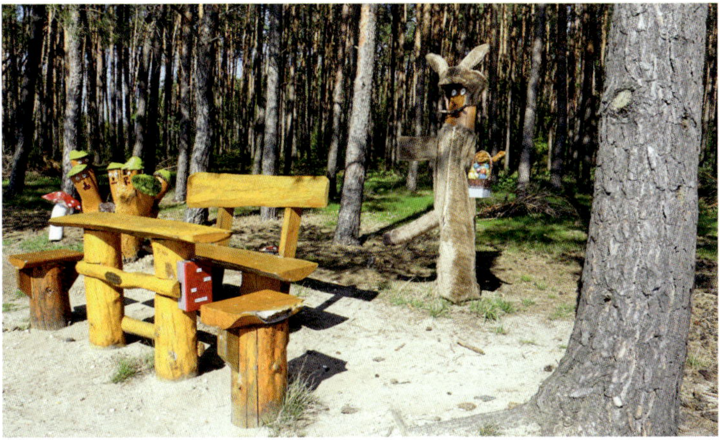

Zwischen Schönfeld und Quersa

Sie passieren eine Bäckerei und zweigen kurz vor dem Ortsausgang von Schönfeld links in die „Straße der MTS" ab, der Sie auf einer Länge von etwa 600 m folgen, um dann dem Richtungswegweiser „Mühlbach" nach rechts zu folgen. Nach knapp 2 km passieren Sie den Mühlbacher Teich, überqueren kurz darauf eine Kreisstraße und erreichen nach einem Waldgebiet Quersa ❻. Vom Mühlbacher Weg (zur Rechten befindet sich eine Bäckerei) wechseln Sie auf die Hauptstraße (B98) nach links und biegen am Dorfausgang halb links auf eine von Bäumen gesäumte Nebenstraße ein.

Durch ein kleines Waldstück und vorbei an einem Reitplatz treffen Sie auf die Siedlung Paulsmühle sowie auf eine (neue) Landstraße. Dem parallel verlaufenden Radweg folgen Sie ein paar Meter nach links, um dann an einer Tierarztpraxis nach rechts in den Zufahrtsweg zum Reiherhof ❼ abzubiegen.

Nun wandern Sie auf der Dammkrone entlang des Baches Röderneugraben zum Stadtrand von Großenhain, wo Sie von den mächtigen Mauern des einstigen Schlosses begrüßt werden. Sie befinden sich hier auf der Carl-Maria-von-Weber-Allee, von der es in die Altstadt mit Hauptmarkt sowie Kirchplatz und Marienkirche nur noch wenige Schritte sind.

Großenhain

ca. 18.200 Einwohner, ✆ 035 22

- Großenhain-Information, Hauptmarkt 1, 01558 Großenhain, ☏ 30 40, www.grossenhain.de, info@stadt.grossenhain.de, Mo bis Fr 9:00 bis 12:00 sowie Mo und Do 13:30 bis 16:00, Di 13:30 bis 18:00 und jeden 1. Sa im Monat 9:00 bis 12:00, Mi geschlossen
- Hotel und Gaststätte Kupferberg, Kupferbergstr. 6, 01558 Großenhain, ☏ 309 00, post@hotel-kupferberg.de, www.hotel-kupferberg.de, EZ € 65, DZ € 100, dienstags bleibt die Küche kalt.
- ♦ Gaststätte und Pension Bretschneider, Frauenmarkt 16, 01558 Großenhain, ☏ 50 70 49, post@gaststaette-bretschneider.de, www.gaststaette-bretschneider.de, EZ € 60, DZ ab € 85, Restaurant Mi bis So ab 18:00, So zusätzlich 11:00 bis 14:00
- ♦ Pension und Imbiss Rotes Haus, Radeburger Platz 11, 01558 Großenhain, ☏ 50 21 49, info@pension-grossenhain.de, www.pension-grossenhain.de, EZ ab € 35, DZ ab € 45, Imbiss Mo bis Fr 7:30 bis 13:30
- Pension Faust, Meißner Str. 36, 01558 Großenhain, ☏ 50 75 15, info@baeckerei-faust.de, www.baeckerei-faust.de, EZ ab € 30, DZ ab € 53. Im Haus befindet sich eine Bäckerei.
- Pension Peukert, Öhringerstr. 14, 01558 Großenhain, ☏ 621 81, pension-peukert@t-online.de, www.pensionpeukert.jimdo.com, EZ € 50, DZ € 60
- ♦ Ferienwohnung Schmidt, Öhringerstr. 34, 01558 Großenhain, ☏ 632 95, 01 52/05 75 64 81, marita.schmidt@freenet.de, ferienwohnungschmidt.com, angeboten werden verschiedene Übernachtungsmöglichkeiten ab € 40.
- ♦ Pension Rafelt, Martin-Scheumann-Straße 6, 01558 Großenhain, ☏ 629 03, 01 62/971 89 71, info@pension-rafelt.de, www.pension-rafelt.de, EZ € 30, DZ € 60

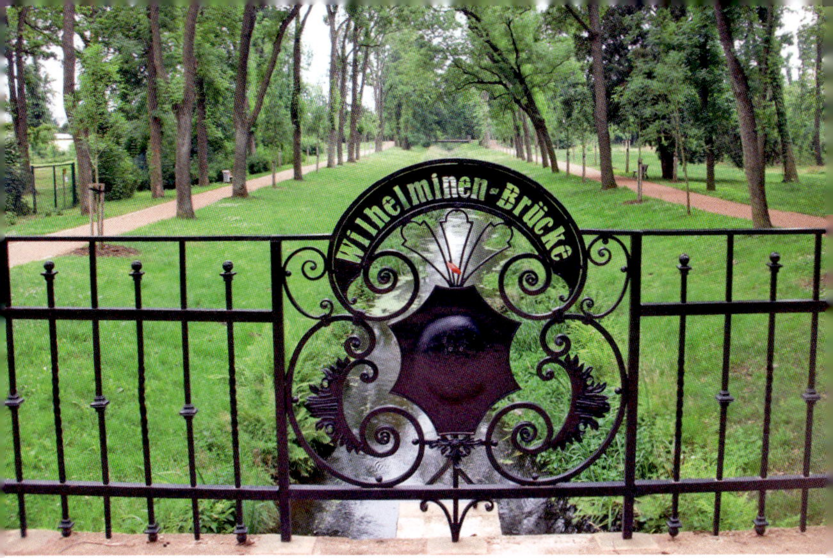

Stadtpark in Großenhain

🛏 Pension Amalieneck, Amalienstr. 2, 01558 Großenhain, ☎ 50 29 82, 📱 01 62/692 47 97, ✉ beautyoase.grh@googlemail.com, EZ ab € 22, DZ ab € 35

🏠 Pilgerherberge der Marienkirchengemeinde, Kirchplatz 3, 01558 Großenhain, 📱 01 74/415 22 55, 💻 www.kirche-grossenhainerland.de/pilgerherberge-grossenhain, 🚪 Ostern bis Oktober (andere Termine bitte anfragen), 10 Schlafplätze, € 12 pro Person

Stadtgeschichte

Großenhain, urkundlich zum ersten Mal im Jahr 1205 erwähnt, ist eine der ältesten Städte Sachsens. Unter dem Meißener Markgrafen Friedrich, einem Enkel des Kaisers Friedrich II., wurde 1291 mit dem Bau der Stadtbefestigung begonnen. Zu dieser Zeit existierte bereits eine Burganlage, die im 16., 17. und 18. Jh. immer wieder durch Brände und Kriege beschädigt oder zerstört wurde. Von der direkten Lage an der Via Regia profitierte Großenhain zwar, gleichzeitig aber wuchs auch die Angst vor Überfällen durch Raubritter und andere vagabundierende Banden. Um sowohl der eigenen Bevölkerung als auch den Händlern und den wertvollen Waren den notwendigen Schutz zu bieten, wurde die Gewährung der Sicherheit dem Oberlausitzer Sechsstädtebund übertragen (☞ Bautzen).

Dieses Abkommen zahlte sich aus, denn Großenhains Bedeutung als wichtiger Handelsplatz an der Via Regia nahm beständig zu, was 1443 zur Verleihung des Stapelrechtes sowie 1489 zum Recht auf den Handel mit dem äußerst wertvollen Waid führte (☞ Erfurt). Der Waidhandel selbst, aber auch die Ansiedelung von Tuchmachern und der dadurch entstandene Handel mit Stoffen sorgten im 15. und 16. Jh. für eine blühende Konjunktur. 1744 vernichtete eine Brandkatastrophe die Stadt gänzlich. Nach dem Wiederaufbau entwickelte sich Großenhain zu einer wichtigen Garnisonsstadt. Die Marienkirche entstand ab 1746 in rund dreijähriger Bauzeit. 1913 wurde mit dem Bau eines Flugplatzes begonnen, der nach wechselvoller militärischer Geschichte heute noch zivil genutzt wird. Übrigens: Der Jagdflieger Manfred von Richthofen, der „Rote Baron", wurde für seine Einsätze u. a. auch hier ausgebildet. Während des Zweiten Weltkrieges blieb die Stadt von Zerstörungen verschont, sodass sie sich heute mit einer prächtigen Altstadt präsentiert. Ergänzt wird dieses historische Bild von dem sanierten und ausgebauten Schloss – ab dem 17. Jh. wurde die Burg als Schloss erwähnt –, das heute als Kulturzentrum mit vielfältigem Programm dient. Am 24. Mai 2010 (Pfingstmontag) verursachten gleich mehrere unmittelbar hintereinander herziehende Tornados mit Windgeschwindigkeiten von bis zu 300 km/h eine Schneise der Verwüstung, bei der insbesondere in Großenhain schwere Schäden entstanden.

✞ **Marienkirche**. Die ab 1746 in dreijähriger Bauzeit entstandene Marienkirche fällt durch die ungewöhnliche Kleeblattform auf. Im Innern ist die Betstubengalerie äußerst bemerkenswert.

⌘ **Alte Lateinschule**. Direkt neben der Marienkirche befindet sich das Stadtmuseum Alte Lateinschule in einem der ältesten Häuser der Stadt. Hier gründete Karl Benjamin Preusker 1828 die erste Volksbücherei Deutschlands.

♦ ☎ 30 41 74, ✉ museum@stadt.grossenhain.de,
💻 www.museen-grossenhain.de, 🚪 Di bis Fr 9:30 bis 16:00, So 14:00 bis 18:00

⌘ **Kulturzentrum Großenhain**. Die mitten im Ort stehende Schlossruine wurde ab dem Jahr 2000 restauriert und zu einem Kulturzentrum ausgebaut. Das bunte und vielfältige Programm lädt immer zu einem unterhaltsamen Besuch ein.

♦ ☎ 50 55 55, ✉ kulturzentrum@grossenhain.de,
💻 www.kulturzentrum-grossenhain.de

6. Etappe: Großenhain – Strehla

27 km, ca. 6 Std. 45 Min., 45 m, 45 m, 89-133 m

0,0 km	119 m	Großenhain
4,9 km	115 m	Skassa
10,7 km	131 m	Roda
17,6 km	97 m	Zeithain
21,5 km	95 m	Gohlis
27,0 km	124 m	Strehla

Gleich zu Beginn der 6. Etappe führt die Via Regia durch den gepflegten Stadtpark von Großenhain. Ein schöner Start, dem sich wieder weite Feldflure anschließen, von denen sich tolle Fernblicke in die Landschaft bieten. Dagegen ist der Bereich vor und nach Glaubitz-Zeithain eher eine „Durststrecke" – die mit dem Erreichen der Elbe endet. Schaden kann es nicht, den Fährmann der Elbfähre nach Strehla vorab mal anzurufen.

Die Via Regia verläuft vom Hauptmarkt über die in südliche Richtung führende Meißner Straße (B101) weiter. In Höhe eines Parkplatzes biegen Sie rechts in die Auenstraße ein und passieren mit ein wenig Abstand den Bahnhof. Dem Überqueren der Gleisanlagen folgt eine neue Unterführung, danach treten Sie in den gepflegten Stadtpark ein. Vor dem Stadtpark Restaurant Mücke halten Sie sich links und folgen der kanalartigen Großen Röder.

Stadtpark Restaurant Mücke, 035 22/523 38 88,
www.schuetzenhaus-eventgroup.de, Mo und Fr ab 17:00, Sa und So ab 11:00

Sie erreichen wieder den Stadtrand, der von der Straße Am Stadtpark begrenzt wird. Gehen Sie auf der Straße nach links bis zur Skassaer Straße, über die Sie Großenhain nun nach links verlassen. Auf dem ebenen Weg wandern Sie an der Kleinraschützer Heide entlang, die sich rechts von Ihnen erstreckt. Vom Weg ergeben sich ein paar Möglichkeiten, einen kurzen Abstecher dorthin zu unternehmen. Nach einer Linkskurve und dem Überqueren eines Kanals haben Sie den Ort **Skassa ❶** erreicht.

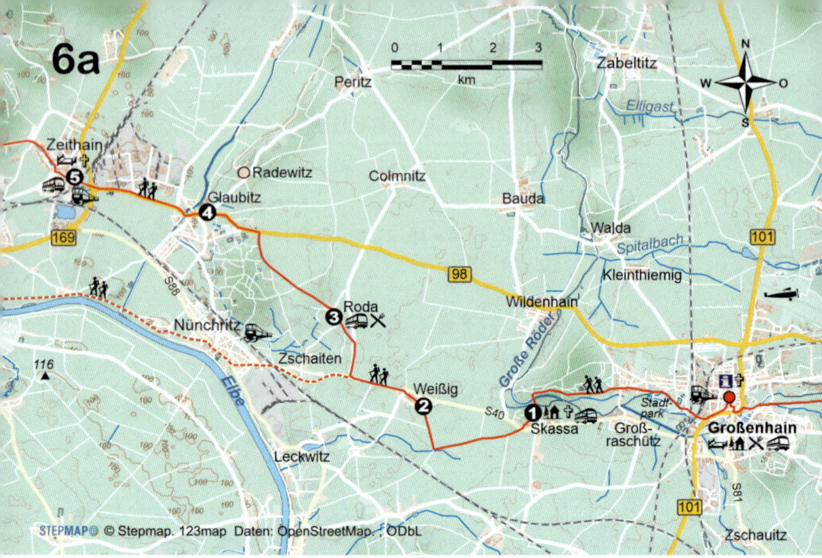

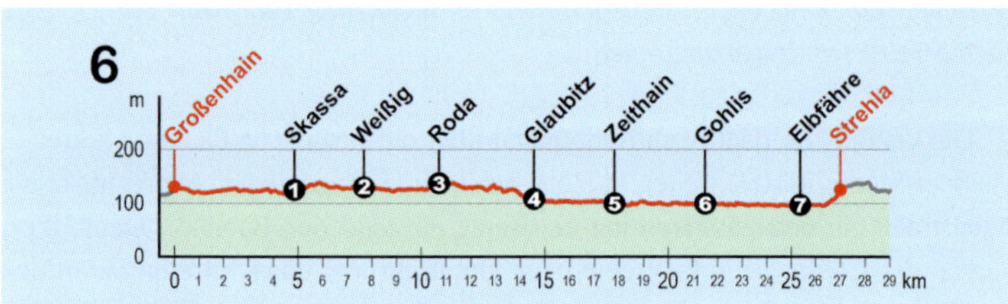

Sie stoßen auf die quer durch den Ort führende Friedrich-Zürner-Straße. Hier weist ein Schild auf das Pfarrhaus und die Pilgerherberge hin.

Pilgerherberge Pfarrhaus Skassa (Familie Göpfert), Pflasterstr. 1,
01 51/64 68 86 11,
www.kirche-grossenhainerland.de/pilgerherberge-grossenhain, 11 Schlafplätze,
€ 12 pro Person (mit Pilgerausweis), Anmeldung erbeten

Sie folgen der Friedrich-Zürner-Straße nach rechts bis zur Riesaer Landstraße. Auf deren gegenüberliegender Seite setzen Sie Ihre Wanderung auf der An-der-Merschwitzer-Straße (geht sehr bald in einen Feldweg über) bis zu einer T-Kreuzung fort, wo Sie nach abbiegen.

Es sind es rund 800 m bis nach Weißig ❷. Der kleine Ort wird auf der Mittelstraße durchwandert, anschließend führt ein Radweg parallel zur Landstraße nach links. Nach rund 1 km gelangen Sie an eine Straße nach Roda, der Sie für etwa 700 m folgen. Ein nach links abzweigender Wirtschaftsweg führt dann in das Dorf zum Gasthaus Dorfkrug ❸.

✕ Gasthaus Dorfkrug, Hauptstraße 14b, ☏ 03 52 65/567 53, 💻 www.dorfkrugroda.de, Do-So ab 11:00 (Mi Ruhetag). Schmackhafte Küche und entspannender Biergarten

Nach dem Dorfkrug gehen Sie nach links in die Feldstraße, passieren den Friedhof und laufen auf dem Wirtschaftsweg bis zur Bundesstraße B98, der Sie zunächst nach links durch den Ort Glaubitz ❹ und weiter bis zu einer Sportanlage und der Bahnhaltestelle von Zeithain ❺ folgen. Die rund 3,5 km entlang der B98, immerhin auf einem Fuß/-Radweg, erweisen sich als eintönig und zäh.

An der Sportanlage überqueren Sie auf der Bahnhofstraße die Gleise und gehen bis zur Kirche in der Hauptstraße. Die Straße führt Sie am Ortsende zu einer stark frequentierten Kreisstraße (K8575), der Sie geradeaus zu einer rund 1,7 km entfernten Landstraße folgen müssen.

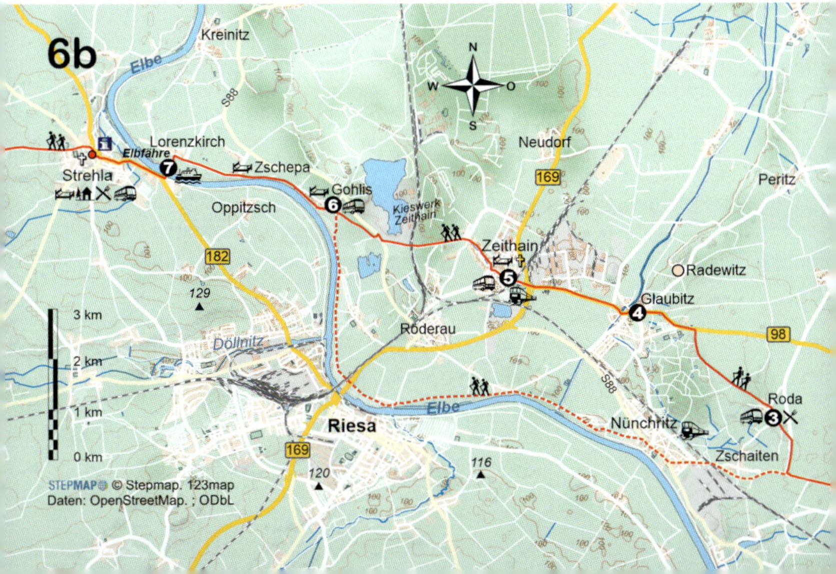

↳ Wer den Bereich zwischen Weißig und Gohlis meiden möchte, kann ab dem Ortsausgang von Weißig dem Fuß-/Radweg parallel zur Landstraße folgen. Der Fuß-/Radweg endet im Nüchritzer Ortsteil Zschaiten, von wo Sie der Weißiger Straße zur Großenhainer Straße in Nüchritz folgen. Diese mündet in die Meißner Straße, die nach rechts durch Nüchritz mit Restaurants und Einkaufsmöglichkeiten führt. Von der parallel der Elbe verlaufenden Meißner Straße haben Sie mehrere Möglichkeiten, auf den flussbegleitenden Elberadweg abzubiegen. Auf diesem gelangen Sie deutlich entspannter nach Gohlis.

✋ Diese Wegbeschreibung ist keine offizielle Alternative zur herkömmlichen Streckenführung der Via Regia, somit existieren auch keine Markierungen!

Vorbei an einem Kieswerk halten Sie sich an der Landstraße zunächst rechts, biegen aber nach knapp 150 m wieder nach links ab, um nach Gohlis ❻ zu gelangen.

Großes Flusskreuzfahrtschiff bei Strehla

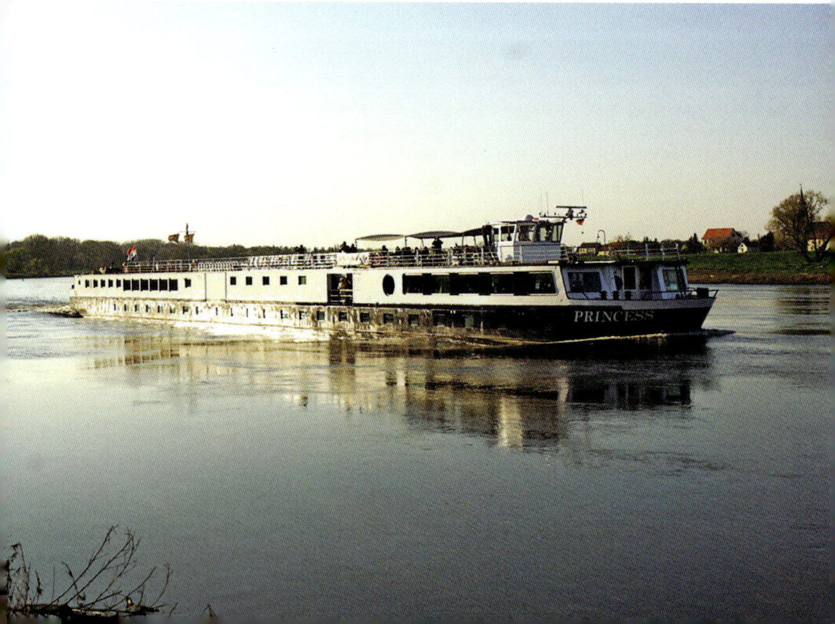

Über die Kirchstraße und die Lindenstraße kommen Sie zum Elbweg.

Elbe-Radstation, Lindenstr. 3, 01619 Zeithain-Gohlis, ☏ 035 25/51 67 15, hans.jendro@t-online.de, www.elbe-radstation.de, 3 Zimmer bieten bis zu 8 Personen Platz. Preise bitte anfragen.

Mit Blick auf den majestätischen Elbestrom wandern Sie am Dorf Zschepa vorbei, der sich ebenfalls als Etappenziel anbietet.

Pension Schreiber, Elbstr. 11, 01619 Zschepa, ☏ 03 52 64/979 98, www.schreiber-pension.de, EZ ab € 30, DZ ab € 49

Nach ca. 1,2 km erreichen Sie mit der Ortschaft Lorenzkirch den Anleger der **Elbfähre ❼**, mit der Sie nach Strehla übersetzen.

Fährzeiten April und Mai Mo bis Fr 6:00 bis 19:00, Sa, So und Feiertag 9:30 bis 12:00 und 13:00 bis 19:00, Juni bis Aug Mo bis Fr 6:00 bis 20:00, Sa, So und Feiertag 9:30 bis 12:00 und 13:00 bis 20:00, Sep und Okt Mo bis Fr 6:00 bis 19:00, Sa, So Feiertag 9:30 bis 12:00 und 13:00 bis 19:00 (Stand 2022). Innerhalb dieser Zeiten pendelt die Fähre ständig hin und her, außer zwischen 12:00 und 12:30 – da macht der Fährmann Mittagspause.

☏ 03 521 741 637

Am Strehlaer Ufer angekommen halten Sie sich rechts und folgen der Riesaer Straße (im weiteren Verlauf Hauptstraße) bis zum Marktplatz.

Strehla

ca. 3.700 Einwohner, ✆ 03 52 64

Strehla-Information, Am Schlosspark 1, 01616 Strehla, ☏ 907 39, strehlainfo@gmx.de, www.strehla.de, Di bis Fr 9:00 bis 12:00, Sa, So 13:00 bis 16:00

Pension Uwe Behnisch, Markt 3, 01616 Strehla, ☏ 906 11, behnisch.baecker@t-online.de, www.ub-baecker.de, individuelle Preisanfrage erbeten. In dem auffällig einladenden Haus gibt es eine Spezialitäten-Bäckerei (echte Handarbeit) und ein Café.

Hotel Ambiente, Torgauer Str. 20, 01616 Strehla, ☏ 98 60,
willkommen@ambiente-hotel-strehla.de, www.ambiente-hotel-strehla.de,
EZ ab € 57,50, DZ € 95

♦ Pension Zur Nixe, Am Wasserturm 16a, 01616 Strehla, ☏ 226 30,
info@pension-zur-nixe.de, www.pension-zur-nixe.de, EZ ab € 32, DZ € 49

♦ Fahrradpension Burkhardt, Elbwinkel 1, 01616 Strehla, ☏ 901 53,
01 73/548 02 40, mbu-strehla@t-online.de,
https://fahrradpension-burkhardt.jimdo.com, EZ € 34, DZ € 58

Jugendherberge Strehla, Torgauer Str. 33, 01616 Strehla, ☏ 920 30,
strehla@jugendherberge.de, www.strehla.jugendherberge.de, ab € 28

♦ Pilgerherberge auf dem Pfarrhof direkt an der Kirche, ☏ 907 97,
kg.strehla@evlks.de, www.kirche-strehla.de

Von Montag bis Freitag fahren den ganzen Tag über verschiedene Buslinien (vornehmlich Linie 433) von der Haltestelle Markt in wenigen Minuten zum Bahnhof nach Riesa. Samstag und Sonntag gibt es sechs Verbindungen (bis ca. 19:00) mit der Linie 433. www.vvo-online.de

Stadtgeschichte

Die Erstbesiedelung der Region erfolgte durch germanische und später durch slawische Stämme. Die erste urkundlich dokumentierte Nennung Strehlas ist kriegerischen Handlungen geschuldet: Im Jahr 1002 wurde die Siedlung durch den polnischen Herzog und späteren König von Polen, Boleslaw I. Chrobry, im Zuge der Auseinandersetzungen mit dem deutschen König Heinrich II. zerstört. Davon blieb auch die Burg Strehla nicht verschont, die ab dem 15. Jh. als Schloss wiederaufgebaut wurde und sich heute in Privatbesitz befindet. In den folgenden Jahrhunderten hatte die Stadt immer wieder mit schlimmen Brandkatastrophen zu kämpfen. Zudem litten die Einwohner im Dreißigjährigen Krieg unter schwedischen Truppen, die plündernd und brandschatzend durch Strehla zogen und dabei keinen Stein auf dem anderen ließen.

Im Jahr 1752 wurde ein Großteil der Häuser erneut durch einen Brand zerstört. Vier Jahre später wurde das neue Rathaus errichtet, das heute als das älteste Gebäude Strehlas gelten dürfte. Die zahlreichen in den nachfolgenden Jahren entstandenen Gebäude blieben von weiteren Katastrophen verschont, sodass heute große Teile der Stadt unter Denkmalschutz stehen.

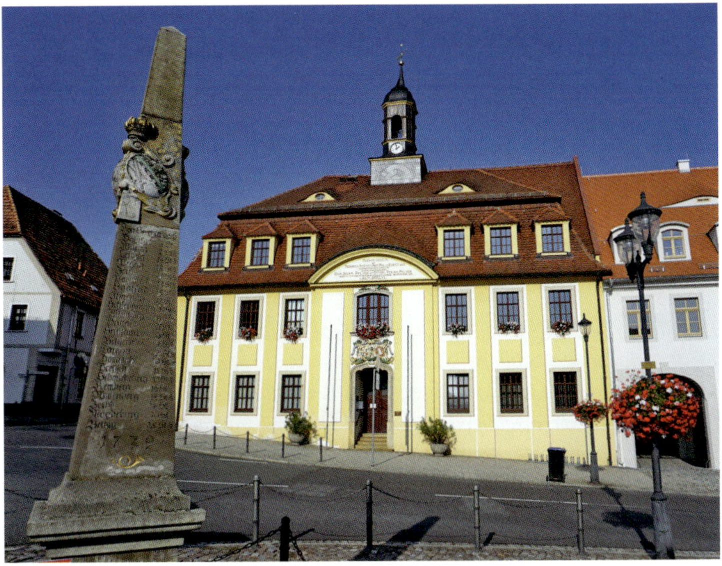

Barockes Rathaus und Postdistanzsäule am Marktplatz Strehla

Während des Siebenjährigen Krieges standen 1760 nahe dem Ort preußische Armeen denen des Heiligen Römischen Reiches gegenüber.

Ein markantes Geschehen in der Geschichte des Zweiten Weltkrieges fand vor den Toren Strehlas statt: Keine zwei Wochen vor der Kapitulation der Wehrmacht traf an der Elbe die US-Armee auf die Rote Armee – erstmalig auf deutschem Boden.

Im August 2002 richtete das Jahrhunderthochwasser der über die Ufer getretenen Elbe immense Schäden an. Besonders betroffen waren einige Stadtteile Strehlas, die komplett überflutet wurden und evakuiert werden mussten.

✞ **Stadtkirche Corporis Christi**. Bemerkenswertes offenbart die Kirche im Innern: eine tönerne Kanzel. Der Strehlaer Handwerker Melchior Tatzen fertigte diese 1565 an. Das einzigartige Kunstwerk besticht durch meisterhaft detaillierte Feinarbeit sowie die faszinierende Mosesstatue, die die Kanzel trägt.

7. Etappe: Strehla – Dahlen

➲ 17,4 km, ⧗ ca. 4 Std. 45 Min., ↑ 125 m, ↓ 98 m, ⇧ 112-199 m

0,0 km	⇧ 124 m	Strehla
2,5 km	⇧ 120 m	Leckwitz
6,4 km	⇧ 198 m	Liebschützer Berg
10,2 km	⇧ 114 m	Lampertswalde
17,4 km	⇧ 150 m	Dahlen

Die Etappe besticht durch die „ruhige“ Streckenführung – es werden nur zwei Dörfer durchquert. Unterwegs können die Blicke hervorragend in die Weite schweifen. Insbesondere vom Liebschützer Berg ist die Aussicht herrlich; gut auszumachen sind die mächtigen Türme der St.-Aegidien-Kirche in Oschatz. Lampertswalde überrascht mit seinem ehemaligen Rittergut, der herrlichen Parkanlage – und einer liebevoll gestalteten Pilgersakristei.

Alte, restaurierte Bockwindmühle auf dem Liebschützer Berg

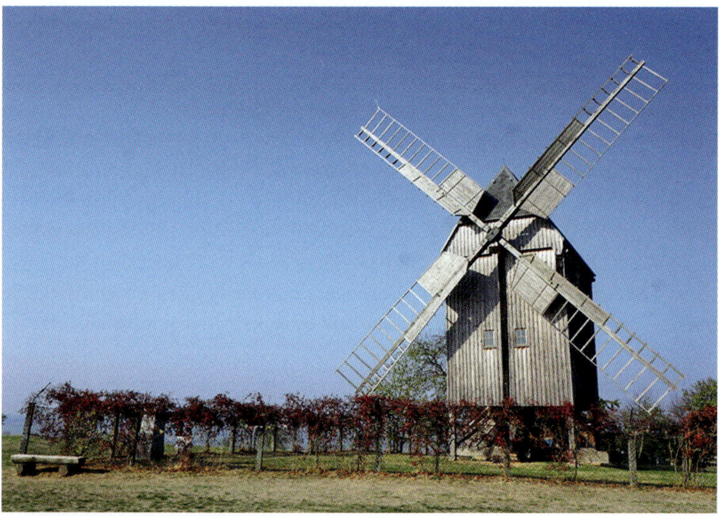

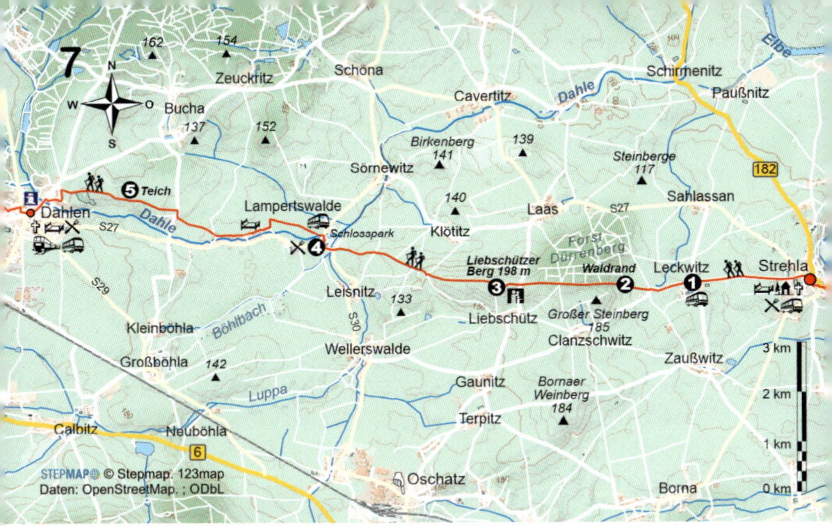

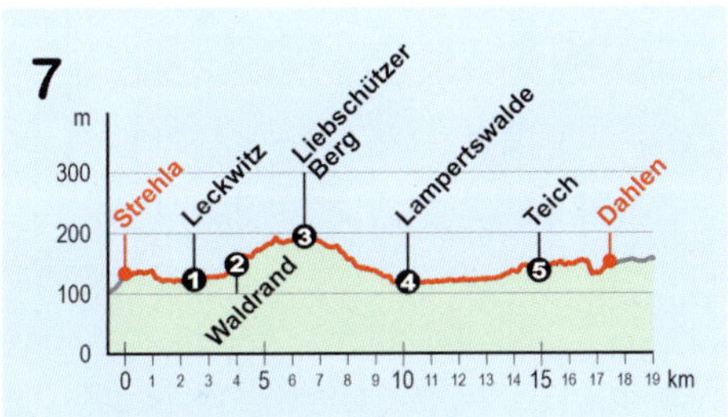

Vom Marktplatz in Strehla gehen Sie ein paar Meter die Kirchgasse entlang und steigen die Treppe zum Friedhof und zur Stadtkirche hinauf. Hier befindet sich hinter dem Pfarrhaus die Pilgerherberge. Sie folgen der kurzen Pfarrgasse und biegen dann nach links auf die Leckwitzer Straße ab, die Sie am Sportplatz vorbei und aus Strehla hinausbringt. Nach rund 2 km haben Sie Leckwitz ❶ erreicht. An der Straßenkreuzung in dem kleinen Ort wandern Sie geradeaus in die Lindhofstraße. Zu beiden Seiten dieser Kreisstraße erstreckt sich wieder die typische Feld- und Wiesenlandschaft. Die Straße verlassen Sie, sobald sie eine scharfe Linkskurve macht. Ab hier verläuft ein Feldweg geradeaus, der bald am Waldrand ❷ vorbeiführt und linksseitig die Aussicht auf die Stadt Oschatz mit der alles überragenden Kirche ermöglicht. Nach dem Überqueren einer Kreisstraße lassen Sie Äcker und Felder zurück, stattdessen werden Sie nun von weiten Wiesenflächen begleitet. Vor sich sehen Sie auf einer Erhebung, dem Liebschützer Berg ❸, eine alte, restaurierte Bockwindmühle aus der Mitte des 19. Jh.

Von der Windmühle folgen Sie beständig dem Verlauf des breiten, ebenen Feldweg, wobei Sie zwei Stromtrassen passieren. Auf Ihrem Weg nach Lampertswalde ignorieren Sie alle abzweigenden Wege. Am Ortseingang von Lampertswalde ❹ wenden Sie sich von der Durchgangsstraße nach rechts und spazieren auf einem Fußweg am Rande des Schlossparks entlang zur Straße Am Winkel. Hier befand sich einst ein aus dem 14. Jh. stammendes Rittergut, von dem heute noch die sehenswerte Parkanlage mit Teichen erhalten ist. Das Burgcafé lädt zum Verweilen ein.

Burgcafé Lampertswalde, ☏ 03 43 61/688 41, www.burgcafe-lampa.com, Jan und Feb Sa und So 14:00 bis 18:00, März bis Okt Do und Fr 14:00 bis 18:00, Sa und So 13:00 bis 18:00, Nov und Dez Sa und So 14:00 bis 18:00

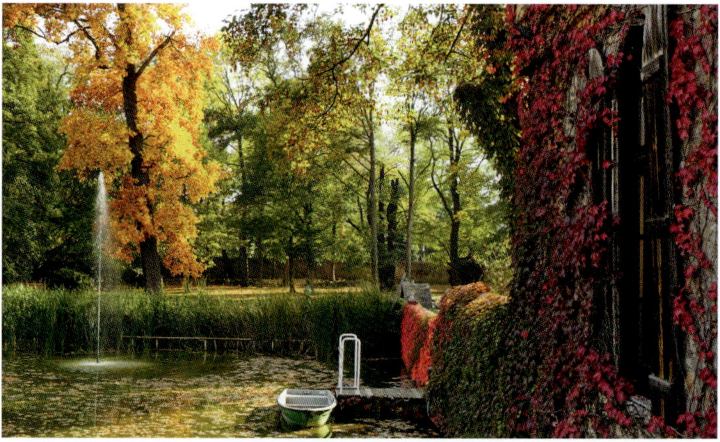

Das schöne Lampertswalde lädt zum Verweilen ein

Am Ende der Straße Am Winkel wird die Sörnewitzer Straße überquert, um geradeaus vorbei an einem Teich einem Wirtschaftsweg zu folgen. Dieser holt ein wenig aus, führt dann aber wieder zur Straße Winterseite am Ortsrand des lang gestreckten Ortes **Lampertswalde**. Hier bietet sich die Möglichkeit, im Highlander Hof zu nächtigen.

🛏 ☕ Pension und Gaststätte Highlander Hof, ☎ 03 43 61/552 06, ✉ m.hessler@highlaenderhof.de, 💻 www.highlaenderhof.de, Preise auf Anfrage. Unbedingt in Silvias Eis-Scheune einkehren – hier gibt es köstliche Eis- und Kaffeespezialitäten, 🚪 Feb So 14:00 bis 17:00, März bis Mai und Sep und Okt Di-So ab 14:00, Juni bis Aug Di bis So 14:00 bis 18:00 (Mo geschlossen)

Weiter geht es entlang der Straße Winterseite, die sich allmählich vom Ort entfernt, bis zu einer Kreisstraße, der Sie auf einer Länge von ungefähr 130 m nach rechts folgen. Dann schwenken Sie nach links auf den Feldweg, passieren einen Teich ❺ und blicken schon auf die Dahlener Kirche. Am Stadtrand biegen Sie nach links in die Straße Auf dem Burgberg ab, der Sie bis zur Querstraße Belgernsche Straße folgen. Geradeaus geht es auf einem Pfad zur Scheffelstraße, die Sie nach links zur August-Bebel-Straße bringt. Auf dieser sind es nur noch etwa 100 m bis zum Marktplatz mit dem Rathaus und der Sackhupper-Statue.

Dahlen

ℹ 🛏 ✕ ☕ ⚕ BANK 🛒 ✞ ⌘ 🚌 🚆, ca. 4.300 Einwohner, ✆ 03 43 61

ℹ Stadtverwaltung, Markt 4, 04774 Dahlen, ☎ 81 20, ✉ info@rathaus-dahlen.de, 💻 www.heidestadt-dahlen.de, 🚪 Mo, Di, Do, Fr 9:00 bis 12:00 sowie Di 13:30 bis 16:00 und Do 13:30 bis 18:00

🛏 Linden-Pension, Weststr. 24, 04774 Dahlen, ☎ 559 94, ✉ lindenpension@arcor.de, 💻 www.lindenpension.de, EZ € 30, DZ € 60

Anzeige

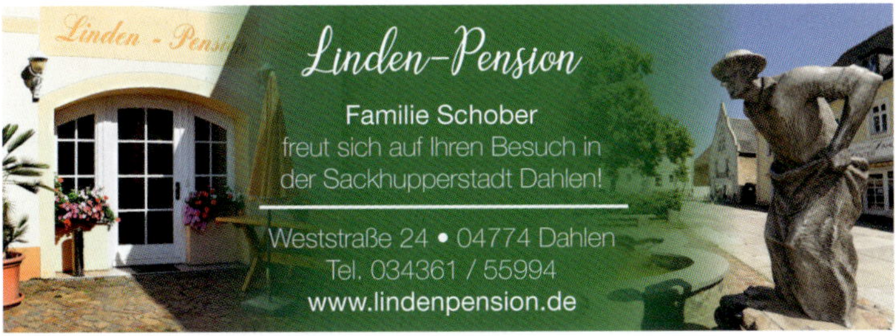

Stadtgeschichte

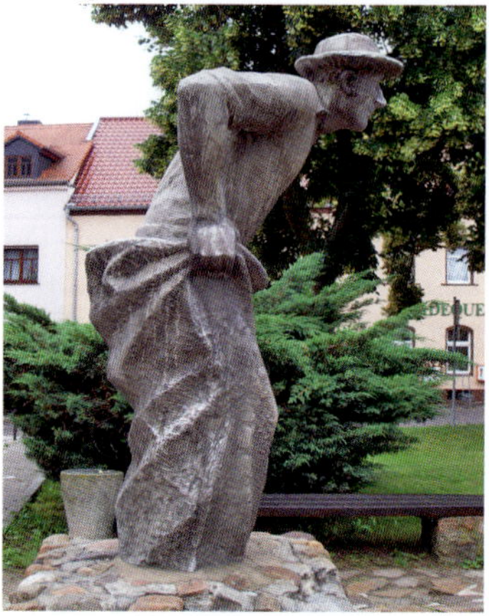

Sackhupper-Statue

Die Gründung des Ortes Dahlen geht auf slawische Siedler zurück. Die erste urkundliche Erwähnung lässt sich auf das Jahr 1288 datieren, die Stadtrechte erhielt der Ort genau 40 Jahre später. Aufgrund der fruchtbaren Böden stellte die Landwirtschaft im Mittelalter einen wesentlichen Erwerbszweig für die Bürger dar. Die Lage des Ortes an der Via Regia förderte zudem den Handel und so entstanden Handwerks- und Gewerbebetriebe. Die Kirche wurde im 15. Jh. auf den Fundamenten einer aus dem Jahr 1136 stammenden Basilika errichtet. In sechsjähriger Bauzeit entstand ab 1744 mit Schloss Dahlen einer der schönsten Herrensitze Sachsens. Hier wurde 1763 von König Friedrich II. von Preußen der Vertrag zum Hubertusburger Frieden ratifiziert, was zum Ende des Siebenjährigen Krieges führte. Schloss Dahlen brannte 1973 vollständig aus, heute kümmert sich ein junger Verein darum, das Gemäuer vor dem weiteren Verfall zu bewahren.

Auf dem Marktplatz mit dem prächtigen Rathaus aus dem Jahr 1888 steht die auffällige Skulptur des „Sackhuppers". Es wird erzählt, dass ein Dahlener sich einst das beliebte Kinderspiel Sackhüpfen aufgrund folgender Sage ausdachte:

„Kaiser Heinrich reiste zur Erholung und zum Jagen gerne in das Dahlener Heideland. Als die Sorben von einem erneuten Ausflug des Kaisers erfuhren, beschlossen sie, ihm aufzulauern und ihn zu töten. Es war aber gerade die Zeit der Heidelbeeren und ein Dahlener Junge, der durch die Heide spazierte, entdeckte die Sorben und belauschte sie. Er hörte von den Mordplänen der Sorben. Als er aufbrach, dies dem Kaiser zu melden, wurde er entdeckt und in den Sack gesteckt. In der Nacht, als alle schliefen, machte er sich auf und hüpfte nach Dahlen, um den Kaiser zu warnen. Aufgrund dieser Sage kann man sich den Sackhupper auf dem Marktplatz erklären. In der Weimarer Republik war es üblich, dass anreisende Wandergruppen auf dem Marktplatz Sackhuppen mussten."

Quelle: 💻 www.heidestadt-dahlen.de

8. Etappe: Dahlen – Wurzen

➲ 21,4 km, ⌛ ca. 5 Std. 30 Min., ↑ 31 m, ↓ 65 m, ⇧ 117-171 m

0,0 km	⇧ 150 m	Dahlen
5,2 km	⇧ 148 m	Börln
10,3 km	⇧ 156 m	Dornreichenbach
14,8 km	⇧ 149 m	Körlitz
21,4 km	⇧ 117 m	Wurzen

Teiche, kurze Waldpassagen und bequem zu laufende Feldwege wechseln sich bei dieser Etappe ab. Gespickt ist das Ganze mit kleinen Ortschaften, die ihre eigenen Sehenswürdigkeiten haben: vom einstigen Schlosspark über eine Windmühle bis zu einem Tiergehege. Vor Wurzen erstrecken sich rechts und links des Weges Obstplantagen, in dem Städtchen – „Wenn du einen Schneck behauchst, kriecht er ins Gehäuse, wenn du ihn in Cognac tauchst, sieht er weiße Mäuse." – die Ringelnatzsche Lyrik.

Die Mulde bei Wurzen

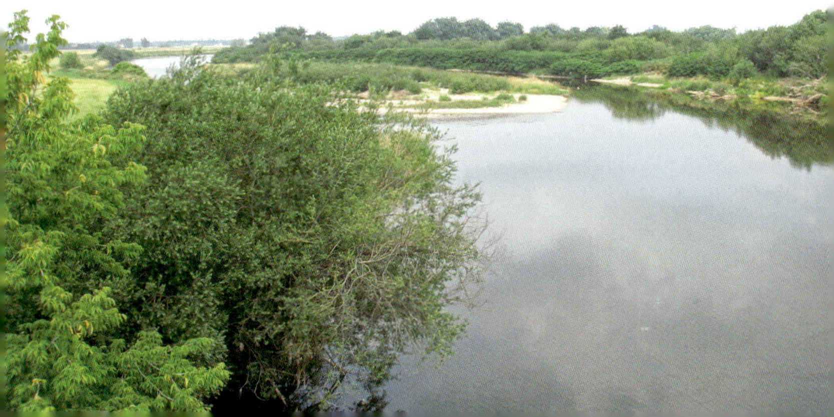

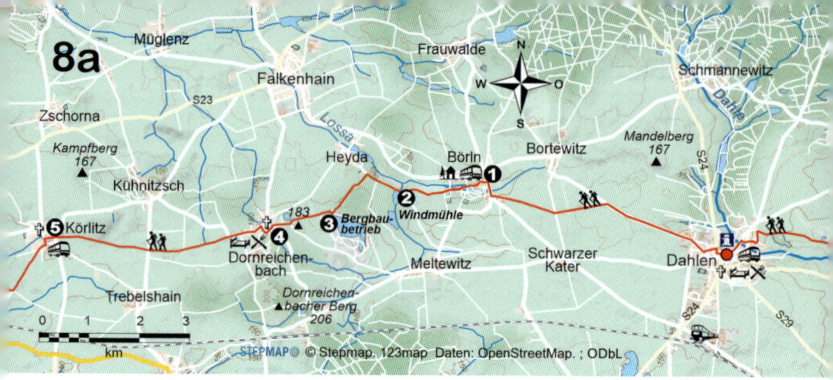

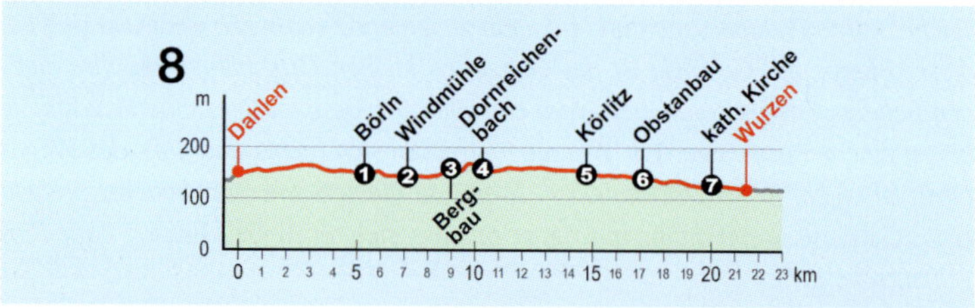

Vom Marktplatz führt die Via Regia über die Schlossstraße bis zum Abzweig der Lindenallee, die die Verbindung zur Börtewitzer Straße bildet. Über diese Kreisstraße geht es rechts aus Dahlen heraus. Für die nächsten 1,5 km gibt die Straße die Richtung vor, dann biegen Sie nach links auf den Feldweg ab und folgen dem Weg bis **Börln ❶**. An der Straßenkreuzung am Ortsrand gehen Sie rechts auf die Otto-Nuschke-Straße und passieren einen ehemaligen Schlosspark mit einstigem Rittergut.

Biegen Sie in die erste nach links abzweigende Straße (Ernst-Thälmann-Platz) ein und gehen Sie bis zum Kreuzungsbereich.

Gleich rechts befindet sich das Pfarrhaus (Haus Nr. 4) mit Pilgerherberge, ☏ 03 43 61/516 96, Schlafplätze gegen Spende.

An der Kreuzung halten Sie sich links und wandern in Höhe der Kirche nach rechts in die Clara-Zetkin-Straße. Sobald die Straße eine Kurve um das Teichufer gemacht hat, führt ein Weg nach rechts in den Wald. Kurz darauf geht es hinter einer Brücke auf dem nach rechts führenden Pfad bis zum asphaltierten Weg weiter.

Über diese Zufahrtsstraße wandern Sie nach rechts aus dem kleinen Waldstück heraus, blicken sodann auf die Kirche von Knatewitz und passieren eine flügellose Windmühle ❷ sowie den Mühlteich. Etwa 200 m vor dem Ortsrand Heyda folgt die Route dem nach links führenden Feldweg entlang des Waldrandes zu einem Bergbaubetrieb ❸.

Vor der Schranke gehen Sie nach rechts bis zu einer weiteren und vor dieser geradeaus über die Felder nach Dornreichenbach ❹. In dem Örtchen wandern Sie auf der Straße Philipp-Müller-Platz nach links an einem Tiergehege vorbei.

Rittergut Dornreichenbach, Philipp-Müller-Platz 3, ☎ 01 78/20 63 812, info@rittergut-dornreichenbach.de, www.rittergut-dornreichenbach.de, Preise für Pilgerherberge bitte anfragen

Der Straße-des-Aufbaus nach rechts folgend passieren Sie die Kirche und gelangen wieder zur Hauptstraße (K8314). Zweigen Sie nach links ab. Etwa 200 m hinter dem Ortsausgang – die Kreisstraße macht hier eine Rechtskurve – gehen Sie auf dem Feldweg weiter, der Sie ohne Umwege zur Kirche nach Körlitz ❺ bringt. An der Kirche laufen Sie nach links, folgen am nahen Dorfrand dem Wegverlauf nach rechts und wandern auf einem Wirtschaftsweg bis zu einer Kreuzung. Hier zweigen Sie nach rechts auf einen Feld- und Wiesenwegen ab und wandern durch ein großes Obstanbaugebiet ❻. Etwa 100 m vor einer Hochspannungsleitung weist die Markierung nach rechts und leitet Sie an einem Teich vorbei nach Roitzsch.

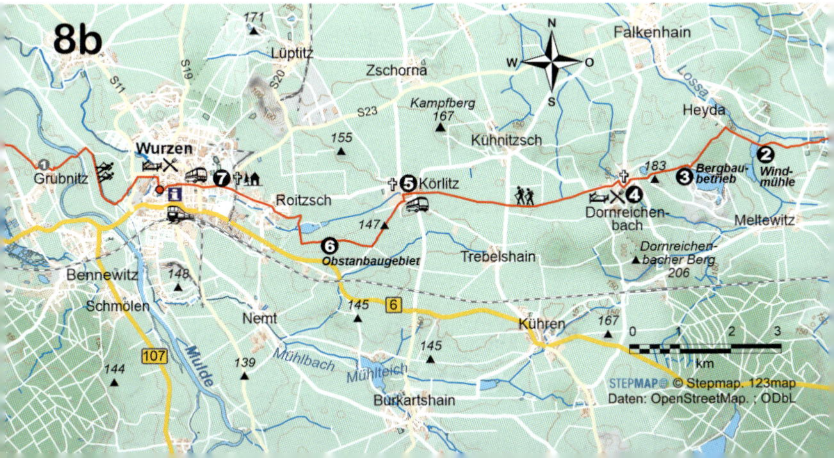

In dem Wurzener Stadtteil queren Sie die Kreisstraße und gehen geradeaus in den Roitzscher Weg. An dessen Ende erwartet Sie die katholische Kirche ❼ sowie die Torgauer Straße in Wurzen.

Weiter geht es nach links zum Busbahnhof und von dort geradewegs in die Martin-Luther-Straße. Es schließen sich Jacobsplatz und Jacobsgasse an, die Sie zum Marktplatz mit dem Alten Rathaus bringt. Blicken Sie in die Wenceslaigasse, so präsentiert sich schon die Wenceslaikirche, gegenüber der sich das Geburtshaus von Ringelnatz befindet.

Die Wenceslaigasse geht in die Bahnhofstraße über, die folglich auch zum Bahnhof führt.

Wurzen

ca. 16.150 Einwohner, ✆ 034 25

Tourist-Information, Markt 5, 04808 Wurzen, ☎ 856 04 00, tourismus@wurzen.de, www.tourismus-wurzen.de, Mo, Mi, Fr 10:00 bis 16:00, Di und Do 11:00 bis 17:00, Sa 10:00 bis 13:00

Schloss-Hotel, Amtshof 2, 04808 Wurzen, ☎ 85 35 90, info@schloss-wurzen.de, www.schloss-wurzen.de, EZ ab € 74, DZ ab € 99

♦ Hotel Zur Post, Bahnhofstr. 23, 04808 Wurzen, ☎ 81 24 05, anfrage@hotel-wurzen.de, www.hotel-wurzen.de, EZ ab € 65, DZ € 85

♦ Pension Am Markt, Liegenbank 3, 04808 Wurzen, ☎ 92 58 75, 01 78/818 70 09, info@reblaus-wurzen.de, www.reblaus-wurzen.de, EZ ab € 37, DZ ab € 66. Im hiesigen „Mittags-Gericht" können Sie gut und preiswert zu Mittag essen.

Pension Am Bahnhof, Stephanstr. 1, 04808 Wurzen, ☎ 81 49 96, pensionambahnhof@t-online.de, ab € 27,50

♦ FAIR Schlafen, Dresdener Straße 40, 04808 Wurzen, 015 15/409 52 31, fair.schlafen.wurzen@gmail.com, Übernachtungspreise auf Anfrage

♦ Pension CD International, Albert-Kuntz-Str. 21, 04808 Wurzen, ☎ 92 05 59, 01 60/96 69 53 89, christine.rudolph@t-online.de, www.pension-cd-international.privat.t-online.de, ab € 25

Pilgerherberge des katholischen Pfarramtes, Roitzscher Weg 3, 04808 Wurzen, ☎ 853 02 25, Preise für Übernachtung bitte anfragen.

♦ Pilgerherberge Zur Kräuterfee, Jacobsgasse 12, 04808 Wurzen, ☎ 85 38 85, € 20 inkl. Frühstück

Stadtgeschichte

Die 961 erstmals urkundlich erwähnte Stadt Wurzen wurde in direkter Nähe zum Fluss Mulde gegründet. Reisende auf der Via Regia mussten hier die Mulde überqueren und gingen in der Marktsiedlung ihren Geschäften nach. Die Bedeutung der Stadt als Fernhandelsplatz an der Via Regia – zudem führte hier auch die Salzstraße von Prag nach Halle entlang – schlug sich in der zur Wahrung der Sicherheit notwendig gewordenen Errichtung der Burganlage in den Jahren 1491 bis 1497 nieder. Sie wurde später als Schloss charakterisiert.

Die Vorzüge Wurzens erkannten auch die Bischöfe des Bistums Meißen, die im 15. und 16. Jh. das Schloss und den im Jahr 1114 geweihten Dom St. Marien als Residenz nutzten. Im Laufe der Jahrhunderte erlebte der Dom durch Zerstörung und Umbauten einige Veränderungen. Während der Herrschaft der Bischöfe sollte vorerst die Hochphase des wirtschaftlichen, politischen und religiösen Einflusses erreicht sein. Im 17. und 18. Jh. verlor Wurzen aufgrund der Zerstörungen im Dreißigjährigen Krieg (1618 bis 1648), im Siebenjährigen Krieg (1756 bis 1763) sowie in den Napoleonischen Kriegen (1792 bis 1815) drastisch an Bedeutung.

Erst die Niederlage Napoleons in der Völkerschlacht bei ☞ Leipzig und die daraufhin auf dem Wiener Kongress 1815 verhandelte Neuordnung Europas bescherte Wurzen wieder friedlichere und damit auch wirtschaftlich bessere Zeiten.

Nachdem das Überqueren der Mulde durch standhafte Brücken für Fuhrwerke und nach der Anbindung der Stadt an die Eisenbahnlinie Leipzig – Dresden sogar für Züge – hier stand übrigens die erste Eisenbahnbrücke Deutschlands – möglich wurde, nahm die weitere Entwicklung im sprichwörtlichen Sinne rasant an Fahrt auf. Industrien verschiedener Zweige siedelten sich an und sorgten dafür, dass sich die Zahl der Einwohner in den Jahren von 1850 bis zum Ersten Weltkrieg fast vervierfachte.

Auch in der DDR blieb Wurzen ein wichtiger Industriestandort. Durch die Umwälzungen nach der Wende verlor die Stadt jedoch wieder an wirtschaftlichem Einfluss.

Nähert man sich heute der Stadt, fallen prägnant die mächtigen sogenannten Mühlentürme ins Auge – nach wie vor werden hier Nahrungsmittel produziert. Das Schloss wurde zu einem Hotel ausgebaut.

✝ Die am Jacobsplatz gelegene **Wenceslaikirche** wurde im Jahre 1275 erstmals erwähnt. 1637 wurde sie fast vollständig zerstört, der Wiederaufbau fand erst 1673 seinen Abschluss. Die bis 1911 bewohnte Türmerwohnung kann besichtigt werden.

💻 www.wenceslaikirche.de

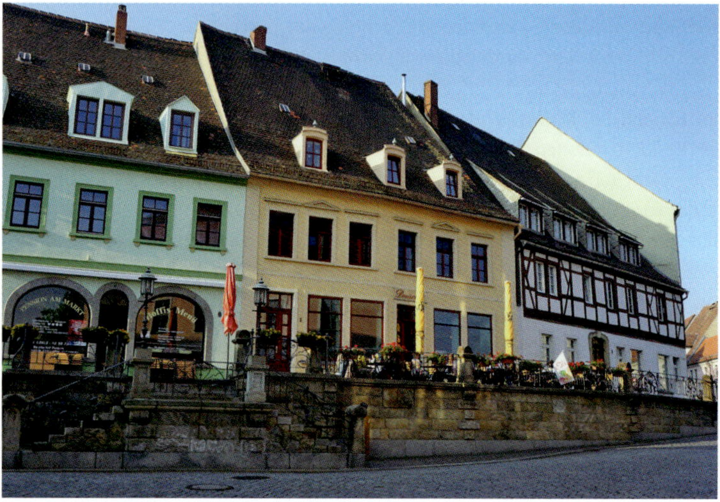

Historische Häuser am Marktplatz Wurzen

⌘ **Ringelnatzsammlung**. Am 7. August 1883 wurde der berühmte Schriftsteller und Kabarettist Joachim Ringelnatz in Wurzen geboren (am 17. November 1934 in Berlin gestorben) und verbrachte hier seine frühe Kindheit. Am Geburtshaus (Baujahr 1678) in der Straße Am Crostigall 14 weist eine Gedenktafel darauf hin. Im Kulturhistorischen Museum in der Domgasse befindet sich die Ringelnatzausstellung.

♦ ☎ 85 60 405, ✉ info@ringelnatz-verein.de, 💻 www.kultur-wurzen.de und 💻 www.ringelnatz-verein.de, 🚪 Mi bis So 10:00 bis 16:00. Der Ringelnatzbrunnen auf dem Marktplatz wurde anlässlich des 100. Geburtstags errichtet. Der Ringelnatzpfad führt durch die Altstadt, dabei weisen Ringelnatzstelen auf sehenswerte Punkte hin.

9. Etappe: Wurzen – Leipzig

30,7 km, ca. 7 Std. 45 Min., ↑ 57 m, ↓ 64 m, ⇧ 109-165 m

0,0 km	⇧ 117 m	Wurzen
5,2 km	⇧ 111 m	Nepperwitz
10,1 km	⇧ 145 m	Machern
18,8 km	⇧ 123 m	Borsdorf-Panitzsch
23,6 km	⇧ 132 m	Sommerfeld
30,7 km	⇧ 109 m	Leipzig (Hbf)

Auf der 9. Etappe geht es von Wurzen hinunter ins Muldetal, in dem sich fruchtbare Felder und Wiesen erstrecken. Der Ortschaft Machern schließt sich noch mal ein Waldstück an, bevor es dann langsam, aber sicher immer urbaner wird – die Stadt Leipzig rückt näher. Klappt es dort zu Beginn noch einigermaßen mit der Markierung, wird die Orientierung im Zentrum der Stadt ohne „Hilfsmittel" schwierig bis annähernd unmöglich.

Gegenüber dem Alten Rathaus führt die Domgasse zum St.-Marien-Dom mit dem angrenzenden Schloss Wurzen. Der Finsteren Gasse schließt sich ein Treppenabgang an und über eine Kopfsteinpflastergasse kommen Sie zur Straße In der Mulde. Nach links führt der Weg direkt am Betriebsgelände der Wurzener Nahrungsmittel GmbH vorbei; beeindruckend sind die kolossalen historischen Türme der Produktionsstätte.

Am nächsten Querweg setzen Sie Ihre Wanderung zunächst links auf dem Muldetalradweg fort, den Sie in der nächsten Linkskurve aber schon wieder verlassen, um geradeaus einem kurzen Anstieg zur Kanalbrücke zu folgen. Danach laufen Sie nach rechts am Kanal entlang, biegen an der Wegkreuzung nach links ab und überqueren die Mulde zum Dorf Grubnitz ❶.

Gleich am Dorfrand wenden Sie sich an der Kreuzung nach rechts und folgen der Straße um Kirche und Friedhof herum nach links. Dann biegen Sie wieder nach rechts ab und gehen ins nahe Nepperwitz (Pilgerherberge im Ev. Jugendbegegnungshaus, Kirchplatz 14, ☎ 034 25/81 52 72), um kurz vor dem Ortsausgang nach links auf den mit Splitt versehenen Wirtschaftsweg zu wechseln.

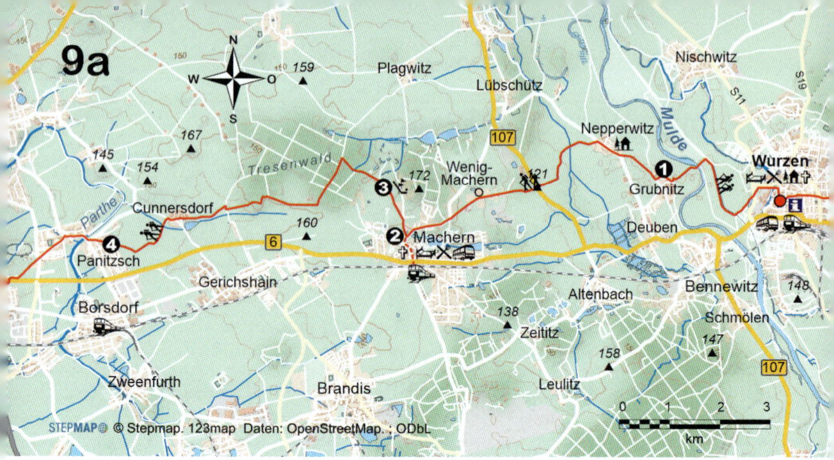

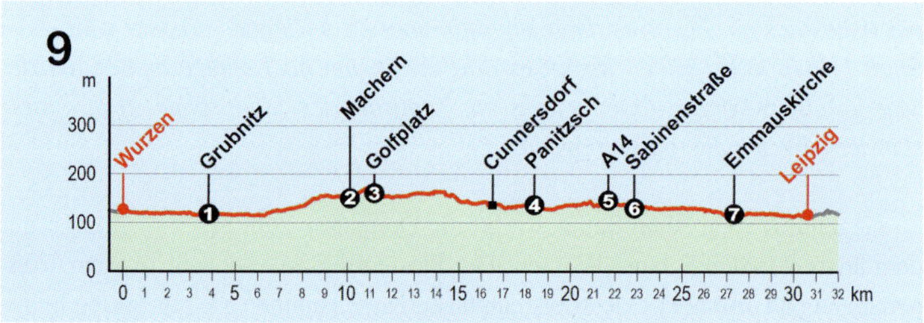

Die Ackerflächen werden von Wiesen unterbrochen; hier wandern Sie an einem kleinen Teich vorbei und stoßen auf die B107. Nachdem Sie diese überquert haben, wandern Sie durch das Dorf Wenigmachern und erreichen über die Püchauer Straße (Kreisstraße) Machern ❷.

↳ Sobald die Straße nach links knickt (ab hier Bergstraße), können Sie in die Ortsmitte und von dort über die Dorfstraße zum Bahnhof spazieren.

Machern

ca. 6.600 Einwohner, ✆ 03 42 92

Schlosshotel im Kavalierhaus, Schlossplatz 2, 04827 Machern, ☏ 80 90, info@kavalierhaus-schlossmachern.de, www.schlossmachern.de, EZ ab € 66, DZ ab € 91

Parkhotel am Schloss, Schlossgasse 10, 04827 Machern, ☏ 50 96 50, info@hotel-machern.de, www.hotel-machern.de, EZ € 55, DZ ab € 79

♦ Gasthaus und Pension Zum Wagner Hof, Kirchgasse 5, 04827 Machern, ☏ 785 48, 01 72/982 77 81, info@zum-wagner-hof.de, www.zum-wagner-hof.de, EZ ab € 45, DZ ab € 60

⌘ **Stasi-Bunker**. Die Bezirksverwaltung für Staatssicherheit Leipzig (☞ Leipzig) ließ Ende der 1960er/Anfang der 70er einen Bunker errichten. Im Falle eines Krieges sollten von hier aus über 100 Stasi-Mitarbeiter die perfide Arbeit der Leipziger Bezirksverwaltung weiterführen. Erst zu Wendezeiten wurde die Anlage „entdeckt", bis dahin war sie als Ferienanlage getarnt. Der Bunker hat etwas Symbolisches: Von Stahl und Beton umgeben wäre die Stasi vor Waffen geschützt gewesen – einer friedlichen Revolution stand sie indes hilflos gegenüber.

♦ ☏ 03 41/961 24 43, mail@runde-ecke-leipzig.de, www.runde-ecke-leipzig.de, an jedem letzten Wochenende im Monat 13:00 bis 16:00

Die Via Regia setzt sich an der abknickenden Kreisstraße nach rechts auf dem Plagwitzer Weg in Richtung Golfplatz fort. An der Weggabelung gehen Sie links, passieren den Golfplatz ❸ und wandern in den Wald. Nach etwa 400 m halten Sie sich an der T-Kreuzung links und durchqueren das Waldstück. Sie haben nun wieder einen weiten Blick über die landwirtschaftlich genutzten Flächen. Am Waldrand führt die Wanderung nach rechts. Bei klarer Sicht lässt sich in der Ferne der Monumentalbau des Völkerschlachtdenkmals ausmachen.

Folgen Sie dem Waldrand, dann geht es auf einer Länge von etwa 200 m durch einen Waldzipfel und weiter bis zu einer T-Kreuzung. Zuerst biegen Sie rechts ab, danach laufen Sie links den Asphaltweg entlang, durch die Siedlung Cunnersdorf bis zum Ortsende, dann wieder nach links und weiter über den Cunnersdorfer Bach.

Jetzt heißt es ein wenig aufpassen: Sobald Sie eine kleine Gruppe von Obstbäumen erreicht haben, folgen Sie nicht dem nach links weiterführenden Weg, sondern gehen nach rechts auf einen schmalen Pfad, der Sie auf einen asphaltierten Weg bringt. Dieser führt nach rechts als Gerichshainer Straße durch Borsdorf-Panitzsch ❹ bis zur Hauptstraße.

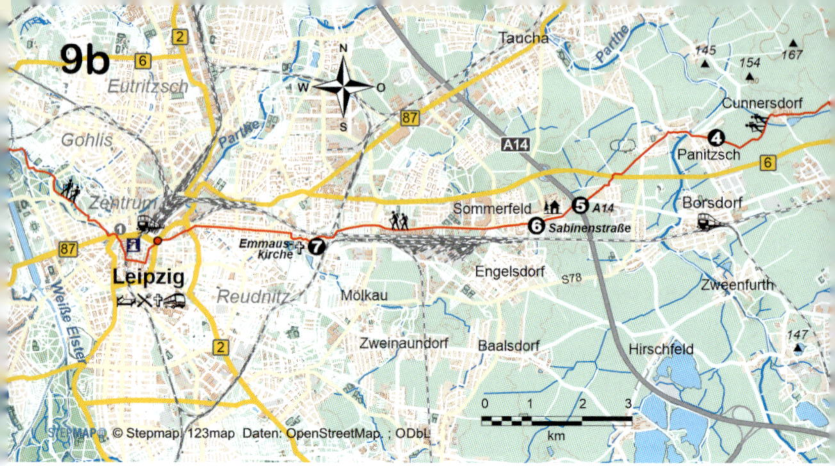

Rechts abgebogen sind es noch rund 400 m bis zum Abzweig der Teichstraße, die nach wenigen Schritten auf die Sommerfelder Straße trifft. Sie halten sich links, gehen an der Trabrennbahn vorbei und überqueren die B6.

Nach dem Queren der Bundesstraße treffen Sie am Kreisverkehr auf die Wasserwerkstraße, der Sie nach rechts für ca. 100 m folgen, um dann nach links in den Jakobspilgerweg abzweigen. Gut 100 m vor der Autobahn A14 wechseln Sie auf die Riesaer Straße, kreuzen die A14 ❺ und passieren ein Volvo-Autohaus.

Unmittelbar vor dem Autohaus zweigt rechts die Straße Arnoldplatz ab. Hier befindet sich in Haus Nr. 28 die Pilgerherberge der Kirchengemeinde (Übernachtungspreise auf Anfrage). ☏ 03 41/251 25 81, 01 63/554 62 71 (Pfarrer Ulbricht)

Sie folgen der Riesaer Straße und erreichen nach gut 600 m an der Ecke Sabinenstraße ❻ (gegenüber einer Tankstelle) ein Bistro. Weiter geht es für gut 4 km auf der Riesaer Straße, was ein wahrlich reizloses „Vergnügen" ist. Nach dem Kreuzen der Bahngleise geht die Riesaer in die Wurzner Straße über. Vorbei an der Emmauskirche ❼ biegen Sie gleich hinter der Eisenbahnbrücke nach rechts in die Annenstraße und dann wieder nach links in die Eisenbahnstraße ab. An deren Ende wechseln Sie an der Kreuzung links in die Rosa-Luxemburg-Straße, die Sie zum Hauptbahnhof und damit ins Zentrum Leipzigs bringt.

Leipzig

ca. 585.000 Einwohner, ✆ 03 41

Tourist-Information Leipzig, Katharinenstr. 8, 04109 Leipzig, ☏ 710 42 60, info@ltm-leipzig.de, www.ltm-leipzig.de, Mo bis Fr 10:00 bis 18:00, Sa, So, Feiertage 10:00 bis 15:00

In Leipzig steht eine Fülle an verschiedensten Hotels, Gasthöfen, Pensionen und Privatzimmern zur Verfügung. Selbst wenn man hier nur eine Auswahl aufzählen wollte, würde das den Rahmen sprengen. Aus diesem Grund sind nachstehend lediglich ein paar besonders günstige oder günstig gelegene Unterkünfte aufgeführt. Unter www.ltm-leipzig.de können Sie sich die für Sie passende Unterkunft bequem heraussuchen.

♦ Sleepy Lion Hostel, Youth Hotel & Apartments, Jacobstr. 1, 04105 Leipzig, ☏ 993 94 80, info@hostel-leipzig.de, www.hostel-leipzig.de. Neben Mehrbettzimmern stehen auch Privatzimmer zur Verfügung, ab € 12. Das Hostel befindet sich in bester Zentrumslage nur ein paar Hundert Meter von Thomaskirche und Hauptbahnhof entfernt und direkt an der Via Regia!

Gästezentrum im Leipziger Missionswerk, Paul-List-Str. 19, 04103 Leipzig, ☏ 994 06 32, romy.thiel@lmw-mission.de, ab € 33 pro Person (Pilger bekommen einen Nachlass in Höhe von € 5 bei Vorlage des Pilgerausweises.) www.lmw-mission.de/gaestezentrum, EZ ab € 38, DZ ab € 54

♦ Jugendherberge Leipzig, Volksgartenstr. 24, 04347 Leipzig, ☏ 24 57 00, leipzig@jugendherberge.de, www.leipzig.jugendherberge.de, ab € 28,50. Die Jugendherberge befindet sich im Nordosten des Stadtzentrums im Stadtteil Schönefeld, ca. 3 km vom Hauptbahnhof entfernt.

Stadtgeschichte

Die Umgebung Leipzigs, die Tieflandsbucht, ist von jeher mit einem sehr fruchtbaren Boden gesegnet. Bereits im 6. Jh. n. Chr. wurde diese damals noch von dichten Wäldern bedeckte Gegend von dem westslawischen Volk der Sorben besiedelt. In den nachfolgenden Jahrhunderten entwickelte sich ein „Ort bei den Linden", der die sorbische Bezeichnung „Lipzk" erhielt. Erstmalig erwähnt wurde Leipzig im Jahr 1015 im Zusammenhang mit „urbs Lipzi", einer Burganlage, die etwa 100 Jahre zuvor in Lipzk errichtet worden sein soll. Immer mehr Kaufleute, Handwerker und Dienstleister siedelten sich an, sodass der Ort schnell an Bedeutung gewann. Zusammen mit der strategisch wichtigen Lage am Knotenpunkt der beiden bedeutsamen Fernhandelsstraßen Via Regia und Via Imperii (Reichsstraße, die Italien und die Ostsee miteinander verband) führte dies schließlich zur Verleihung der Stadtrechte und damit zur Erteilung des Marktprivilegs. Wann dies genau geschah, kann nicht exakt benannt werden, als gesichert gilt aber, dass es sich um das Jahr 1165 ereignet haben dürfte. Im selben Jahr wurde mit dem Bau der Kirche St. Nikolai begonnen, die heute die älteste Stadtpfarrkirche Leipzigs ist. 47 Jahre später wurde zusammen mit dem Baubeginn der Thomaskirche der weltberühmte Thomanerchor gegründet. Mit der Erteilung des Geleitschutzprivilegs im Jahr 1268 wurde ein grundlegender Schritt zur Entwicklung der Handelstätigkeiten unternommen. Ein solches Privileg war mit einem besonderen Recht der Kaufleute auf Schutz verbunden, welches der zu dieser Zeit amtierende Markgraf Dietrich von Landsberg wie folgt formulierte: „Wir anerkennen, dass wir alle Kaufleute, woher sie auch sein mögen, wenn sie Kaufmannswaren in unserer Stadt Leipzig erwerben wollen oder besitzen, auch wenn wir gerade mit den Herren genannter Kaufleute in offener Fehde stehen sollten, in dieser unserer Stadt nicht behindern oder ihre Güter beschlagnahmen werden."

Über die Jahrhunderte hinweg wurden bereits verschiedene Jahrmärkte abgehalten, die allesamt im Jahr 1497 vom römisch-deutschen König Maximilian I. zu Reichsmessen erhoben wurden. Somit durften im Umkreis von rund 115 km keine anderen Handelsmessen abgehalten werden. Dieses Messerecht wurde bald durch das Stapelrecht (☞ Görlitz) ergänzt. Obwohl dieses Recht nicht unbedingt im Sinne des erstarkenden Fernhandels war, entwickelte sich Leipzig aufgrund dieser Sonderstellungen beständig weg vom regionalen Handelsplatz hin zu einem der wichtigsten Messestandorte Europas. Allerdings zeigten sich benachbarte Städte entlang der Via Regia und Via Imperii von des Königs Erlass wenig beeindruckt und man setzte sich immer wieder über das Verbot hinweg. Natürlich blieb das nicht folgenlos, die Missachtungen wurden mit hohen Geldstrafen geahndet.

Im Jahr 1409 wurde die Universität gegründet, die heute eine der ältesten in Deutschland ist. In der im 13. Jh. errichteten Pleißenburg fand 1519 die sogenannte Leipziger Disputation statt. Hierbei handelte es sich um die aufgeheizte Diskussion zwischen den beiden Reformatoren Martin Luther und Philipp Melanchthon sowie dem katholischen Theologen Johannes Eck. Als Folge dieser Disputation wurde das Zerwürfnis zwischen Rom und den Lutheranern gefestigt, was schließlich zur Exkommunikation Martin Luthers durch Papst Leo X. führte.

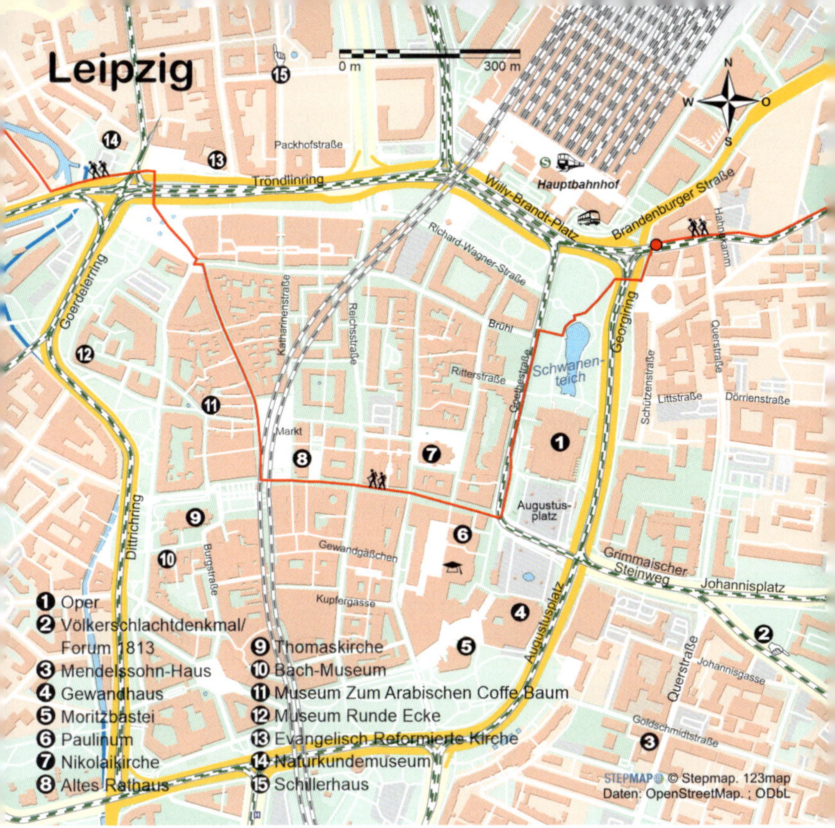

Am Pfingstsamstag des Jahres 1539 wurde von Luther erstmalig eine evangelische Predigt in Leipzig abgehalten. Der Zwiespalt zwischen Katholiken und Protestanten wuchs beständig weiter und gipfelte schließlich im Dreißigjährigen Krieg. Bei dem Dorf Breitenfeld nördlich von Leipzig trafen 1631 die Truppen von König Gustav II. Adolf von Schweden und die des Heerführers der Katholischen Liga, Generalfeldmarschall Graf von Tilly, aufeinander. In dieser Schlacht am 16. November wurde die kaiserliche Armee unter Tilly vernichtend geschlagen. Fast auf den Tag genau 14 Monate später starb der Schwedenkönig während der Schlacht bei Lützen, rund 10 km von Leipzig entfernt. Sein Leichnam wurde nach Schweden überführt und in der Riddarholmskyrkan in Stockholm beigesetzt.

Mit Ende des Dreißigjährigen Krieges verlor die Pleißenburg in den nachfolgenden Jahrhunderten zunehmend an Bedeutung, bis sie im Jahr 1897 abgetragen wurde. An dieser Stelle wurde das Neue Rathaus errichtet, das seit 1905 Sitz der Stadtverwaltung ist. Das Alte Rathaus aus dem 14. Jh. gilt als eines der wichtigsten Bauwerke im Renaissancestil und beherrscht noch heute den Marktplatz. 1723 wurde hier Johann Sebastian Bach als künstlerischer Leiter des Thomanerchores verpflichtet. Darüber hinaus war er Musikdirektor der Leipziger Kirchen. In dieser Zeit entstanden einige seiner bekanntesten Kompositionen wie z. B. die Matthäus- und die Johannes-Passion und das Weihnachtsoratorium. Bis zu seinem Tod 1750 war er als Thomaskantor tätig. Seit 1909 ist im Alten Rathaus das Stadtgeschichtliche Museum untergebracht.

In den Jahren von 1701 bis 1704 lebte und arbeitete in Leipzig auch der einflussreiche Komponist Georg Philipp Telemann. An der Universität gründete er das Collegium Musicum, das nach Telemanns Weggang von Johann Sebastian Bach weitergeführt wurde. 1765 zog Johann Wolfgang von Goethe nach Leipzig, um hier ein Jurastudium aufzunehmen. In der modernen Stadt wandte er sich dann allerdings in verstärktem Maße der Kunst zu, schrieb Gedichte, befasste sich mit Malerei und besuchte Theateraufführungen. Aufgrund einer schweren Erkrankung kehrte Goethe 1768 nach Frankfurt/Main zurück. In Leipzig erschien unter dem Titel „Einkommende Zeitungen“ ab dem 1. Juli 1650 die erste Tageszeitung der Welt.

Als Folge der Französischen Revolution entbrannten die Napoleonischen Kriege. In der entscheidenden Schlacht vom 16. bis 19. Oktober 1813 standen bei Leipzig verbündete Armeen aus Preußen, Österreich, Russland und Schweden den Truppen von Kaiser Napoleon Bonaparte gegenüber. Napoleon erlitt die entscheidende Niederlage und zog sich daraufhin aus Deutschland zurück. Dieser Befreiungskrieg gegen die französische Fremdherrschaft zog als „Völkerschlacht bei Leipzig“ in die Geschichtsbücher ein. Zum Gedenken wurde 100 Jahre später das Völkerschlachtdenkmal an der Stelle errichtet, an der die erbittertsten Kämpfe mit zahllosen Toten und Verwundeten tobten. Das 91 m hohe steinerne Monument ist heute ein Wahrzeichen Leipzigs.

Von 1835 bis 1841 lebte und wirkte der Komponist und Dirigent Felix Mendelssohn Bartholdy in Leipzig. Als Gewandhauskapellmeister gründete er die erste Musikhochschule Deutschlands. Nachdem er 1841 zunächst als Kapellmeister nach Berlin berufen wurde, kehrte er zwei Jahre später wieder nach Leipzig zurück, wo er 1847 starb.

1839 wurde mit der Bahnstrecke Leipzig – Dresden die erste Fernbahnstrecke Deutschlands eröffnet. Als Verkehrs- und Handelszentrum gewann Leipzig weiter stetig an Bedeutung und so stieß der Bahnhof an seine Kapazitätsgrenzen. 1902 begannen die 13 Jahre dauernden Bauarbeiten an einer neuen riesigen Bahnhofsanlage. Damals wie heute ist der Leipziger Bahnhof mit knapp 85.000 m^2 der flächenmäßig größte Kopfbahnhof Europas.

Die bis zum Zweiten Weltkrieg über 700.000 Einwohner zählende Stadt hatte sich bis dato nicht nur als wichtiger Industriestandort einen guten Ruf erworben, auch das Bücher- und Verlagswesen fand hier optimale Arbeitsvoraussetzungen. In der Deutschen Bücherei war die bedeutendste Sammlung deutschsprachiger Druckerzeugnisse untergebracht.

Der von 1930 bis 1936 amtierende Leipziger Oberbürgermeister Carl Friedrich Goerdeler gehörte zu den führenden Köpfen der Widerständler gegen das NS-Regime. Von seinem Amt trat er zurück, als das Leipziger Denkmal an den Komponisten Felix Mendelssohn Bartholdy auf Befehl der NSDAP zerstört wurde. Mit Beginn des Zweiten Weltkrieges organisierte Goerdeler den Widerstand gegen Hitler, was im Attentat vom 20. Juli 1944 endete. Am 2. Februar 1945 wurde Carl Friedrich Goerdeler in Berlin-Plötzensee hingerichtet. Nach Bombardements im Dezember 1943 und Juli 1944 wurde die Stadt im April 1944 zunächst von Einheiten der US-Armee besetzt, bevor sie drei Monate später Teil der sowjetischen Besatzungszone wurde. Mit Ende des Zweiten Weltkrieges und unter Verwaltung der Sowjetunion verlor Leipzig rasant an wirtschaftlicher Bedeutung. Auf Geheiß des in Leipzig geborenen DDR-Staatsratsvorsitzenden Walter Ulbricht wurde im Mai 1968 die Klosterkirche St. Pauli (Universitätskirche) gesprengt. Die aus dem 13. Jh. stammende Kirche hatte die Kriegswirren nur leicht beschädigt überstanden, musste nun aber den Plänen des Zentralkomitees (ZK) der Sozialistischen Einheitspartei Deutschlands (SED) weichen. Der ehemalige Augustusplatz – nach dem Krieg in Karl-Marx-Platz umbenannt – mit seinem Universitätsgebäude sollte im Sinne sozialistischer Großstädte umgestaltet werden. Es entstand ein Universitätsneubau, der als politisch-kulturelles Zentrum diente. Nach der Wiedervereinigung bekam der Platz seinen ursprünglichen Namen zurück. Am ehemaligen Standort der Klosterkirche wurde 2007 mit dem Bau des „Paulinums“ begonnen, einem neu gestalteten Universitätscampus, der in seiner Erscheinung an die alte Universitätskirche erinnern soll. Die Einweihung fand im Jahr 2017 statt.

Untrennbar mit der Stadt Leipzig sind die friedlichen Proteste verbunden, die ihre Anfänge mit den montäglichen Friedensgebeten in der Nikolaikirche nahmen. Durch die von Michael Gorbatschow eingeleiteten Reformen innerhalb der Sowjetunion bekamen auch die Bürgerrechtsbewegungen in der DDR Auftrieb. Deren Protestaktionen erreichten zu den Feierlichkeiten anlässlich des 40. Jahrestages der DDR im Herbst 1989 ihren Höhepunkt. In Leipzig gingen Hunderttausende auf die Straße und demonstrierten mit Kerzen in den Händen für eine gesellschaftspolitische Veränderung des Systems. Solche Proteste fanden in vielen Städten statt und führten zum friedlichen Fall der Berliner Mauer und damit zur Wiedervereinigung Deutschlands.

Heute produzieren in Leipzig wieder weltweit agierende Unternehmen und bekannte Dienstleistungsfirmen sind ansässig. Die Bedeutung als Messestadt wird durch Europas modernstes Messegelände unterstrichen und der Flughafen hat sich zu einem zentralen Drehkreuz für Passagiere und Fracht entwickelt.

Die Oper in Leipzig

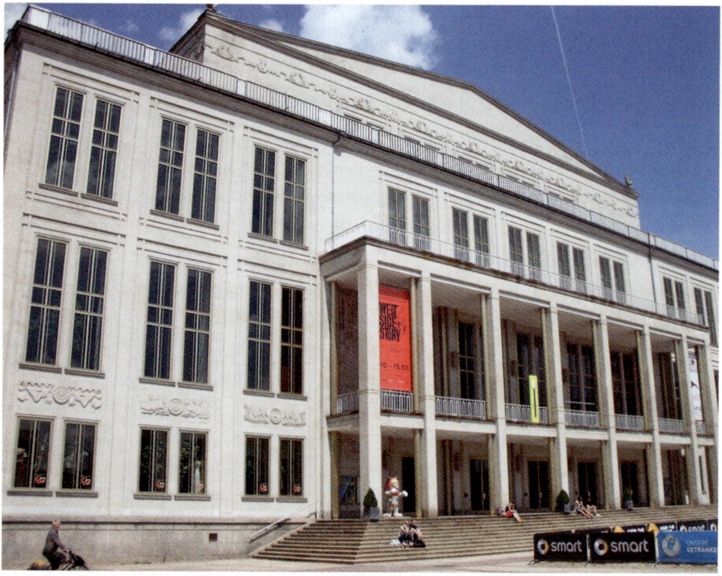

🛈 Um die enorme Vielfältigkeit Leipzigs zu entdecken, braucht man Zeit. Wollte man die Sehenswürdigkeiten wie Museen, Architektur, Parks usw. aufzählen, ließe sich die Liste sehr lange weiterführen. Insbesondere werden sich Musik- und Kulturliebhaber über die vielen speziellen Angebote in der Stadt freuen. Daher sei an dieser Stelle mit einer Auswahl nur auf die „wichtigsten" Sehenswürdigkeiten verwiesen. Ein paar weitere, die direkt an der Via Regia liegen, werden zu Beginn der 10. Etappe beschrieben.

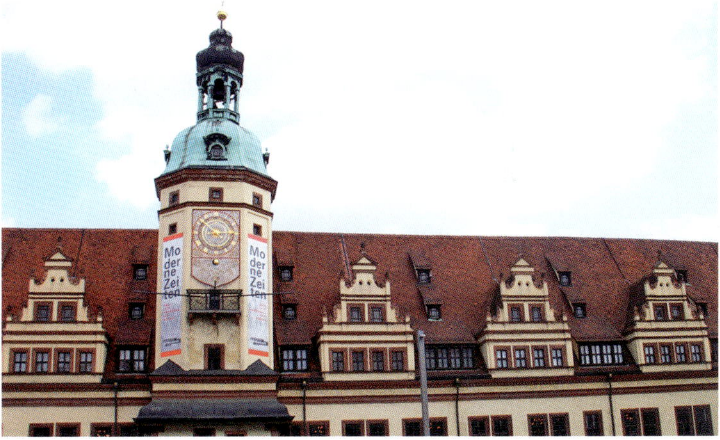

Der Turm des Leipziger Rathauses

⌘ **Bach-Museum**. Auf besonders anschauliche Weise wird in dem großzügig gestalteten Museum gegenüber der Thomaskirche das Leben und Wirken Johann Sebastian Bachs interaktiv und multimedial präsentiert.

♦ ☏ 913 72 02, ✉ museum@bach-leipzig.de, 💻 www.bachmuseumleipzig.de, 🚪 Di bis So 10:00 bis 18:00

⌘ **Mendelssohn-Haus**. In der Goldschmidtstraße 12 nahe dem Gewandhaus lebte und arbeitete der Musiker Felix Mendelssohn Bartholdy. Das hier eingerichtete Museum lädt dazu ein, auf den Spuren des Künstlers zu wandeln.

♦ ☏ 962 88 20, ✉ buero@mendelssohn-stiftung.de, 💻 www.mendelssohn-stiftung.de, 🚪 täglich 10:00 bis 18:00, sonntags um 11:00 finden im Musiksalon Konzerte statt.

⌘ **Museum in der „Runden Ecke".** In dem Gebäude im Dittrichring 24 hatte die Leipziger Bezirksverwaltung für Staatssicherheit rund 40 Jahre lang ihren Sitz. In dem authentisch erhaltenen Umfeld werden Arbeitsweise, Methodik und Geschichte des Ministeriums für Staatssicherheit (MfS) erschreckend real.

♦ ☎ 961 24 43, ✉ mail@runde-ecke-leipzig.de, 💻 www.runde-ecke-leipzig.de, 🚪 täglich 10:00 bis 18:00. Unbedingt sehenswert!

⌘ **Schillerhaus**. Im 1717 erbauten Haus Nr. 42 in der Menckestraße schrieb Friedrich Schiller im Jahr 1785 seine „Ode an die Freude".

♦ ☎ 566 21 70, ✉ schillerhaus-leipzig@leipzig.de, 💻 www.stadtgeschichtliches-museum-leipzig.de, 🚪 April bis Sep Di bis So 10:00 bis 17:00, Nov bis März Mi bis So 11:00 bis 16:00. Das Schillerhaus wird neu gestaltet und bleibt bis zum Frühjahr 2023 geschlossen.

⌘ **Forum 1813**. In dem Museum werden die Geschehnisse des 18. Okt. 1813 im wahrsten Sinne des Wortes greifbar. An diesem Tag fand die siegreiche und endgültige Schlacht über die napoleonischen Truppen statt, in deren Folge Europa auf dem Wiener Kongress neu geordnet wurde. Das Museum befindet sich sinnigerweise im Völkerschlachtdenkmal und damit inmitten des einstigen Schlachtfeldes.

♦ ☎ 241 68 70, ✉ besucherservice@voelkerschlachtdenkmal-leipzig.de, 💻 www.stadtgeschichtliches-museum-leipzig.de, 🚪 April bis Okt täglich 10:00 bis 18:00, Nov bis März täglich 10:00 bis 16:00, Anfahrt vom Hauptbahnhof mit der Ü Straßenbahnlinie 15

⌘ **Zum Arabischen Coffe Baum**. Eine hervorragende Möglichkeit, das sächsische Bäckerei- und Konditorenhandwerk sowie die deutsche Kaffeehauskultur kennenzulernen, ist der Besuch des ältesten Kaffeehauses Deutschlands 9. Etappe: Wurzen – Leipzig in der Nähe des Alten Rathauses am Markt. Hier wird die genussvolle Kaffeehauskultur bereits seit 1711 zelebriert und gelebt. Das gönnten sich immer wieder auch berühmte Persönlichkeiten, denen man – zumindest in Gedanken – in den historischen Gasträumen begegnen kann. Die Geschichte des Kaffees sowie die Geschichten drumherum werden im angegliederten Museum erzählt.

♦ ☎ 965 13 40, ✉ stadtmuseum@leipzig.de, 💻 www.stadtgeschichtliches-museum-leipzig.de, 🚪 aufgrund umfangreicher Sanierungsarbeiten bis auf Weiteres geschlossen

10. Etappe: Leipzig – Merseburg

34,1 km, ca. 8 Std. 45 Min., ↑ 16 m, ↓ 32 m, ⇧ 84-116 m

0,0 km	⇧	109 m	Leipzig (Hbf)
4,2 km	⇧	105 m	Rosentalhügel
16,9 km	⇧	94 m	Kleinliebenau
21,3 km	⇧	92 m	Dölkau
29,5 km	⇧	85 m	Löpitz
34,1 km	⇧	93 m	Merseburg

Leipzig wartet mit vielfältigen Angeboten jeglicher Couleur auf, deshalb sollte für die Stadt etwas mehr Zeit eingeplant werden. Die Via Regia führt nicht nur mitten durch die Stadt, sondern auch durch den Stadtwald sowie den angrenzenden Leipziger Auwald, einem der größten Auwälder Mitteleuropas. Ein kurzer Abstecher hinauf auf den Rosentalhügel sollte nicht versäumt werden. Herrlich ist es, über dem Damm der Neuen Luppe zu laufen und vor Merseburg an den Ufern der Seen entlangzuwandern.

Die sehr lange Etappe, allerdings ohne nennenswerte Anstiege, kann in Kleinliebenau (16,9 km) unterbrochen werden.

An dem großen Kreuzungsbereich (Willy-Brandt-Platz) vor dem Hauptbahnhof halten Sie sich links und überqueren die breite Straße Georgenring gleich an der ersten Fußgängerampel hin zu einem kleinen Park. Sie gehen am Schwanenteich vorbei und stehen nach wenigen Minuten direkt vor dem Opernhaus am Augustusplatz. Rechts wird der Platz von der Goethestraße begrenzt, die Sie an der folgenden Kreuzung überqueren, um der Via Regia auf der Grimmaischen Straße (Fußgängerzone) durch das historische Zentrum der Stadt zu folgen.

Nach rund 150 m zweigt rechts die Nikolaistraße ab, zur Nikolaikirche sind es nur wenige Schritte.

✝ Über den genauen Baubeginn der Nikolaikirche liegen keine gesicherten Erkenntnisse vor, dieser dürfte sich aber auf das 12./13. Jh. datieren lassen.

Weltweite Bekanntheit erlangte die Kirche durch die wöchentlichen Friedensgebete und die dadurch ausgelösten Proteste, die schließlich zum gewaltlosen Niedergang der SED-Diktatur führten. Wie sagte doch ein damals hochrangiges Mitglied des Zentralkomitees der SED: „Wir hatten alles geplant. Wir waren auf alles vorbereitet. Nur nicht auf Kerzen und Gebete."

♦ ☏ 03 41/124 53 80, 💻 www.nikolaikirche-leipzig.de, 🚪 Mo bis Fr 11:00 bis 18:00, Sa 11:00 bis 16:00, So 10:00 bis 14:30 (nicht während des Gottesdienstes)

Vorbei am Naschmarkt ist nach etwa 250 m rechter Hand der Markt mit dem Alten Rathaus erreicht.

⌘ Der prächtige Renaissancebau, einer der schönsten in Deutschland, aus der Mitte des 16. Jh. ist ein Wahrzeichen Leipzigs. Im Innern lässt sich durch rund 1.000 Jahre spannende Stadtgeschichte spazieren.

♦ ☏ 03 41/965 13 40, ✉ stadtmuseum@leipzig.de,
💻 www.stadtgeschichtliches-museum-leipzig.de, 🚪 Di bis So 10:00 bis 18:00

☺ ↳ Wenn Sie an der Kreuzung am Markt geradeaus der Thomasgasse folgen, gelangen Sie nach etwa 100 m zur Thomaskirche.

Dem Markt schließt sich die Hainstraße an, die in den Richard-Wagner-Platz übergeht, der Sie wiederum zum nahen Tröndlinring bringt.

Unmittelbar nachdem der Tröndlinring überquert ist, befindet sich auf der rechten Seite das Naturkundemuseum ❶.

⌘ Naturkundemuseum, ☏ 03 41/98 22 10, ✉ naturkundemuseum@leipzig.de,
💻 www.naturkundemuseum.leipzig.de, 🚪 Di bis So 9:00 bis 18:00

Nun folgen Sie dem Trödlinring ein Stück nach links und schwenken gleich nach der Überquerung des Elstermühlgrabens nach rechts in die Jacobstraße. Auf der Straße gelangen Sie zum Waldrand, wo Sie nach links auf die Emil-Fuchs-Straße wechseln. Nach knapp 150 m biegen Sie nach rechts in den Wald ein, wenden sich an der kurz darauf folgenden Kreuzung nach links und wandern durch den Leipziger Auwald. Etwa 500 m nach dem Überqueren der Waldstraße spazieren Sie am Fuß des Rosentalhügels (auch als Scherbelberg bekannt) entlang.

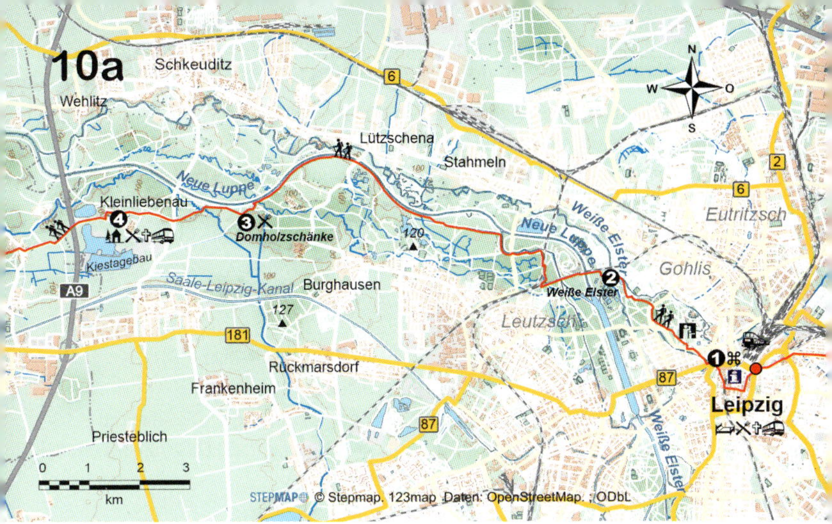

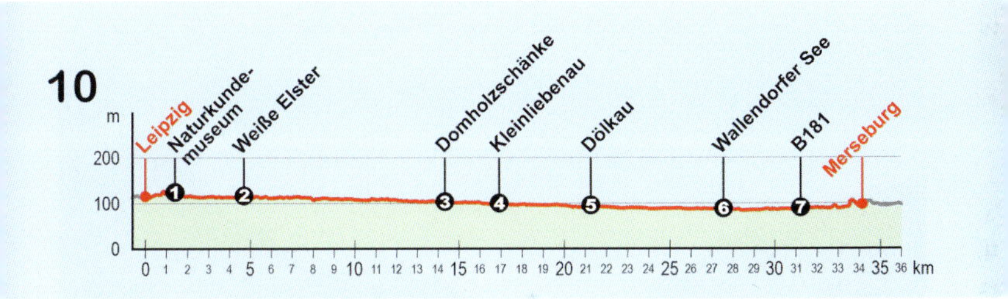

Einen kurzen Abstecher auf den 125 m hohen „Gipfel" kann man mit dem Besteigen des Aussichtsturmes krönen. Zur Belohnung gibt es eine tolle Aussicht über die flunderplatte Stadt Leipzig.

Kurz darauf werden ein Teich und ein Spielplatz passiert, bevor es über die Bäche Weiße Elster ❷ und Neue Luppe in Richtung des Leipziger Stadtteils Leutzsch geht.

Parallel zur Bahnlinie führt der Weg über den Bach Nahle und dann kurz vor dem Ortseingang durch die Bahnunterführung in den Wald. Nochmal werden Gleise gekreuzt, bevor Sie nach etwa 300 m wieder auf die Nahle treffen. Der Bach wird auf dieser Seite von einem Damm begleitet, dem Sie nach links folgen.

Nach dem Queren der Verbindungsstraße zwischen Leutzsch und Wahren folgen Sie weiter dem Weg entlang des Deiches.

Nach gut 500 m verlässt er das Nahleufer, dann wandern Sie ungefähr 1,5 km geradewegs durch einen Wald, an dessen Ende Sie Ihre Wanderung auf dem Damm entlang der Neuen Luppe auf einer Länge von über 4 km fortsetzen. Dann verlassen Sie den Damm und treffen auf die nahe gelegene Waldgaststätte Domholzschänke ❸.

Waldgaststätte Domholzschänke, Domholz 1, 04435 Schkeuditz, 03 42 05/410 61, info@domholzschaenke.dcom, www.domholzschaenke.com, Di bis Fr ab 11:30, Sa, So und Feiertage ab 11:00, Mo Ruhetag; Oktober bis März Mi bis So und Feiertage 11:30 bis 21:00, Mo und Di Ruhetag; Februar geschlossen

Die Reise führt entlang der Neuen Luppe ...

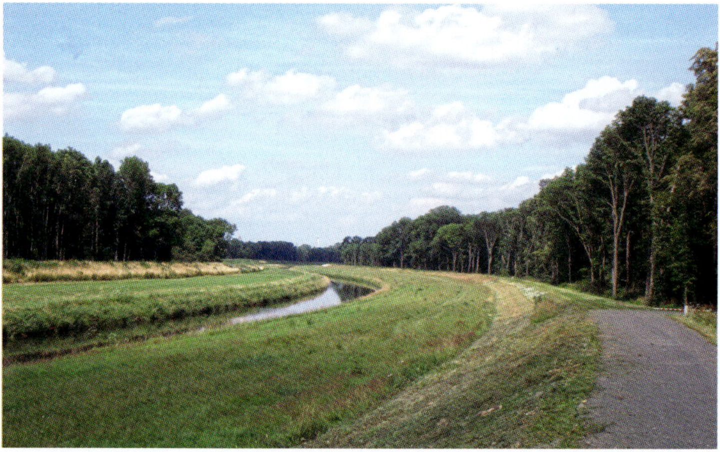

Von der Gaststätte wandern Sie auf dem asphaltierten Zufahrtsweg bis zur Straßenkreuzung, wo Sie der Kreisstraße geradeaus bis in den Ort **Kleinliebenau** ❹ (hier Gutshofstraße) folgen. Sie gehen an der Kirche vorbei und gelangen wenig später zum Ortsausgang.

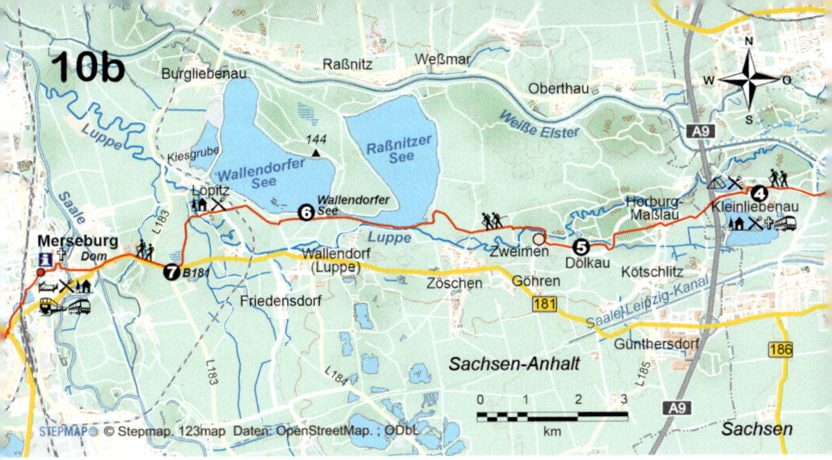

In Kleinliebenau erwartet Sie eine Pilgerherberge (vier Matratzen je € 10) in der Gutshofstraße, 01 51/12 03 26 23 (13:00 bis 20:00), www.kulturpilger.de. Ein Aushang verweist auf die Adresse, wo der Schlüssel abgeholt werden kann. Achtung: Schlafsack und Matte müssen mitgebracht werde.

♦ In der Ringelblumenstraße 10 finden in einem Gartenhaus 2 bis 3 Personen einen Schlafplatz, https://gloveler.de/wohnung/Schkeuditz/zum-waldmeister, Anreise ab 16:00.

Auf dem Campingplatz Kleinliebenau stehen keine Pilgerunterkünfte zur Verfügung!

Die Via Regia zweigt nach links ab. Sie stoßen wieder auf die Kreisstraße, der Sie nach rechts am Autobahnsee (heißt tatsächlich so) vorbei in den Nachbarort Horburg-Maßlau folgen.

Am Autobahnsee befindet sich ein Campingplatz mit der Gaststätte Seeblick, 03 42 05/832 96, 01 72/600 89 89, www.camping-kleinliebenau.de, bitte nachfragen.

Im Ort wechseln Sie in Höhe der Kirche von der Landstraße, die hier eine kräftige Linkskurve macht, auf die geradeaus abzweigende Hauptstraße. Nach ungefähr 30 m halten Sie sich an der Kreuzung links und durchqueren den unmittelbar angrenzenden Mischwald. Sie kommen dann an eine Kreisstraße, halten sich auf dieser links (etwa 350 m) und wandern dann nach rechts in das Dorf Dölkau ❺, das Sie auf der Dorfstraße durchqueren. Dann sind Sie wieder auf der Kreisstraße. Am Ortsausgang fällt das Schloss Dölkau ins Auge. Das sich in Privatbesitz befindliche Anwesen sowie das umgebende Areal sind abgesperrt und können nicht betreten werden.

Folgen Sie der Via Regia entlang der Kreisstraße in den nicht mal 500 m entfernten Ort Zweimen. Biegen Sie in Höhe eines Teiches nach rechts in den Ort ein und überqueren Sie mittels einer Brücke die Luppe.

Die Via Regia führt nun nach links über ein Wiesengelände und durch das nahe Wäldchen zu einer T-Kreuzung. Biegen Sie auf den Weg nach rechts ab und folgen Sie ihm gleich darauf nach links bis zum Raßnitzer See in ca. 1,7 km Entfernung. Jetzt wandern Sie nach links stetig an dessen Ufer entlang; fast nahtlos geht die Uferzone in die des Wallendorfer Sees ❻ über. Die Route knickt nach links ab und führt durch das zu Schkopau gehörende Dorf Löpitz mit seinem Schloss, einem ehemaligen Rittergut.

Gaststätte Löpitzer Schloss, ☏ 034 61/289 55 75, www.schloss-loepitz.de, Fr 17:00 bis 22:00, Sa 11:30 bis 22:00, So 11:30 bis 20:00

... und des Wallendorfer Sees

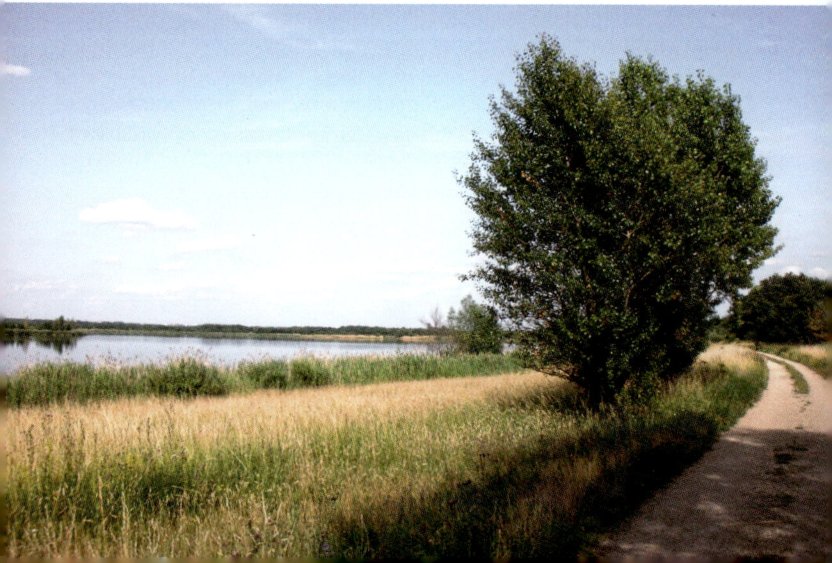

Nahe dem Schloss lässt sich in der Herberge Frido im Strohlager übernachten, Am Löpitzer Schloss 6, ☏ 034 61/20 12 80, 01 51/70 50 05 00, www.neuewegemiteinander.de. Preise für Übernachtung auf Anfrage

Am Ortsende queren Sie mittels Brücke die Luppe. Dem Wegverlauf folgen Sie nach links und stoßen nach dem schönen Wiesenweg auf die B181 ❼, die Sie rechts sehr schnell nach Merseburg bringt. Kurz nachdem Sie einen Kanal überquert haben, verlassen Sie die Bundesstraße und setzen Ihren Weg auf der Straße Neumarkt fort. An der Neumarktkirche führt Sie die Via Regia mit schönem Domblick über die Saale. Am Ende der Brücke steigen Sie die Treppenstufen hinauf zum Domplatz.

✞ **Dom St. Johannes und St. Laurentis.**

Hier gibt es besondere Kulturschätze zu entdecken, u. a. die reich verzierte Merseburger Bibel aus dem 13. Jh., die mumifizierte Hand des im Jahr 1080 gefallenen Rudolf von Schwaben, die Fürstengruft der Herzöge von Sachsen-Merseburg, eine äußerst klangvolle Orgel sowie natürlich die berühmten „Zaubersprüche", die aus dem 10. Jh. stammen und 1841 in der Dombibliothek entdeckt wurden.

♦ ☏ 034 61/21 00 45, www.merseburger-dom.de, März bis Okt Mo bis Sa 10:00 bis 18:00, So und kirchliche Feiertage 11:00 bis 18:00, Nov bis Feb Mo bis Sa 10:00 bis 16:00, So und kirchliche Feiertage 12:00 bis 16:00

Vom Domplatz laufen Sie über die Domstraße wieder hinunter bis zur nach rechts abzweigenden Schulstraße. In Höhe der Parkanlage geht die Schulstraße in die Bahnhofstraße über. Nach etwa 80 m stehen Sie an einer Kreuzung, an der die Bahnhofstraße geradeaus zum nahe gelegenen Bahnhof führt. Die Via Regia zweigt nach links in die Hölle ab – so jedenfalls der Straßenname.

Merseburg

BANK ✞ ⌘,
ca. 36.700 Einwohner, ☏ 034 61

Tourist-Information Merseburg, Burgstr. 5, 06217 Merseburg, ☏ 21 41 70, info@merseburg-tourist.de, www.merseburg.de, Mo, Di und Do 9:00 bis 13:00 und 14:00 bis 16:00 (Di bis 18:00), Mi geschlossen, Fr und Sa 9:00 bis 13:00 (Sa nur April bis Oktober)

Radisson Blu Hotel, Oberaltenburg 4, 06217 Merseburg, ☏ 452 00, reservations.merseburg@radissonblu.com, www.merseburg-radissonblu.com, DZ ab € 92

♦ Best Western Hotel Stadt Merseburg, Christianenstr. 25, 06217 Merseburg, ☏ 35 00, reservierung@bestwestern-merseburg.de, www.stadt-merseburg.bestwestern.de, Übernachtungspreise bitte anfragen

♦ Hotel und Restaurant Am Stadtstadion, Hohndorfer Weg 10, 06217 Merseburg, ☏ 21 20 60, info@stadtstadion.de, www.stadtstadion.de, EZ ab € 60, DZ ab € 75

♦ Hotel Zum Goldenen Löwen, Von-Harnack-Straße 1-5, 06217 Merseburg, ☏ 20 15 91, hotelzumgoldenenloewen@web.de, www.hotel-zum-goldenen-loewen.de, EZ € 57,50, DZ € 70

♦ Hotel Merseburger Rabe, Ottoweg 19, 06217 Merseburg, ☏ 52 54 25, info@merseburger-rabe.de, www.merseburger-rabe.de, EZ € 55, DZ € 80

♦ Sky Hotel, Thüringer Weg 28, 06217 Merseburg, ☏ 288 84 00, info@skyhotel-merseburg.de, www.skyhotel-merseburg.de, EZ ab € 39,90, DZ ab € 49,90

♦ Check-Inn Hotel, Dorfstr. 12, 06217 Merseburg, ☏ 30 55 50, reservierung@check-inn-hotel.de, www.check-inn-hotel.de, EZ ab € 49,90, DZ ab € 59,90

♦ Gaststätte und Pension Zur Schiene, Naumburger Str. 232, 06217 Merseburg, ☏ 50 04 85, www.zurschiene.de, EZ ab € 40, DZ ab € 70

Hotel Am Park, Gutenbergstr. 18, 06217 Merseburg, ☏ 21 54 72, info@hotel-ampark-merseburg.de, www.hotel-ampark-merseburg.de, EZ ab € 40, DZ ab € 60

Pension Gutjahr, Naumburger Str. 100, 06217 Merseburg, ☏ 50 36 50, 01 51/26 90 90 54, www.pension-gutjahr.de, EZ ab € 22, DZ ab € 36

♦ Gästehaus Joachims Hof, Am Denkmal 4, 06217 Merseburg, ☏ 20 96 02, 01 78/148 57 66, anfrage@joachims-hof.de, www.joachims-hof.de, EZ ab € 29, DZ ab € 40, vor der Saalebrücke im angrenzenden Ortsteil Meuschau

♦ Pension Regina Hoppe, Parkstr. 5, 06217 Merseburg, ☏ 20 13 68, 01 77/777 83 69, hoppe_fam@web.de, www.pension-hoppe.eu, EZ ab € 25

Pension Herberge zur St. Sixti, Preußerstr. 20, 06217 Merseburg, ☏ 474 20, 01 72/760 38 66, www.pension24-web.de, EZ ab € 22, DZ ab € 30

Pilgerherberge in der Neumarktkirche St. Thomae, Neumarkt, ☏ 034 61/21 16 40 oder 034 61/35 28 10. Den Schlüssel für die Pilgerpforte gibt es in der benachbarten Bäckerei Rahaus (bis 18:00). Einzigartig das Übernachten auf der Empore im Kirchenschiff!

Stadtgeschichte

Merseburg fand zum Ende des 9. Jh. erstmals Erwähnung und gehörte zu den ältesten Siedlungen entlang der Via Regia. Unter König Heinrich I. wurde die Siedlung ausgebaut und befestigt, bis im Jahr 968 das Bistum Merseburg durch König Otto I. gegründet wurde. War diese Gründung zunächst nur recht kurzlebig, wuchs nach dessen Neugründung und dem Bau des Doms (ab 1015) durch Heinrich II. der religiöse und in Verbindung mit der Via Regia auch der wirtschaftliche Einfluss.

Der Dom St. Johannes und St. Laurentis in Merseburg

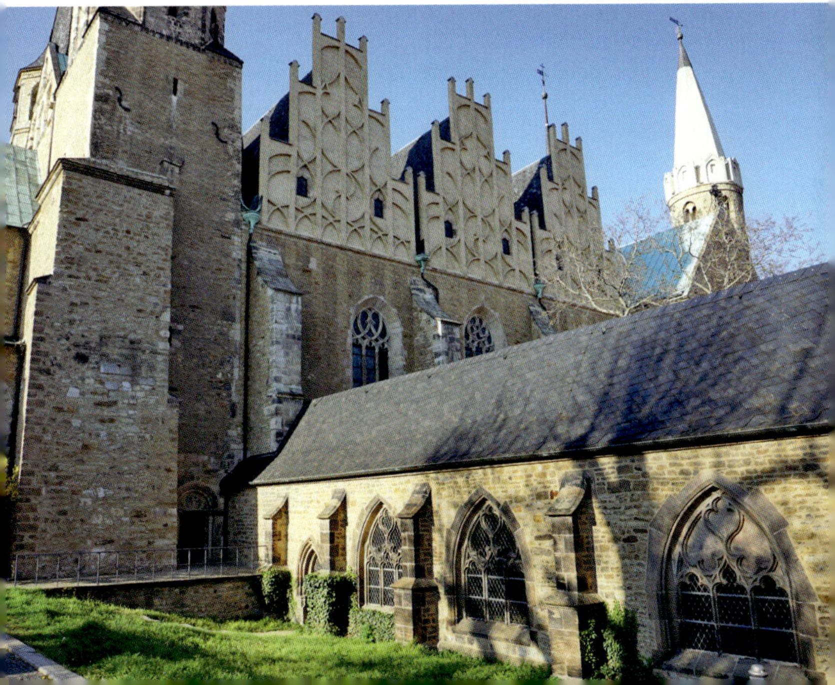

Dieser zunehmenden Bedeutung Rechnung tragend wurde auf Veranlassung von Kaiser Friedrich I. (Barbarossa) der Markt angelegt, aus dem sich der heutige Stadtteil Neumarkt mit der gleichnamigen Kirche entwickelte. 1323 wurde die Stadt von einem Brand schwer in Mitleidenschaft gezogen. Mit der Errichtung des Schlosses wurde in der zweiten Hälfte des 15. Jh. begonnen.

Der Einfluss der Bischöfe schwand mit Beginn der Reformationszeit zunehmend und führte 1525 zur Flucht des damaligen Bischofs Adolf, einem vehementen Gegner Luthers. Der Entwicklung hatte die katholische Kirche letztlich nicht genug entgegenzusetzen und so predigte Martin Luther 1545 im Merseburger Dom. 16 Jahre später starb der letzte katholische Bischof, was zur Folge hatte, dass das bereits im Jahr 1012 erwähnte Benediktinerkloster bald zerstört wurde.

Von 1657 bis 1738 bestand das Herzogtum Sachsen-Merseburg, dessen Herzöge von der Stadt Merseburg aus herrschten. Beim Wiener Kongress wurde Merseburg 1815 Preußen zugeordnet.

Die Anbindung an die Bahnstrecke Dresden – Naumburg im Jahr 1846 setzte neue wirtschaftliche Impulse, sodass durch die einsetzende Industrialisierung die Einwohnerzahl bis zum Zweiten Weltkrieg kontinuierlich stieg. Im Krieg erlitt die Stadt durch Bombardements gewaltige Zerstörungen. Unter der nachfolgenden Regierung konzentrierten sich die Aufbauarbeiten nicht auf die Altstadt, die infolgedessen weiter verfiel. Erst 1990 wurden erhebliche Maßnahmen zur Sanierung der historischen Gebäude in Angriff genommen.

⌘ **Kulturhistorisches Museum**. Im beeindruckend schönen Renaissanceschloss Merseburg inmitten einer herrlichen Parkanlage vermittelt das Kulturhistorische Museum Einblicke in die Geschichte der Stadt und der Region.

♦ ☏ 40 13 18, ✉ museum.schloss.merseburg@saalekreis.de, 💻 www.saalekreis.de, 🚪 März bis Okt täglich 10:00 bis 18:00, Nov bis Feb täglich 11:00 bis 16:00

✞ **Kirchen**

♦ In Marktnähe befindet sich gegenüber des Alten Rathauses die wahrscheinlich im 10. Jh. gegründete **Stadtkirche St. Maximi**, deren 74 m hoher Turm alle anderen Häuser Merseburgs überragt.

♦ Die **Neumarktkirche St. Thomae**, eine romanische Kreuzbasilika, fand 1188 in einer Urkunde von Kaiser Friedrich I. (Barbarossa) erstmalig Erwähnung.

11. Etappe: Merseburg – Freyburg

27,4 km, ca. 7 Std., ↑ 139 m, ↓ 118 m, ⇧ 91-229 m

0,0 km	⇧	93 m	Merseburg
1,7 km	⇧	97 m	Südpark
7,4 km	⇧	99 m	Frankleben
14,8 km	⇧	124 m	Roßbach/Lunstädt
22,6 km	⇧	209 m	Napoleonseiche
27,4 km	⇧	115 m	Freyburg

Merseburg ist von gefluteten Tagebauen umgeben, so sind auf dieser Etappe bald ein paar große Seen präsent. Die Wanderung setzt sich abwechslungsreich fort: Wiesen- und Feldflure, Wälder, kleine Ortschaften und je näher Sie der Saale kommen, desto mehr rücken die Weinberge ins Blickfeld. Mit dem Schloss Neuenburg ist schließlich auch das herrlich gelegene Freyburg erreicht.

Die historische Silhouette von Merseburg an der Saale

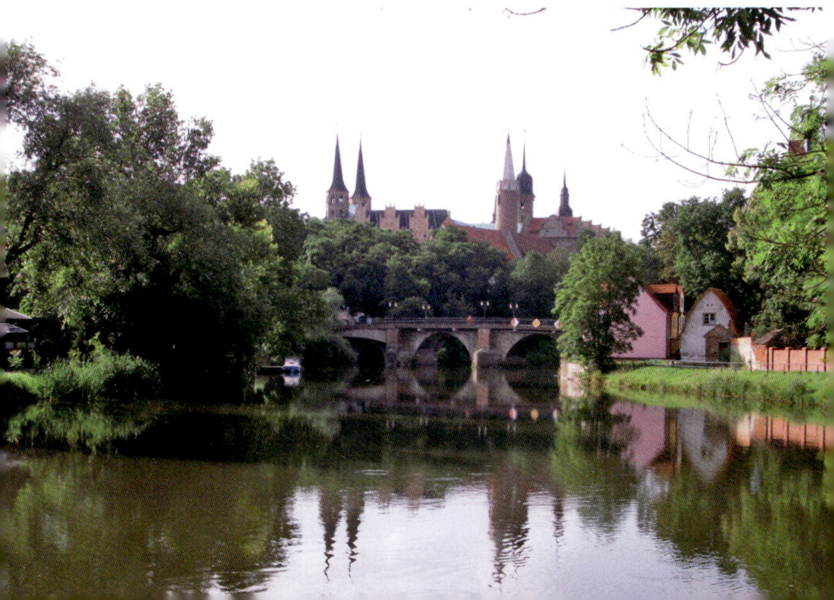

An der Kreuzung Bahnhofstraße/Dammstraße/Hölle biegen Sie nach links in die Straße Hölle ab, die direkt entlang des Stadtparks bis zu einem Kreisverkehr führt. Hier setzt sich der Park mit dem Vorderen Gotthardteich entlang der Weißenfelser Straße fort. Wandern Sie nach links über eine Brücke im Mündungsbereich des Flüsschens Klia und folgen Sie dem Teichufer. Haben Sie das Gewässer zur Hälfte umrundet, folgen Sie dem Weg unter dem Eisenbahnviadukt hindurch bis zum sich anschließenden Hinteren Gotthardteich am Beginn des Südparks. Die Via Regia führt links am Ufer des Sees entlang und erreicht an dessen Ende den Geiselbach. Weiter geht es entlang des Geiselbaches bis zu einer Weggabelung, an der Sie sich links halten und dem Weg bis zu dem auffälligen Südpark-Tor ❶ direkt am Kreuzungsbereich der Bundesstraßen B181 und B91 folgen.

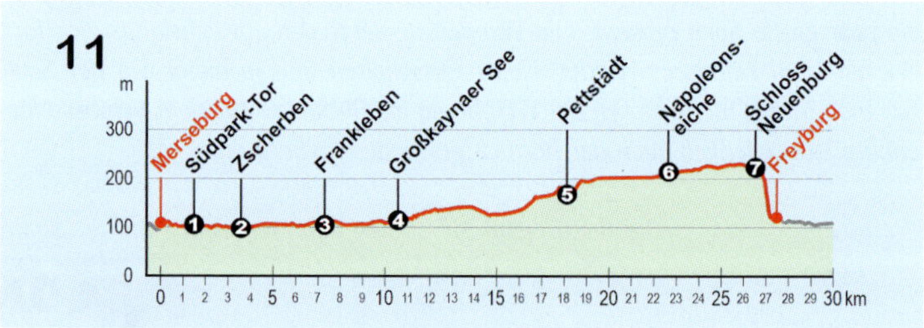

Nach dem Überqueren der zweispurigen B91 (Fußgängerampel) setzt sich die Wanderung durch die „grüne Lunge" Merseburgs mit kleinem Tier- und Freizeitpark fort. Mit einigen Metern Abstand zum Geiselbach folgen Sie dem Weg bis zu einer T-Kreuzung. Der Weg führt rechts etwa 40 m auf einem Damm weiter und überquert die Geisel, um dann nach ungefähr 20 m wieder nach links auf einen Wiesenpfad zu schwenken. Zur Linken breitet sich ein von Geisel und Klyegraben durchzogenes Marschland aus. Nach etwa 300 m müssen Sie dem Wirtschaftsweg auf einer Länge von knapp 100 m nach links folgen.

Jetzt zweigt wieder ein Pfad nach links ab. Hier heißt es aufgepasst, denn die Wegführung ist nicht klar auszumachen. Bleiben Sie auf dem zunächst geradeaus führenden Pfad und folgen Sie dann dem nach rechts weiterführenden Wiesenweg vorbei an dem Marschland. Sie treffen auf einen Wirtschaftsweg, biegen zuerst nach links und dann an der kurz darauf folgenden Kreuzung kurz vor der Ortschaft Zscherben ❷ wieder nach rechts ab. Jetzt geht es für rund 2 km auf

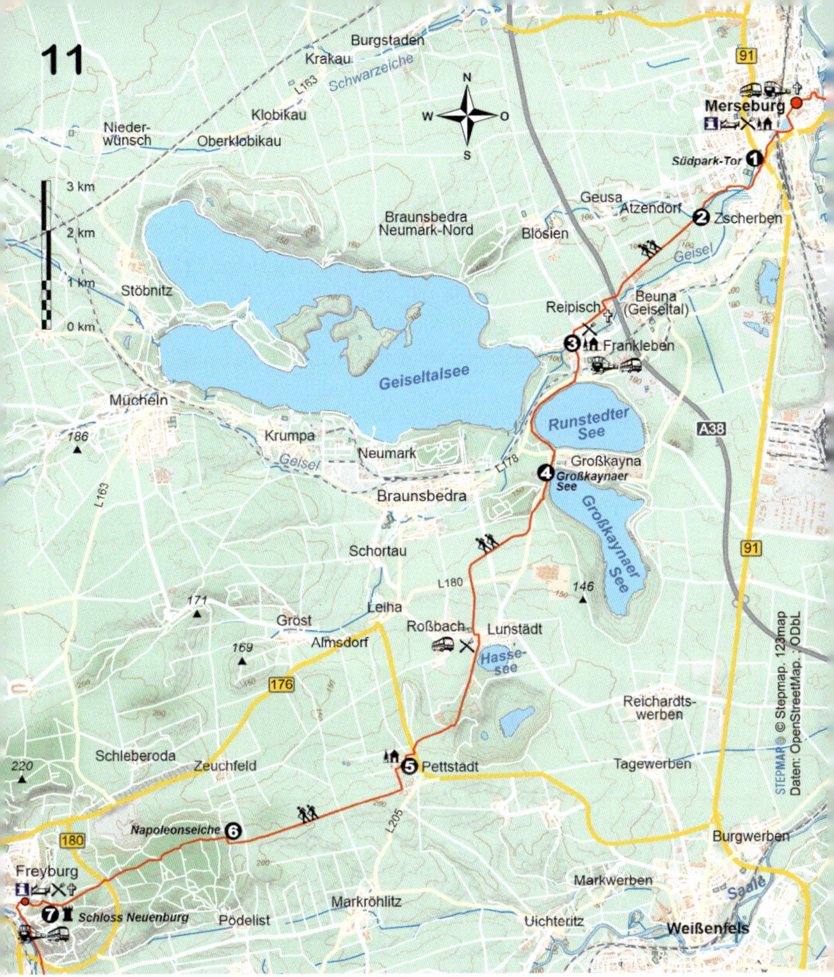

einem mit Betonplatten versiegelten Wirtschaftsweg bis an den Ortsrand von Beuna. Vorbei an der Geusaer Straße knickt der Weg leicht nach links, um dann über die A38 und nach einer Linkskurve in die zur Gemeinde Frankleben gehörende kleine Ortschaft **Reipisch** zu führen. An der T-Kreuzung im Ort biegen Sie rechts ab.

✞ Nach wenigen Schritten können Sie einen kurzen Abstecher zur Dorfkirche St. Martini machen. Der verputzte Bruchsteinbau stammt aus dem 17. Jh.

Die Via Regia verläuft geradewegs durch den Ort, passiert einige mächtige Überlandleitungen, an die sich eine Obstbaumplantage anschließt, und führt wenige Meter vor einer Kreisstraße in die Ortschaft Frankleben ❸. Hier passieren Sie das ✕ Asiatische Landhaus (☎ 03 46 37/619 79, bitte anfragen).

Kurz darauf haben Sie in der Ortsmitte die Kirche und das ihr gegenüberstehende Schloss – in dem genächtigt werden kann – erreicht.

Pilgerherberge und Frühstückspension im Schloss Frankleben,
01 52/53 78 84 80 (bevorzugt SMS), pt@span-it.de,
www.schloss-frankleben.de, € 10 bis 25 pro Person

Anzeige

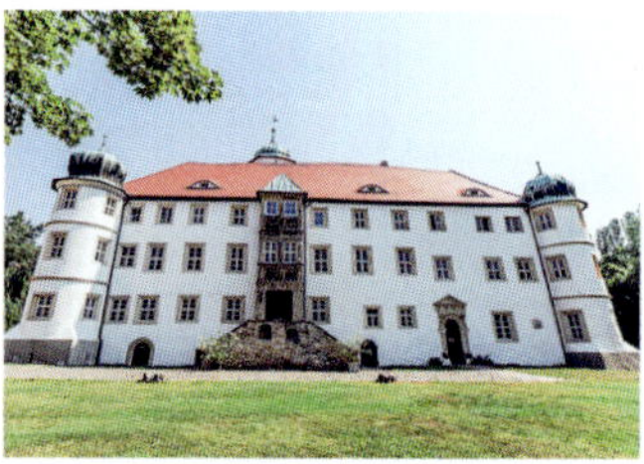

Rast im historischen Ambiente
Zimmer und Pilgerherberge
Renaissanceschloss
06259 Frankleben - südl. Merseburg
ab 10,00 € / pro Person
+49 152 53 78 84 80
pt@span-it.de
www.schloss-frankleben.de

Sie passieren einige Gebäude und treffen auf die Merseburger Straße (K2174), der Sie nach rechts durch die Bahnunterführung folgen.

Wollen Sie zum hiesigen Bahnhaltepunkt gehen, halten Sie sich vor der Unterführung links.

Wenige Schritte nach dem Kreuzen der Bahnstrecke überqueren Sie die Naumburger Straße und erreichen den Runstedter See, dessen Ufer Sie nach rechts bis zur Ortschaft Großkayna folgen. Dort angekommen wandern Sie am Ortsrand über die Grüne Straße hinweg, vorbei am Großkaynaer See ❹ und parallel zur Landstraße bis zu einer Wegkreuzung. Hier biegen Sie rechts ab, überqueren die Landstraße und folgen dem kurz nach einem Wohnhaus erneut nach rechts weiterführenden Weg. Die Landstraße lassen Sie nun hinter sich und vorbei an Feldern mit Blick auf die Ortschaft Braunsbedra queren Sie zunächst eine Kreisstraße und nach einer weiten Linkskurve eine Landstraße. Nach ca. 900 m haben Sie Roßbach (rechts) bzw. Lunstädt (links) erreicht. Die beiden Orte gehen an dieser Stelle ineinander über, deshalb heißt die Straße nach rechts Leipziger Straße und nach links Roßbacher Straße. Sie halten sich links und biegen gleich darauf wieder rechts in die Südstraße ab, wo Sie in ✕ Annetts kleiner Kneipe eine Rast einlegen können (☏ 03 46 33/247 41, täglich 16:00 bis 22:00, So außerdem 10:00 bis 13:00, Mi geschlossen).

Die Straße führt schnurgerade bis zu einem alten Fabrikgelände, das auf einem breiten Schotterweg passiert wird. Sanft steigt der Weg bis zu einer Bundesstraße (B176) an, der für wenige Meter nach links gefolgt wird, um nach Pettstädt ❺ zu gelangen. In dem Dorf folgen Sie der Leihaer Straße und passieren die Kirche sowie eine Pilgerherberge auf der gegenüberliegenden Straßenseite.

Herberge am Jakobsweg, August-Bebel-Str. 2 (gegenüber der Kirche), ☏ 034 43/33 79 70, 01 60/803 29 47, herberge@email.de, www.herberge-wsf.de, Pilgerübernachtungen € 20 pro Person/Nacht (mit Pilgerausweis)

Die Leihaer Straße bringt Sie bis zur einer T-Kreuzung. Hier biegen Sie nach rechts auf die Straße Am Jakobsweg ab. Nach links setzt sich die Straße mit dem Namen Am Denkmal fort. An der nächsten Kreuzung, hier befinden Sie sich bereits am Dorfrand, verlassen Sie die Straße Am Jakobsweg, um auf die Ziegeleistraße zu wechseln. Nach knapp 450 m biegen Sie an der T-Kreuzung rechts auf den Wirtschaftsweg ab. Von hier können die Blicke über die Felder und Wiesen in die weite Landschaft schweifen.

Nun geht es etwa 3,7 km einfach nur geradeaus bis zum Waldrand. Wandern Sie nach rechts zur nahen Napoleonseiche ❻ und folgen Sie dem Weg nach links durch herrlichen Laubwald. Sobald sich vor Ihnen wieder die Felder erstrecken, folgen Sie dem Weg zunächst noch ein Stück am Waldrand entlang bis zu einer Bundesstraße, über die eine Brücke führt. Hier an der Kreuzung ist die Wegführung schwer auszumachen. Ignorieren Sie die beiden breiten Wege und folgen Sie dem Pfad an der Schutzhütte vorbei in den Wald.

Nach wenigen Metern treffen Sie schon wieder auf einen Waldweg, auf dem der Laubwald durchquert wird. Vom Waldrand sind es noch etwa 300 m bis zu den ersten zu Freyburg gehörenden Häusern.

↳ Hier an der Kreuzung dürfen Sie keinesfalls einen Abstecher zum **Schloss Neuenburg** versäumen. Gehen Sie dafür die Straße nach links hinunter, es sind nur ein paar Minuten.

♜ Die Grundsteinlegung für den Bau des Schlosses dürfte zum Ende der zweiten Hälfte des 11. Jh. vorgenommen worden sein. Für die einflussreichen Thüringer Landgrafen wurde die Anlage zu einer der wichtigsten Residenzen ihres Machtbereiches. Auch Elisabeth von Thüringen verbrachte die Jahre 1224/25 auf Schloss Neuenburg. Die während dieser Zeit fertiggestellte Doppelkapelle wurde nach Elisabeths Heiligsprechung ihr geweiht. Im Laufe der Jahrhunderte verlor das Schloss an Bedeutung, diente zunächst als Jagdschloss, bevor es zu einem beliebten Ausflugsziel wurde. Unter dem SED-Regime setzte der allmähliche Verfall des Gemäuers ein. Ab 1990 wurde mit den aufwändigen Sanierungsmaßnahmen zur Rettung der Anlage begonnen. Heute befindet sich hier ein Museum, das sehr anschaulich die Geschichte des Schlosses, seiner Bewohner und der Region aufzeigt. Und da in Freyburg der Wein ein bedeutender Teil der Geschichte ist, gibt es auch gleich noch ein Weinmuseum zu bestaunen.

♦ ☏ 03 44 64/355 30, 💻 www.schloss-neuenburg.de, 🚪 April bis Okt täglich 10:00 bis 18:00, Nov bis März Di bis So 10:00 bis 17:00

Die Via Regia führt an der Kreuzung geradeaus. Sie passieren das Hotel Edelacker, hinter dem sich die Weinberge erstrecken. Zwischen dem Hotelgelände und dem Weinberg müssen Sie einen steilen Pfad bewältigen, an dessen Ende Sie auf die Schützenstraße stoßen. Rechts führen einige Stufen hinauf zur Stadtkirche St. Marien. Von der wuchtig wirkenden Kirche gelangen Sie rechts über die Kirchstraße und die Marienstraße in die Freyburger Altstadt mit dem Marktplatz.

↳ 🚆 Sollten Sie Ihre Wanderung in Freyburg unterbrechen oder beenden wollen, steht Ihnen ein Bahnanschluss zur Verfügung. Dazu gehen Sie vom Marktplatz über Marien- und Wasserstraße zur Brückenstraße, auf der Sie die Unstrut queren. Der Bahnhof befindet sich unmittelbar hinter der Brücke.

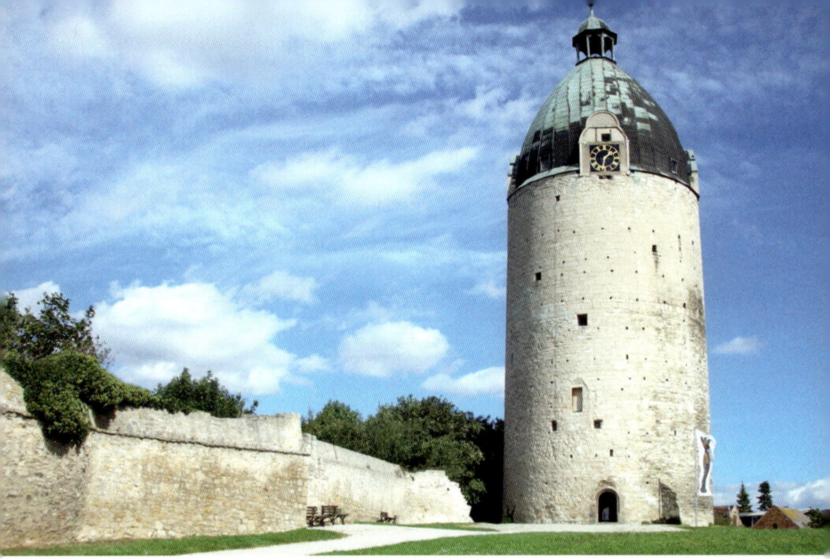

Der Dicke Wilhelm ist Teil des Schlosses Neuenburg

Freyburg

ca. 4.800 Einwohner, ✆ 03 44 64

Freyburger Fremdenverkehrsverein, Markt 2, 06632 Freyburg, ☎ 272 60, kontakt@freyburg.info, www.freyburg-tourismus.de, Mai bis Okt Mo bis Do und Sa 9:00 bis 14:00, Fr 9:00 bis 12:00 und 13:00 bis 17:00, Nov bis April Mo bis Sa 9:00 bis 12:00

Weinhotel Freylich-Zahn, Markt 10, 06632 Freyburg, ☎ 66 58 31, info@freylich-zahn.de, www.freylich-zahn.de, EZ ab € 89, DZ ab € 99 (Frühstück nicht inbegriffen)

♦ Hotel Zum Künstlerkeller, Breite Str. 14, 06632 Freyburg, ☎ 707 50, kuenstlerkeller-freyburg@t-online.de, www.kuenstlerkeller.de, EZ ab € 55, DZ ab € 87

♦ Hotel Unstruttal, Markt 11, 06632 Freyburg, ☎ 70 70, post@unstruttal.info, www.unstruttal.info, EZ ab € 70, DZ ab € 95

♦ Gaststätte und Pension Zur Weintraube, Mühlstr. 43, 06632 Freyburg, ☎ 272 87, EZ ab € 40, DZ ab € 70

Pension Unstrutpromenade, Bahnhofstr. 10, 06632 Freyburg, ☎ 262 70, EZ ab € 58, DZ ab € 86

- Pension Unstrutperle, Oberstr. 39, 06632 Freyburg, ☏ 280 58, www.alt-freyburg.de, EZ € 40, DZ € 75. Preise gelten ab zwei Übernachtungen, Einzelübernachtungen auf Anfrage.
- ♦ Pension Am Weinberg, Schweigenbergstr. 9, 06632 Freyburg, ☏ 276 74, EZ ab € 30, DZ ab € 50

Stadtgeschichte

Im Schutze der hoch über Freyburg auf einem Felsen thronenden Neuenburg ließen sich die ersten Siedler nieder und langsam erlangte der 1203 erstmalig erwähnte Ort an Bedeutung. 1261 wurde Freyburg mit den Stadtrechten ausgezeichnet.

Die zum Fluss Unstrut abfallenden Berghänge sowie die klimatisch günstige Lage eigneten sich ganz vortrefflich für den Weinanbau. Die von den ansässigen Winzern gekelterten Weine waren begehrt und konnten durch die unmittelbare Lage an der Via Regia auch in fernere Gebiete transportiert werden. Der Anbau und die Herstellung von Wein entwickelten sich zu einem der wichtigsten Wirtschaftszweige. Welche Bedeutung dieser hatte, zeigt sich darin, dass zum Ende des 18. Jh. die Unstrut sowie die nahe gelegene Saale mit erheblichen finanziellen Mitteln und ausgeklügelter Ingenieurskunst schiffbar gemacht wurden. Weder Dreißigjähriger noch Siebenjähriger Krieg noch die Wirren, als Napoleon nach seiner verlorenen Schlacht bei Leipzig mit seiner immer noch riesigen Armee hier die Unstrut überquerte und lagerte, konnten den Reben dauerhaft Schaden zufügen. Umso dramatischer, dass dies ab 1887 mit der Reblaus ein winziger Schädling schaffte und die hiesigen Weinreben vollständig vernichtete. Mit Beginn des 20. Jh. wurden erfolgreich resistente Rebsorten angepflanzt, sodass Freyburg heute auf eine mehr als 1.000-jährige Geschichte des Weinanbaus zurückblicken kann und wieder das Weinzentrum an Saale und Unstrut ist.

☺ **Rotkäppchen Sektkellerei**. Die Rotkäppchen Sektkellerei hat sich in relativ kurzer Zeit zum Marktführer in Deutschland entwickelt. Hier im Stammsitz kann die historische Sektkellerei besichtigt werden. Die Führungen sind für Individualgäste ohne Anmeldung möglich.

- ♦ ☏ 340, info@rotkaeppchen.de, www.rotkaeppchen.de, März bis Nov Mo bis Fr 11:00 und 14:00 sowie Sa, So und Feiertag zusätzlich 12:30 und 15:30, Dez bis Feb Mo bis Fr 14:00, Sa, So und Feiertag zusätzlich 11:00

12. Etappe: Freyburg – Naumburg

9,1 km, ca. 2 Std. 15 Min., 26 m, 17 m, 103-128 m

0,0 km	115 m	Freyburg BANK ⌘
3,4 km	105 m	Großjena
5,2 km	103 m	Blütengrund/Saale
9,1 km	124 m	Naumburg BANK ⌘

Der Spruch „In der Kürze liegt die Würze" bewahrheitet sich auf dieser Etappe: Mit rund 9 km ist sie sehr kurz. Damit gehört sie aber auch zu einer der attraktivsten. Von Freyburg geht es unterhalb der Weinberge an der Unstrut entlang zur Saale, wo mit einer Fähre übergesetzt wird. Als Ziel wartet Naumburg mit seinen sakralen Schätzen.

Vom Marktplatz aus führt die Via Regia über die Marienstraße bis zu einer Kreuzung, an der Sie links in die Wasserstraße einbiegen. Diese stößt auf die Brückenstraße, der Sie nur wenige Schritte nach rechts folgen, bevor Sie gleich wieder nach links in die Mühlstraße einbiegen.

Der Bahnhof befindet sich auf der gegenüberliegenden Seite der Unstrut.

Diese Etappe ist landschaftlich besonders attraktiv und sorgt nicht zuletzt wegen der Abwechslung für ein herrliches Wandererlebnis! Vom Bahnhof kommend gehen Sie über die Brückenstraße über die Unstrut und biegen nach etwa 50 m rechts in die Mühlstraße ab.

⌘ Nach rund 30 m führt links ein Weg zum Turn- und Sportmuseum Friedrich Ludwig Jahn, dem Initiator der deutschen Turnbewegung im frühen 19. Jh., der seine letzten Lebensjahre in Freyburg verbrachte.

♦ 03 44 64/274 26, www.jahn-museum.de, April bis Okt Mo bis So 10:00 bis 17:00, Nov bis März Mo bis Sa 10:00 bis 17:00

Über die Mühlstraße – der Straßenname wechselt am Ortsausgang in Ehrauberge – verlassen Sie Freyburg. Dabei zeigt sich die Stadt ein weiteres Mal von ihrer attraktiven Seite. Reizvoll führt die Via Regia unterhalb von Schloss Neuenburg an Obstbaumwiesen und Weinbergen vorbei, und auf der nahen Unstrut ❶ fahren kleine Ausflugsdampfer vorbei. An der nächsten Weggabelung halten Sie sich rechts. Die Weinberge bleiben nun zurück und Sie folgen der Unstrut nach dem Unterqueren einer Straßenbrücke durch ein ebenes Wiesental. Auf der gegenüberliegenden Uferseite blicken Sie auf das Dorf Nißmitz mit der auffälligen Kirche.

Der asphaltierte Wirtschaftsweg ist auch ein sehr beliebter Radweg. Sie erreichen **Großjena** ❷, passieren das Landhotel Grobers Reiterhof und wandern durch den Blütengrund direkt am Ufer der Unstrut entlang.

Landhotel Grobers Reiterhof, Am Spielplatz, ☏ 034 45/20 02 84,
info@grobers-reiterhof.de, www.grobers-reiterhof.de,
EZ ab € 43, DZ ab € 79

Linker Hand erheben sich nun wieder sanfte, mit Weinreben und Bäumen bewachsene Hänge. Dabei fällt das **Max-Klinger-Haus** ❸ ins Auge.

Oberhalb der Saale liegt das Max-Klinger-Haus

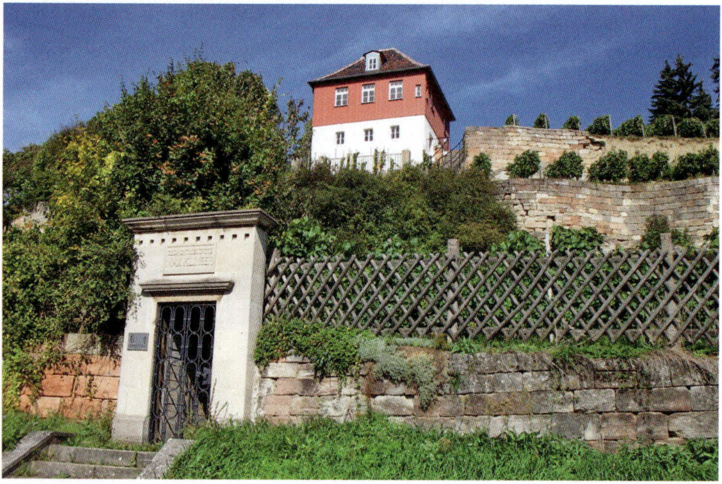

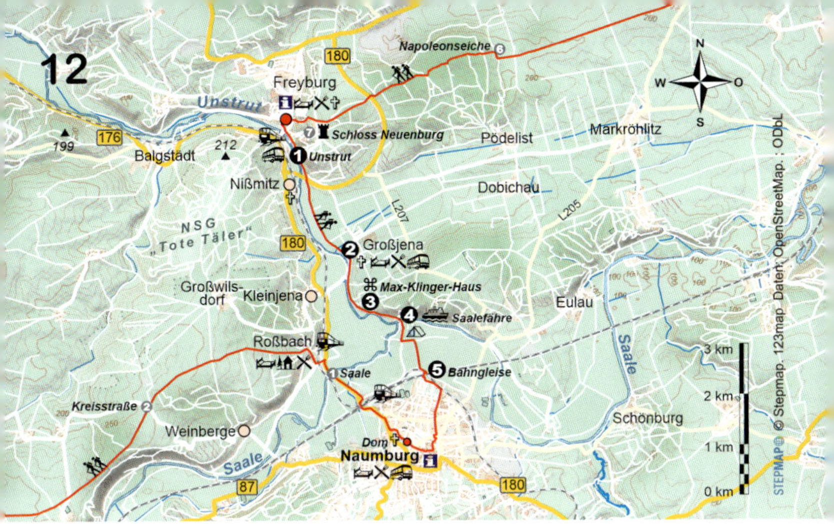

⌘ In dem mitten im Weinberg gelegenen Haus lebte und arbeitete für einige Jahre der Leipziger Maler und Bildhauer Max Klinger (1857 bis 1920).

♦ ☏ 034 45/23 08 23 und 70 35 03, 💻 www.mv-naumburg.de,
🚪 April bis Okt Di bis So 10:00 bis 17:00

Vorbei an einigen markanten Felsen erreichen Sie nach wenigen Minuten die Stelle, an der die Unstrut in die Saale mündet. Hier heißt es Abschied nehmen von dem romantischen Fluss, dann wird mit der Fähre über die Saale ❹ übergesetzt.

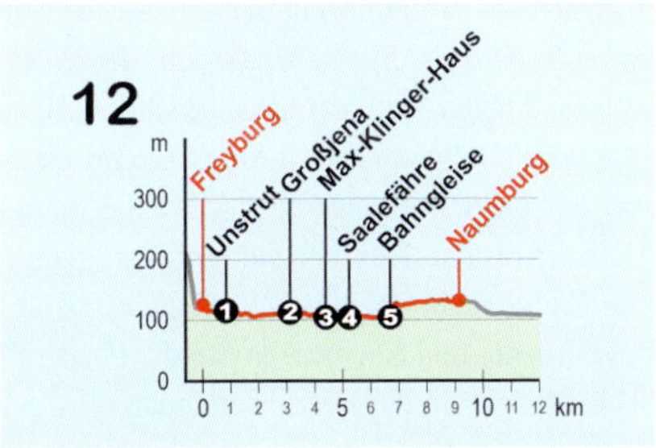

⛴ Die Fähre pendelt von April bis Okt täglich von 10:00 bis 18:00 hin und her.

Damit lassen Sie auch die Saale hinter sich und wandern an einem Campingplatz vorbei, dessen eingezäuntem Gelände Sie nach links folgen. Nach etwa 250 m halten Sie sich rechts und gehen bis zu einem Wirtschaftsweg.

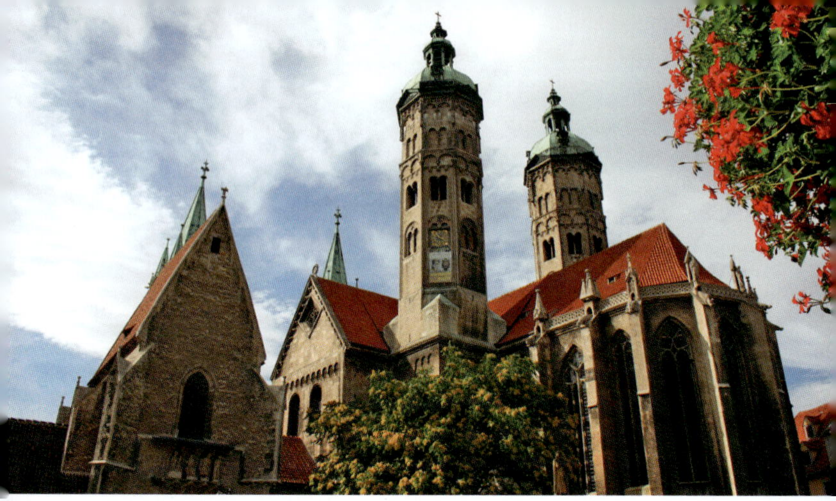

Der Naumburger Dom St. Peter und Paul

Auf diesen biegen Sie nach links ab und nach ca. 150 m wieder rechts auf einen schmalen Weg. Nur etwa 50 m danach halten Sie sich wieder links; der Fußweg bringt Sie nach einer Bahngleisunterführung ❺ zu den ersten Häusern der Domstadt Naumburg.

Nach der Unterführung halten Sie sich erst rechts und steigen dann gleich wieder halb links die Stufen hinauf, um dem Weg bis zur Straße Auenblick zu folgen. In diese biegen Sie nach links ein und zweigen nach ca. 360 m nach rechts in die Humboldtstraße ab. Dieser folgen Sie bis zur Kreuzung, an der die Humboldtstraße von der Jägerstraße gekreuzt wird. Hier geht die Humboldtstraße in die Thomas-Müntzer-Straße über, der Sie weiterhin geradeaus bis zum Marienring, einem großen Kreisverkehr, folgen. Die Wegführung ist hier ziemlich unklar: Halten Sie sich etwas rechts und überqueren Sie die Poststraße sowie die Straßenbahngleise. Hier schließt sich ein Ausläufer des Stadtparks an, der schnell durchquert ist und Sie direkt zum Marienplatz mit Marientor und der **Marien-Magdalenen-Kirche** bringt.

✞ Die barocke Saalkirche stammt aus der ersten Hälfte des 18. Jh. Zusammen mit dem bereits im 14. Jh. errichteten und nunmehr einzig erhaltenen Stadttor ist der Marienplatz ein beliebter Ort für Veranstaltungen. Das Marientor kann besichtigt werden.

April bis Okt täglich 10:00 bis 16:30

Weiter geht es über die Marienstraße zum Marktplatz, der mit seinem historischen Häuserensemble und der angrenzenden Stadtkirche St. Wenzel, deren Orgel 1746 von Johann Sebastian Bach eingeweiht wurde, eine ganz besondere Sehenswürdigkeit bildet. Dem Marktplatz schließt sich das Rathaus an; an diesem vorbei geht es geradeaus durch die Fußgängerzone (Herrenstraße) zum Lindenring und weiter geradeaus über den Steinweg zum Domplatz mit dem mächtigen **St.-Peter-und-Paul-Dom**.

✞ Mit dem Dom St. Peter und Paul besitzt Naumburg ein einzigartiges Kunst- und Kulturdenkmal, dass seit 2018 zum UNESCO-Weltkulturerbe gehört. Die ältesten Teile des Doms stammen aus dem 13. Jh. In dieser Zeit entstanden auch die zwölf außergewöhnlichen Stifterstandbilder am Westchor, die nicht nur allein durch ihre Größe, sondern vor allem durch die bemerkenswert reale Gestaltung faszinieren und damit zu den bedeutendsten Kunstwerken des europäischen Mittelalters zählen. Der Künstler selbst blieb namentlich unbekannt. Da er aber hier seine Hauptwerke geschaffen hatte, wurde ihm die Bezeichnung „Naumburger Meister“ zuteil. Im Jahre 1542 wurde der erste deutsche evangelische Bischof hier von Martin Luther in sein Amt eingeführt. Im Domschatzgewölbe können einzigartige sakrale Kostbarkeiten bestaunt werden.

♦ ☏ 034 45/230 11 20 und 230 11 33, ✉ fuehrung@naumburger-dom.de
💻 www.naumburger-dom.de, 🚪 März bis Okt Mo bis Sa 9:00 bis 18:00 (Nov bis Feb bis 16:00), So und kirchliche Feiertage 11:00 bis 18:00 (Nov bis Feb bis 16:00)

🚆 Falls Sie zum Bahnhof wollen, können Sie die Wegführung dorthin der nachfolgenden 13. Etappe entnehmen.

Naumburg (Saale)

🛏 ✕ ☕ 🚆 🚌 ⚕ BANK ℹ ⌘ 🛒 ✞,
ca. 32.750 Einwohner, ☏ 034 45

ℹ Tourist-Information Naumburg, Markt 6, 06618 Naumburg (Saale), ☏ 27 31 25, ✉ tourismus@naumburg.de, 💻 www.naumburg.de, 🚪 April bis Okt Mo bis Fr 9:00 bis 16:00, Sa bis 14:00, Nov bis März Mo bis Fr 9:00 bis 16:00, Sa bis 12:00, So geschlossen

🛏 ✕ Hotel Zur Alten Schmiede, Lindenring 36, 06618 Naumburg (Saale), ☏ 26 10 80, ✉ reservierung@ck-domstadt-hotels.de,
💻 www.ck-domstadt-hotels.de/hotel-zur-alten-schmiede, EZ ab € 76, DZ ab € 91. Traditionsreiches Haus, nur wenige Meter vom Dom entfernt

- Hotel Stadt Naumburg, Friedensstr. 6, 06618 Naumburg (Saale), ☏ 26 10 80, reservierung@ck-domstadt-hotels.de, www.ck-domstadt-hotels.de/hotel-stadt-naumburg, EZ ab € 63, DZ ab € 98
- ♦ Center Hotel Kaiserhof, Bahnhofstr. 35-37, 06618 Naumburg (Saale), ☏ 24 40, kaiserhof@centerhotels.de, www.kaiserhof-naumburg.de, Übernachtungspreise auf Anfrage
- ♦ Braugasthaus Naumburg, Markt 11, 06618 Naumburg (Saale), ☏ 26 10 80, reservierung@ck-domstadt-hotels.de, www.ck-domstadt-hotels.de/hotel-stadt-aachen, EZ € 79, DZ ab € 115
- ♦ Restaurant & Pension Alt Naumburg, Marienplatz 13, 06618 Naumburg (Saale), ☏ 758 99 90, 01 62/401 39 23, tomisch-alt-nbg@email.de, www.alt-naumburg-am-marientor.de, EZ € 70, DZ € 75
- ♦ Euroville Jugend- und Sporthotel, Am Michaelisholz 115, 06618 Naumburg (Saale), ☏ 78 17 50, info@euroville.de, www.euroville.de, EZ ab € 38, DZ ab € 56
- ♦ Hotel Ausspanne Zum Alten Krug, Lindenring 44, 06618 Naumburg (Saale), ☏ 758 95 10, www.hotel-zum-alten-krug.de, DZ ab € 70, Domnähe!
- Pension & Caféhaus Kattler, Lindenring 40, 06618 Naumburg (Saale), ☏ 20 28 23, info@cafehaus-kattler.de, www.cafehaus-kattler.de, EZ ab € 50, DZ ab € 85, Domnähe!
- Pension 1824, Blütengrund 35, 06618 Naumburg (Saale), ☏ 20 20 42, info@naumburger.com, www.naumburger.com, DZ ab 86 (ab zwei Übernachtungen), im Ortsteil Henne, ca. 3 km vom Dom entfernt
- ♦ Pension Onkel Ernst, Marienstr. 19, 06618 Naumburg (Saale), ☏ 77 04 65, 01 78/523 62 26, hallo@onkel-ernst.de, www.onkel-ernst.de, EZ € 62,50, DZ € 85, Domnähe!
- ♦ Grochlitzer Pension, Badstr. 12, 06618 Naumburg (Saale), ☏ 258 50 07, 01 76/83 26 73 57, anfrage@grochlitzer-pension.de, www.grochlitzer-pension.de, EZ € 65, DZ € 85
- ♦ Hotel garni St. Marien, Marienstr. 12, 06618 Naumburg (Saale), ☏ 235 40, hotel-st.marien@gmx.de, www.hotel-garni-st-marien.de, EZ ab € 57, DZ ab € 77
- ♦ Pension Hentschel, Lindenhof 16, 06618 Naumburg (Saale), ☏ 20 12 30, pension-naumburg@gmx.de, www.pension-hentschel-naumburg.de, EZ € 39, DZ € 65

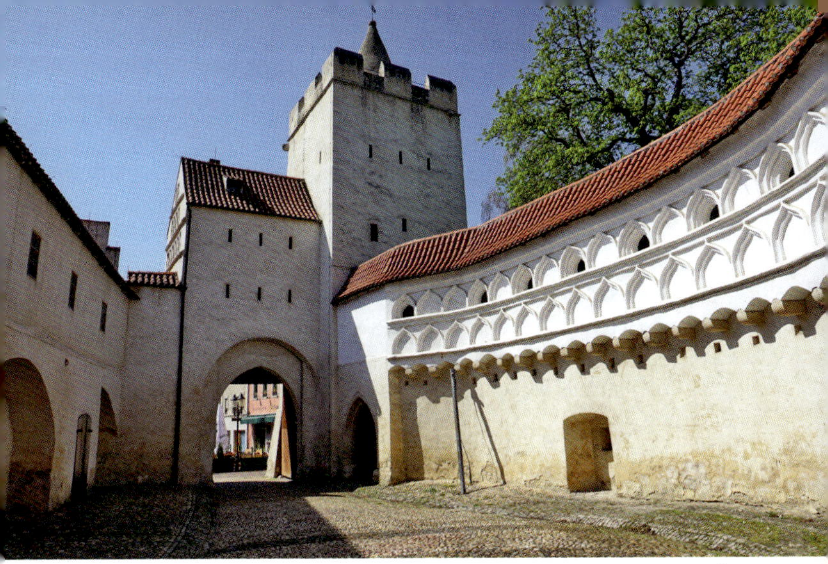

Marientor in Naumburg

Stadtgeschichte

Zwischen den Jahren 1000 und 1010 wurde eine erste Burganlage errichtet, in deren Schutz sich schnell Menschen aus der näheren Umgebung ansiedelten. Die Siedlung wuchs und gewann zusehends an Bedeutung, was – nicht zuletzt auch wegen der guten Sicherung des Ortes – dazu führte, dass der Bistumssitz 1028 von Zeitz nach Naumburg verlegt wurde. Im Zusammenhang mit dem Umzug fand der Ort die erste urkundliche Erwähnung. Bereits 12 Jahre später wurde der Dom St. Peter und Paul geweiht, der mit dem beginnenden 13. Jh. aber schon wieder einem Domneubau weichen musste. 1250 wurde am Marktplatz das Haus „Zur Hohen Lilie" errichtet, das heute das älteste Gebäude der Stadt ist und das Stadtmuseum beherbergt. 1384 vernichtete ein verheerender Brand große Teile der Stadt. Die dabei zerstörte Wenzelskirche wurde ab 1426 wiederaufgebaut.

In der zweiten Hälfte des 15. Jh. litt die Bevölkerung Naumburgs sehr unter zahlreichen Stadtbränden, zudem raffte die Pest die Menschen dahin. Die bis dahin verhältnismäßig wohlhabende Stadt musste sich verschulden und büßte ihren wirtschaftlichen und damit auch politischen Einfluss ein. Der Bistumssitz wurde nach 257 Jahren wieder zurück nach Zeitz verlegt. Für die Brände wurden immer wieder Brandstifter ausgemacht, die zur Strafe selbst verbrannt wurden.

Mit dem Erhalt des Messeprivilegs durch Kaiser Maximilian Anfang des 16. Jh. verband die Stadt die Hoffnung auf baldige wirtschaftliche Erholung. 1526 wurde erstmals das heute traditionsreiche Kirschfest gefeiert. Naumburg entwickelte sich durch den steigenden Handelsverkehr und der damit einhergehenden infrastrukturellen Entwicklung zu einer wichtigen Station entlang der bedeutsamen Via Regia. Die nun wieder kräftig steigenden Einnahmen sorgten für einen neuen Reichtum der Stadt. Des einen Freud ist des anderen Leid ... Die relativ nah gelegene Messestadt Leipzig wurde als Konkurrenz „vor der Haustüre" missmutig betrachtet und es kam immer wieder zu heftigen Streitigkeiten. Friedlicher Umgang war erst dann wieder möglich, als Naumburg das erteilte Messeprivileg zurückgab.

1730 wurde nach langer Bauzeit die Marien-Magdalenen-Kirche auf dem Marienplatz eingeweiht. Ein paar Jahre später wurde die Wenzelskirche mit der berühmten Hildebrandt-Orgel ausgestattet, die Abnahme erfolgte 1746 durch den damaligen Leipziger Thomaskantor Johann Sebastian Bach.

1806 spielte Naumburg im Krieg zwischen Preußen und Frankreich eine zentrale Rolle. König Friedrich Wilhelm III. zog hier seine Armeen mit einer Gesamtstärke von rund 50.000 Mann zusammen, um die napoleonischen Truppen aufzuhalten. Schon auf ihrem Weg in die legendäre Schlacht bei Jena und Auerstedt, in der Friedrich Wilhelm III. vernichtend geschlagen wurde, fielen französische Soldaten über die Stadt her. Auf dem Rückzug aus der Schlacht machte der siegreiche Napoleon dann hier Station. Auch in den nachfolgenden Jahren nutzten die umherziehenden Armeen, aber auch anderweitige kriminelle Banden die Via Regia und die Einwohner Naumburgs kamen kaum zur Ruhe. Immer wieder wurde geplündert, gebrandschatzt und unterdrückt.

1846 wurde Naumburg an das thüringische Schienennetz angebunden. Im April 1945 wurde die Stadt durch Flugzeuge der US-Streitkräfte bombardiert, tags darauf von deren Bodentruppen besetzt. Wenige Monate später erfolgte die Machtübergabe an die Rote Armee, die den Bereich um das Oberlandesgericht abriegelte und zum militärischen Sperrgebiet erklärte. In der DDR blieb auch Naumburg von der zunehmend schlechter werdenden Versorgungslage nicht verschont. Mit Beginn der flächendeckenden Demonstrationen gingen auch die Naumburger auf die Straße, um ein friedliches Zeichen für Veränderungen zu setzen.

13. Etappe: Naumburg – Eckartsberga

21,9 km, ca. 5 Std. 45 Min., ↑ 231 m, ↓ 135 m, ⇧ 103-272 m

0,0 km	⇧ 124 m	Naumburg
2,8 km	⇧ 107 m	Roßbach
9,5 km	⇧ 245 m	Fränkenau
14,1 km	⇧ 221 m	Spielberg
19,1 km	⇧ 210 m	Lißdorf
21,9 km	⇧ 217 m	Eckartsberga

Für diese Etappe sind wieder die Feld- und Wiesenflure bezeichnend. Im ersten Drittel der Strecke muss eine lange, schweißtreibende Steigung bewältigt werden. Zur Belohnung gibt es einen herrlichen Blick ins Saaletal mit der Stadt Bad Kösen. Auf dem Weg nach Eckartsberga reihen sich mehrere kleine Dörfer aneinander. Wenn sich eine Holländerwindmühle in den Blick schiebt, ist das Etappenziel nah.

Unterwegs durch Feld und Flur Richtung Eckartsberga

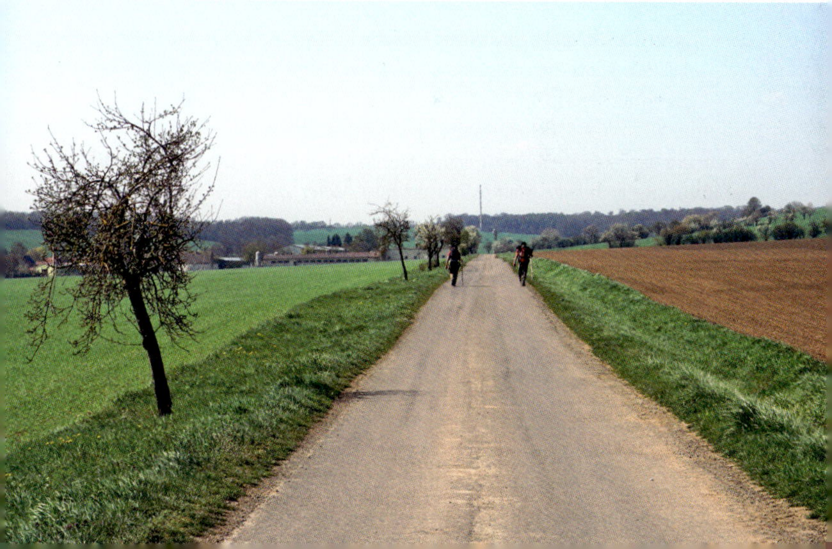

Die Via Regia führt rechts am Dom vorbei bis zu einer Kreuzung, an der Sie rechts in die Georgenstraße gehen. An der ersten, nach links abzweigenden Straße (Am Georgentor) biegen Sie ab und folgen ihr bis zu einer T-Kreuzung. Hier halten Sie sich wieder rechts und wandern auf dem Bauernweg durch ein kleines Laubwaldgebiet zu einem Kreisverkehr an der Roßbacher Straße (B180). Sie folgen auf dem Bürgersteig weiter der B180 und überqueren mit der neuen Bogenbrücke die Bahngleise.

Wollen Sie zum Bahnhof gehen, dann zweigen Sie ein paar Schritte nach dem Kreisverkehr nach rechts in den Markgrafenweg ab. Dieser bringt Sie geradewegs nach etwa 250 m zum Hauptbahnhof.

Nach dem Queren der Gleisanlagen biegen Sie unmittelbar nach der Brücke rechts auf einen kurzen Fußweg ab, an dessen Ende Sie sich links zur Brückenstraße halten. Diese überqueren Sie, folgen ihr für etwa 200 m zur Roßbacher Straße (B180), mit der Sie über die Saale ❶ nach Roßbach gelangen. Am Ortsrand von Roßbach biegen Sie nach links in die Weinstraße ab. An der Kreuzung nach dem Queren der Bahngleise zweigt die Via Regia rechts in die Dr.-Johann-Friedrich-Röhr-Straße ab.

Hotel Zum Rebstock, Dr.-Johann-Friedrich-Röhr-Str. 8, ☏ 034 45/659 92 92, info@hotel-zum-rebstock.de, www.hotel-zum-rebstock.de, Übernachtungspreise auf Anfrage

An der nächsten Kreuzung wenden Sie sich nach links in die Straße Trift (von der Kreuzung geradeaus sind es nur ein paar Meter zur Jugendbildungsstätte).

Jugendbildungsstätte St.-Michaels-Haus, Am Leihdenberg 1, ☏ 034 45/289 50, jugendhaus@jung-im-bistum-magdeburg.de, bitte anmelden

Einige Schritte hinter dem Ortsausgang steht ein kräftiger Anstieg an. Auf einer Länge von rund 3,1 km sammeln sich etwa 140 Höhenmeter an. Die ersten 200 m laufen Sie über Kopfsteinpflaster, dann geht der Wegbelag in Schotter über, woran sich bis zu einer Kreuzung in ca. 1,5 km nichts ändert und was das Gehen zusätzlich erschwert.

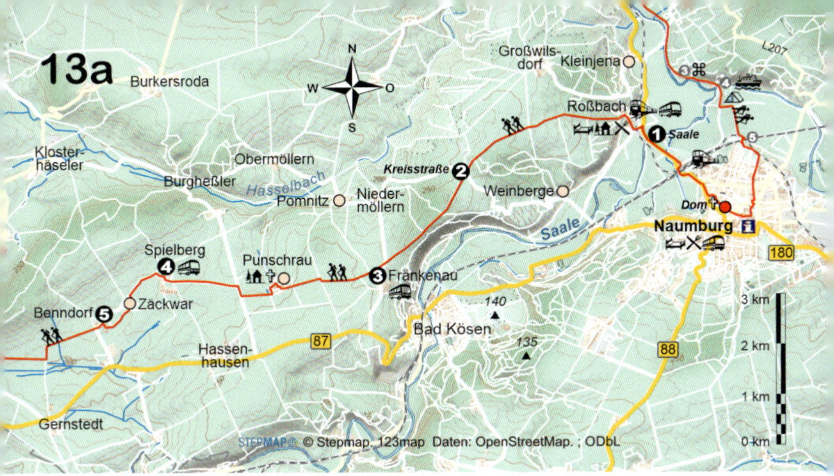

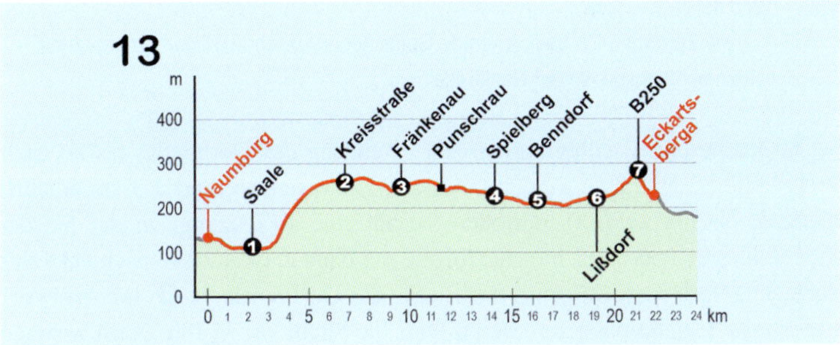

An der Kreuzung führt ein besser begehbarer Feldweg geradeaus weiter. Rechts und links des Weges erstrecken sich wieder weite Wiesenflächen. Auf der Anhöhe angekommen wird ein kleines Wäldchen passiert und kurz darauf eine Kreisstraße ❷ überquert. Über einen heckengesäumten Feldweg, der nach Regenfällen eher einem See ähnelt, bietet sich bald vom Waldrand ein fantastischer Blick hinunter auf die Saale und über Bad Kösen.

Nach dieser Abwechslung sind es dann wieder die großflächigen Feld- und Wiesenflächen, durch die der Schotterweg verläuft. Direkt nach dem Überqueren einer Kreisstraße wird das Dorf Fränkenau ❸ passiert. Sie erreichen einen Wirtschaftsweg, gehen hier nach rechts, gleich wieder nach links und treffen im Örtchen Punschrau auf die Dorfkirche.

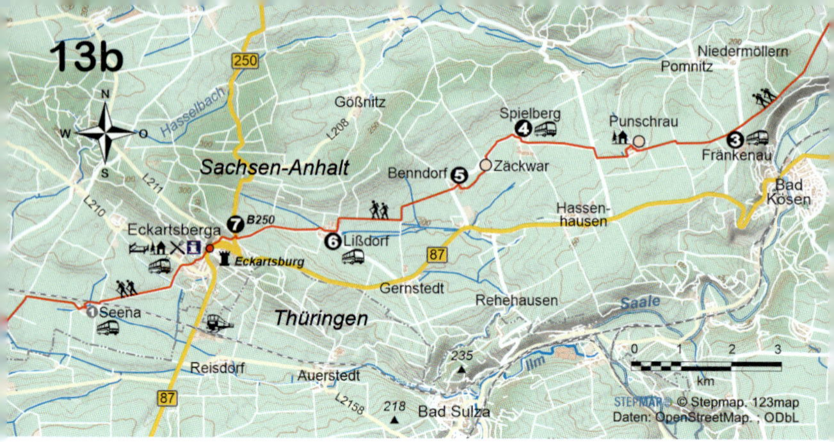

🛏 Pilgerherberge im Pfarrhaus neben der St.-Johanni-Kirche, ☏ 03 44 63/270 56 und 276 49,

💻 www.pfarrbereich-badkoesen.de/Gemeinden/Punschrau/Pilgerherberge.html. Übernachtungspreise auf Nachfrage

An Kirche und Friedhof vorbei geht es entlang des Dorfrandes bis zu einer Kreisstraße (Kreisstraßen werden Ihnen auf den folgenden rund 3,3 km erhalten bleiben). Nach etwa 600 m stoßen Sie auf eine T-Kreuzung, an der Sie der K2236 für gut 100 m nach rechts folgen, um dann in die K2237 nach links einzubiegen. Nach rund 1,6 km erreichen Sie das Dorf Spielberg ❹. Weiterhin der Kreisstraße folgend passieren Sie im Dorf die Kirche St. Martin. Nach weiteren 800 m verlassen Sie am Dorfrand von Zäckwar die K2237 und gehen durch das Dörfchen zur Kirche. Weiter geht es auf einem nach rechts führenden Wirtschaftsweg ins ca. 500 m nahe Benndorf ❺. In Höhe der Kirche stoßen Sie wieder auf die K2237, die Sie linker Hand nach ein paar Metern am Ortsende des Dorfes auch schon wieder verlassen. Hier knickt die Kreisstraße nach links weg, Sie folgen dagegen nun einem Wirtschaftsweg geradeaus.

Über 1 km verläuft der Weg schnurgerade, macht dann eine Links- und 200 m darauf eine Rechtskurve, um anschließend erneut auf einer Länge von ca. 1,2 km schnurgerade nach Lißdorf ❻ zu führen. Am Ortsanfang gehen Sie nach links in das Dorf und durchqueren es auf der Durchgangsstraße nach rechts leicht ansteigend in Richtung Eckartsberga. Kurz vor dem Etappenziel erhebt sich halb links eine Windmühle.

⌘ Die Holländerwindmühle wurde 1830 vom hiesigen Müllermeister erbaut. Ursprünglich gab es noch zwei weitere Windmühlen, die aber nach mehreren Bränden nicht mehr erneuert wurden und verfielen. Auch diese noch existierende Mühle erlitt immer wieder Brandschäden, konnte aber gerettet werden und wurde 1849 zu einer Holzsägemühle umfunktioniert.

Noch ein kurzes Stück ist es bis zur B250 ❼ und damit zum Ortsrand von Eckartsberga. Zunächst geht es für einige Meter nach rechts, dann führt ein steiler Weg hinunter zur Straße An der Kahre, die auf die Gartenstraße trifft. Auf dieser laufen Sie etwa 30 m nach rechts, dann nach links auf den Kirchweg und gleich wieder nach rechts in die Hintergasse, die im weiteren Verlauf in die Neue Straße übergeht. Von dieser geht es rechts ab und nach einem kurzen Stück entlang der Hauptstraße führt die Via Regia leicht ansteigend in die Alte Straße.

Um zum Bahnhof von Eckartsberga zu gelangen, folgen Sie der leicht abschüssigen Hauptstraße (B87). Nach gut 1 km haben Sie den Bahnübergang und damit den Bahnhof erreicht.

Von hier aus sollten Sie unbedingt einen Abstecher hinauf zur **Eckartsburg** unternehmen. Kurz bevor Sie den Abzweig der Alten Straße erreichen, zweigt links ein Fußweg ab. Dieser führt zwischen zwei Gebäuden hindurch und ist nicht auf Anhieb als Weg zu erkennen.

Eckartsberga

BANK ⌘, ca. 2.400 Einwohner ✆ 03 44 67

Tourist-Information An der Finne in der Heimatstube, Markt 19a, 06648 Eckartsberga, ☎ 40 16 79, hveeckartsberga@t-online.de, tourismus-finne.de, April bis Sep Fr und So 14:00 bis 17:00, Sa 13:00 bis 17:00

Hotel Am Markt, Hauptstr. 111, 06648 Eckartsberga, ☎ 40 90 14, 01 76/72 30 97 37, hotelammarkt996@gmail.com, www.eckartsberga-hotel.de, EZ ab € 47,90, DZ € 71,90. Im angegliederten Hostel steht ein Schlafraum mit sieben Betten zur Verfügung, € 20 pro Pers. (mit Pilgerausweis € 15), Frühstück € 8.

Pilgerherberge im Pfarrhaus, Kirchberg 176, 06648 Eckartsberga, ☎ 202 68, www.pfarreebg.de/pilgerweg. Preise bitte anfragen.

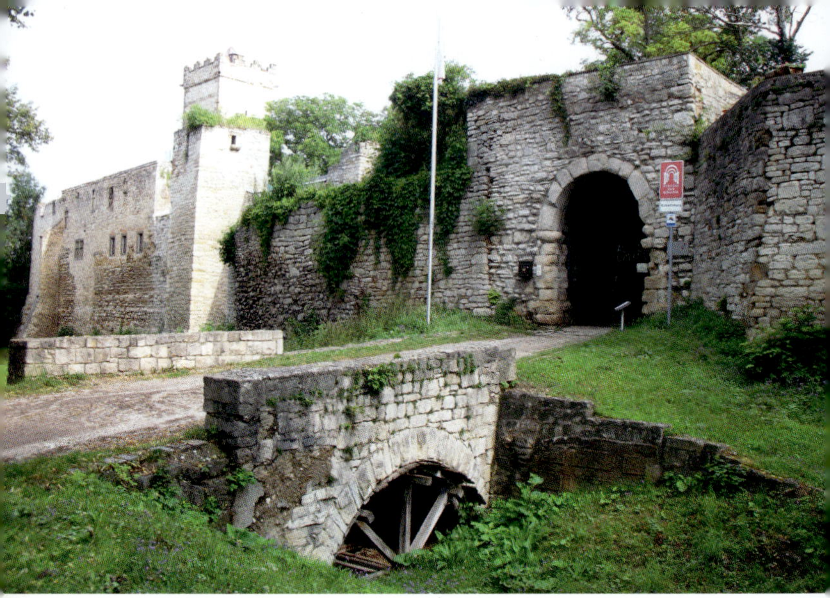

Ein Abstecher auf die Eckartsburg lohnt sich

Stadtgeschichte

Bereits um das Jahr 1000 verlief entlang der Finne, einem Höhenzug zwischen den Bundesländern Sachsen-Anhalt und Thüringen, die Via Regia. An dieser strategisch wichtigen Stelle soll um das Jahr 998 der Grundstein für die Eckartsburg vom Meißener Markgrafen Ekkehard I. gelegt worden sein. Auf der Höhenburg residierten im Laufe der nachfolgenden Jahrhunderte zunächst die Ludowinger, später die Wettiner. Nach der Landesteilung zwischen Kurfürst Ernst und Herzog Albert verlor die Burg langsam und beständig an Bedeutung, bis sie Mitte des 17. Jh. wüst fiel. Seit 1925 befindet sich eine Gaststätte in den alten Gemäuern. Im Schutz der Burganlage entstand eine Siedlung, die 1073 erstmalig urkundlich Erwähnung fand. Nachdem das Dorf Marktrecht erhalten hatte, bekam es 1288 zudem auch die Stadtrechte verliehen. Mit dem allmählichen Niedergang der Eckartsburg stieg zugleich die Bedeutung der Stadt Eckartsberga. Durch den immer stärker werdenden Güteraustausch zwischen Naumburg und Erfurt wurde die Stadt für alle Reisenden auf der Via Regia zu einer wichtigen Rast- und Handelsstätte. 1815 fiel das bis dato zu Sachsen gehörende Eckartsberga aufgrund der Beschlüsse des Wiener Kongresses an Preußen.

14. Etappe: Eckartsberga – Buttelstedt

18,7 km, ca. 4 Std. 45 Min., 94 m, 118 m, 167-260 m

0,0 km	217 m	Eckartsberga BANK
3,1 km	168 m	Seena
8,1 km	201 m	Rudersdorf
13,2 km	241 m	Oberreißen
18,7 km	193 m	Buttelstedt

Die Etappe ist geprägt von weiten, oftmals bis zum Horizont reichenden Feldern. Dazwischen verlaufen lange und schnurgerade Feld- und Wirtschaftswege. In regelmäßigen Abständen führt die Via Regia durch die Dörfer im fruchtbaren Thüringer Becken.

Nach dem Abbiegen in die Alte Straße folgen Sie ihr vorbei an einigen Garagen (hier ist die Straße geschottert und führt bergab) und der Grundschule bis zur Buttstädter Straße am Ortsausgang. Geradeaus führt Sie eine Kreisstraße ins ca. 2,2 km entfernte Seena ❶.

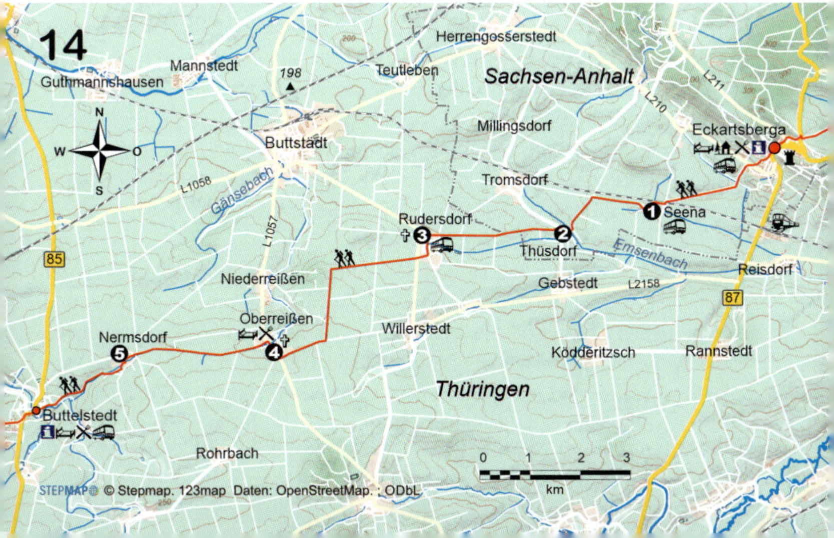

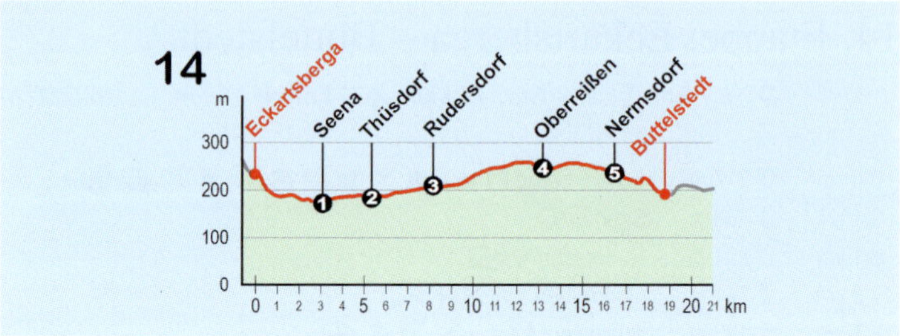

Unmittelbar nach dem Überqueren des kleinen Seenabaches biegen Sie rechts ins Dorf ab und folgen der Dorfstraße. Ein paar Meter nach der Kirche zweigt halb links ein Wiesenweg ab, der Sie wiederum nach nur ca. 150 m zu einem Wirtschaftsweg (nach links folgen) führt. Nach einem knappen Kilometer schwenken Sie an der Kreuzung nach links und erreichen nach etwa 15 Min. Thüsdorf ❷. Nachdem Sie den Emsenbach überquert haben, halten Sie sich an der Durchgangsstraße (Dorfstraße) rechts.

Das Ende des Dorfes ist schon nach wenigen Schritten erreicht; hier halten Sie sich links auf dem Weg, der anfangs noch geschottert ist, bald aber in einen Feldweg übergeht. Kurvenlos verläuft der Weg weiterhin durch die riesigen Feldflächen, bis Sie nach knapp 2,5 km mit dem Böbinger Weg **Rudersdorf** ❸ erreichen. Im Ort biegen Sie nach links in die Hauptstraße ein, passieren die Kirche und gehen dann in die Willerstedter Straße, die auf die am Dorfrand vorbeiführende Landstraße trifft.

Auf der Seite der Landstraße setzen Sie die Wanderung auf dem Feldweg fort. Die bereits bekannten sehr langen Geraden begleiten Sie auch auf dieser Etappe; rund 1,7 km – auf dem letzten Stück säumen Hecken den Weg – sind es bis zu einer T-Kreuzung.

Gehen Sie nach links und an der T-Kreuzung nach ungefähr 1,4 km wieder nach rechts. Nach einem weiteren „geraden" Kilometer haben Sie den Dorfrand von **Oberreißen** ❹ erreicht. Der Apoldaer Straße nach rechts folgend passieren Sie die Kirche und biegen an der nächsten Straßenkreuzung nach links in die Pappelstraße ein. Hier wird mit einem liebevoll gestalteten Hinweis auf den Ökumenischen Pilgerweg aufmerksam gemacht.

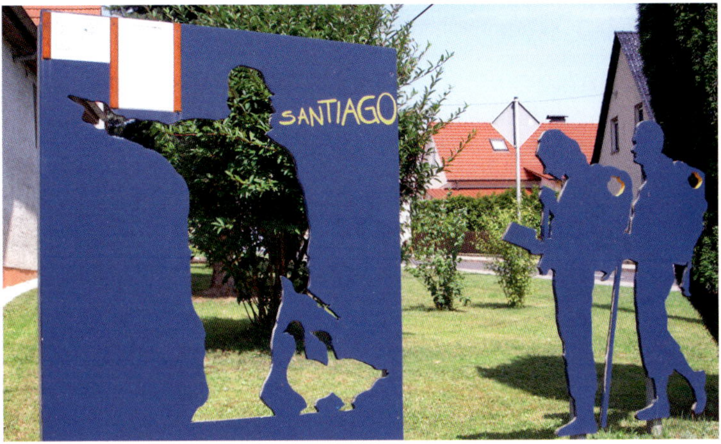

„Da geht's lang!" in Oberreißen

↳ Wenn Sie der Apoldaer Str. noch etwa 100 m folgen, gelangen Sie zum Gasthof Zur Schönen Aussicht.

Gasthof Zur Schönen Aussicht, Pfiffelbacher Str. 21, ☎ 03 63 73/405 82, www.thueringen.info/zur-schoenen-aussicht, EZ ab € 40, DZ ab € 60

Die Pappelstraße setzt sich am Ortsrand als ein Feldweg fort, der Sie nach rund 2,6 km nach Nermsdorf ❺ bringt. Das kleine Örtchen wird auf der Straße Im Dorfe durchwandert. Direkt vor der Kirche biegen Sie links ab und passieren nach dem Überqueren eines Bächleins den Friedhof. In Höhe des Friedhofes setzt sich der Weg nach rechts fort. Vorbei an einem Hain überqueren Sie wieder den Bach und folgen dem Weg nach links, vorbei an Obstbäumen und anderem Gehölz. Jetzt ist es nur noch ein Katzensprung bis nach Buttelstedt. Am Ortseingang folgen Sie der Straße Grünsee (geht in „Schmiedeberg" über) zur Kirche und dem Karlsplatz.

Buttelstedt

ca. 1.250 Einwohner, ✆ 03 64 51

Landgemeinde Am Ettersberg (Verwaltungssitz Berlstedt), ☎ 03 64 52/78 50, info@am-ettersberg.de, www.am-ettersberg.de

Pension art de vivre, Weimarische Str. 8, 99439 Buttelstedt, ☏ 739 80, info@kurzurlaub-thueringen.de, www.kurzurlaub-thueringen.de, DZ € 70, EZ auf Anfrage

♦ Pension Zum Weißen Ross, Kölledaer Straße 6, 99439 Buttelstedt, ☏ 610 24, 01 71/656 90 33, hofmann-buttelstedt@t-online.de www.gasthaus-pension-buttelstedt.de, ab € 20 pro Pers., kein Frühstück

Von Montag bis Freitag fährt den ganzen Tag über stündlich (bis ca. 20:00) die Buslinie 226 von der Haltestelle Kölledaer Straße (Ortsmitte) in ca. 15 Min. zum Bahnhof nach Weimar. Samstag und Sonntag gibt es bis zu 5 Verbindungen (Sa bis ca. 17:30, So bis 19:30). www.vmt-thueringen.de

Stadtgeschichte

Auch dem Städtchen Buttelstedt, erstmals im 11. Jh. urkundlich erwähnt, verhalf die Via Regia zu einem bescheidenen Wohlstand. Bereits zu dieser Zeit existierte im Ort eine Gerichtsstätte. Inmitten der Altstadt befand sich des Weiteren eine Burganlage, die die Thüringer Landgrafen zur Sicherung der Handelswege erbauen ließen. Von dem Gemäuer ist heute nichts mehr zu sehen. Im 14. Jh. wurde dem Ort das Marktrecht und exakt 100 Jahre später das Stadtrecht zuerkannt. Die 1887 eröffnete Bahnstrecke wurde allerdings nur knapp 60 Jahre betrieben.

Blick auf Buttelstedt

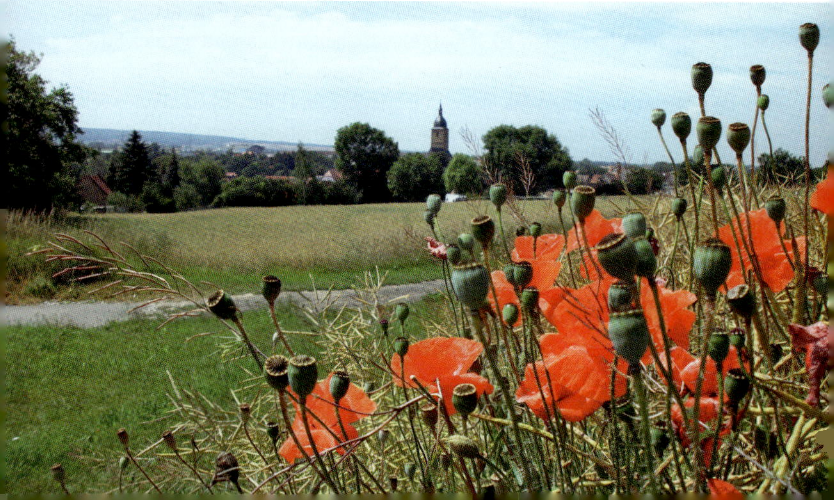

15. Etappe: Buttelstedt – Erfurt

31 km, ca. 7 Std. 45 Min., 173 m, 148 m, 175-323 m

0,0 km	193 m	Buttelstedt
3,8 km	203 m	Schwerstedt
10,3 km	317 m	Hottelstedt, Nationale Mahn- und Gedenkstätte Buchenwald
13,3 km	227 m	Ollendorf
21,1 km	183 m	Töttleben
27,0 km	212 m	Erfurt (Leipziger Str.)
31,0 km	194 m	Erfurt (Dom) BANK

Das Landschaftsbild der vorangegangenen Etappe setzt sich auf dieser fort. Und wie zuvor reihen sich auch hier die Dörfer aneinander. Von einem dieser Dörfer, Hottelstedt, lässt sich ein Abstecher zur Gedenkstätte Buchenwald gut einplanen. Kurz nach Kerspleben wird die Stadtgrenze von Erfurt erreicht; bis ins Zentrum der Domstadt erhöht sich der erwanderte Asphaltanteil noch um ein paar Kilometer.

Von der Kirche und dem Karlsplatz folgen Sie weiter dem Straßenverlauf. Knapp 150 m hinter einer Tankstelle schwenken Sie rechts in die Geschwister-Scholl-Straße ein, passieren ein Schulgelände und halten sich am Ortsende rechts auf dem asphaltierten Radweg. Über den ebenen, von Bäumen gesäumten und parallel zur Landstraße verlaufenden Weg ist das rund 2,7 km entfernte Schwerstedt ❶ bequem erreicht. Nun geht es wieder auf der Landstraße vorbei an der Kirche quer durch den Ort, an dessen Ende Sie dann nach links auf den Feldweg wechseln. Nach gut 100 m zweigt die Via Regia an der Weggabelung nach rechts ab. Der Weg ist am Anfang ziemlich zerfahren und nicht besonders gut zu gehen. Vorbei an einer Straußenfarm wandern Sie bald auf bequemerem Wiesenuntergrund weiter. Der Weg geht in die Dorfstraße über, die Sie zur St.-Kilian-Kirche im Dorf **Stedten** ❷ am Ettersberg bringt.

Pilgerherberge, Dorfstr. 21, 99439 Stedten am Ettersberg, Doreen Necke: 01 62/323 29 85 oder Pfarrer Arndt Bräutigam: 01 76/ 44 55 12 66, € 10. Als Herberge dient die St.-Kilian-Kirche, in deren Turm Platz für bis zu acht Pilgerinnen und Pilger ist. Sind die Plätze belegt, werden Matratzen auf die Empore geräumt.

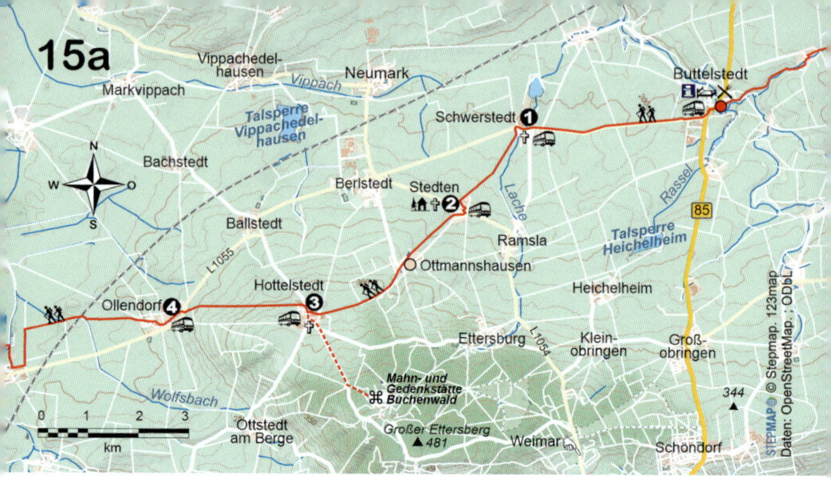

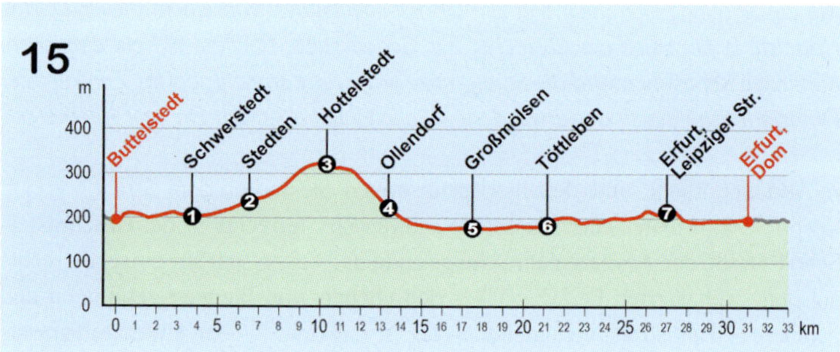

Hinter der Kirche wenden Sie sich auf der Hauptstraße nach rechts und verlassen Sie nach dem Queren des Synderbachs wieder. Der nach links abzweigende und zum Friedhof führende Weg überquert erneut den Synderbach, führt durch einen schmalen Hain und verläuft nun direkt nach Ottmannshausen. Im Dorf wird der Synderbach abermals überquert, dann durchwandern Sie den Ort auf der Straße Im Dorfe. Sie überqueren die durch das Dorf führende Kreisstraße und passieren nach einigen Schritten einen Teich. Dann steigt der Wirtschaftsweg leicht an und führt an einem Freibad vorbei. Nach einem guten halben Kilometer sind Sie in Hottelstedt ❸ angekommen. Im Ort folgen Sie der Hauptstraße für ca. 100 m nach rechts, dann biegen Sie links in den Weg ein, der sehr bald in einen Feldweg übergeht.

↳ Von Hottelstedt aus sind es nur etwa 2,3 km zur **Nationalen Mahn- und Gedenkstätte Buchenwald.** Wenn Sie diese besuchen wollen, dann verlassen Sie die Via Regia an der Hauptstraße, der Sie nach links zur Kirche zu folgen. Kurz vor der Kirche biegen Sie nach links auf einen Wirtschaftsweg ab, der Sie zu einer Kreuzung unmittelbar am Waldrand bringt. Nun sind es nur noch knapp 800 m zur Gedenkstätte. Das Konzentrationslager war eines der größten auf deutschem Boden. Von Juli 1937 bis April 1945 waren etwa 250.000 Menschen inhaftiert, etwa 56.000 mussten sterben. Kurz nach der Befreiung durch die US-Armee übernahm das sowjetische Militär das Lager und führte es noch bis zum Februar 1950 als „Speziallager Nr. 2" weiter. In dieser Zeit gab es weitere Tausende Tote.

♦ ☏ 036 41/43 02 00, ✉ information@buchenwald.de, 💻 www.buchenwald.de, 🚪 Museen: April bis Okt Di bis So 10:00 bis 18:00, Nov bis März bis 16:00, die Außenanlagen sind täglich bis zum Einbruch der Dunkelheit zugänglich. Es besteht die Möglichkeit, von hier mit dem Bus Linie 6 zum Hauptbahnhof nach Weimar zu fahren. Die Zugfahrt nach Erfurt dauert von dort rund eine Viertelstunde.

Auf einem von Bäumen gesäumten Weg und mit weiten Blicken über die umliegenden Äcker und Felder wandern Sie nach **Ollendorf ❹**, das Sie nach rund 2,3 km erreichen. Zunächst geht es über die Landstraße (Großmölsener Straße) hinweg in den Ort und auf der Straße Lange Gasse sowie Udestedter Straße durch das Dorf bis zum Roßenbach.

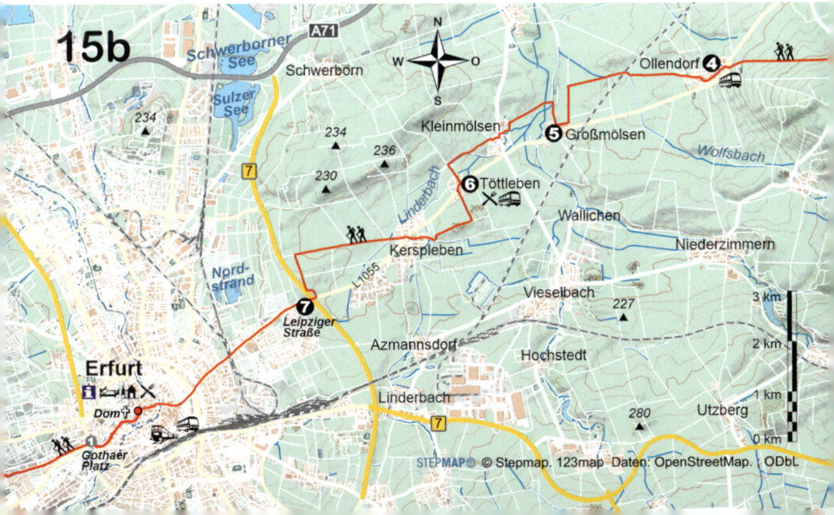

Folgen Sie dem Roßenbach bis zur neuen ICE-Hochgeschwindigkeitsstrecke (München – Berlin). Nachdem Sie diese unterquert haben, wandern Sie zum nahen Großmölsen ❺. Am Dorfrand halten Sie sich rechts, spazieren ca. 200 m bis zu einer Kreuzung, an der Sie dann erneut nach rechts abbiegen und das Dorf hinter sich lassen. Nach etwa 400 m ignorieren Sie zwei dicht aufeinander folgende, nach rechts führende Abzweige und wandern auf dem Wirtschaftsweg über zwei Bäche in das fast angrenzende Kleinmölsen. Am Dorfrand halten Sie sich links und biegen direkt vor dem Mühlbach nach rechts in die Angergasse ein. An der Durchgangsstraße gehen Sie nach links zur Kirche und folgen der Straße Kirchplatz bis zur nahen Feldstraße. Auf diese biegen Sie nach links ein und treffen nach etwa 800 m in Töttleben ein ❻. Hier queren Sie in Höhe der Kirche (links von dieser befindet sich ein Gasthaus) die Durchgangsstraße (Am Alten Anger).

✕ Gasthaus Anger2, Am Alten Anger 24, ☏ 03 62 03/718 08, 💻 www.gasthaus-anger2.de, 🚪 Di bis Fr 11:00 bis 14:00 und Di und Mi 17:00 bis 21:00, So 11:30 bis 15:00

Folgen Sie der Straße Am Alten Anger für ca. 150 m nach links zur abzweigenden Straße Töttlebener Höhe. Auf der wenig später in einen Feldweg übergehenden Straße verlassen Sie Töttleben. An der nächsten T-Kreuzung schwenken Sie nach rechts, passieren eine mächtige Hochspannungstrasse und erreichen nach wiederum nur wenigen Minuten die Ortschaft Kerspleben. Hier spazieren Sie entlang der Straße Zum Sulzenberg zur Durchgangsstraße (Kersplebener Chaussee) und setzen dieser gegenüber Ihren Weg in der Straße Am Mühlwege fort. Wenig später knickt der Weg nach links und trifft an einem Straßenknotenpunkt auf den Stadtrand von Erfurt. Hier beginnt die Leipziger Straße ❼, der Sie nach rechts auf ihrer gesamten Länge (rund 3,2 km) geradewegs fast bis zum Altstadtrand folgen. Am Ende der Leipziger Straße passieren Sie den Leipziger Platz, queren den vierspurigen Stadtring sowie den Flutgraben der Gera und halten sich an der Kreuzung unmittelbar nach dem auffälligen Radisson Blu Hotel geradeaus auf der Krämpferstraße.

↳ ℹ An der Kreuzung steht zur Linken die ev. Kaufmannskirche. Gegenüber der anderen Seite der Kirche befindet sich nicht nur das Ursulinenkloster, hier beginnt mit dem Anger auch die Haupteinkaufsmeile Erfurts. Von hier sind es ca. 350 m bis zum Angermuseum und damit zur Bahnhofsstraße, über die der nahe Hauptbahnhof gut zu erreichen ist.

⌘ Das **Angermuseum**, ein prunkvolles Barockgebäude, beherbergt die Kunstsammlung der Stadt Erfurt.

♦ ☏ 03 61/655 16 51, angermuseum@erfurt.de, www.angermuseum.de, Di bis So 10:00 bis 18:00

✝ Das Kloster wurde im 12. Jh. gegründet. Ein Brand zerstörte die Klosterkirche, sodass im 13. Jh. ein neues Gotteshaus errichtet wurde. 1667 zogen Ursulinen in das Kloster ein, die bis heute ihrem Bildungs- und Erziehungsauftrag gegenüber Kindern und jungen Erwachsenen nachgehen. Führungen können unter ☏ 03 61/565 50 20 angefragt werden.

www.ursulinenkloster-erfurt.de

Die Krämpferstraße geht in die Meienbergstraße über, auf der Sie den Wenigemarkt mit zahlreichen Restaurants und Cafés erreichen. Queren Sie den schönen Platz hin zur Ägidienkirche, die mit ihrem Torbogen den „Eingang" zur berühmten Krämerbrücke bildet.

✝ Die **Ägidienkirche** wurde 1110 erstmals erwähnt. Nachdem sie einem Brand zum Opfer gefallen war, wurde sie zusammen mit dem Bau der Krämerbrücke als eine von zwei Brückenkopfkirchen errichtet. Das Pendant war die Benediktikirche, die allerdings im 19. Jh. abgebrochen wurde. An die Kirche erinnert nur noch der angrenzende Platz – der Benediktsplatz. Unbedingt den Turm der Ägidienkirche besteigen – die Aussicht über die Altstadt bis zum Dom ist fantastisch!

täglich 11:00 bis 17:00

⌘ Die **Krämerbrücke** ist die einzige bewohnte Brücke nördlich der Alpen und neben dem Dom das Wahrzeichen und die Touristenattraktion Erfurts. Die fast 80 m lange steinerne Brücke über den Breitstrom wurde 1325 errichtet und ist zu beiden Seiten durchgängig mit insgesamt 32 Fachwerkhäusern, in denen sich kleine Läden befinden, bebaut. Von jeher war sie Teil der Via Regia. Jedes Jahr findet am 3. Juniwochenende mit dem Krämerbrückenfest das größte Stadtfest Thüringens statt. Rund um die Brücke versammeln sich dann Gaukler und Händler, die das Mittelalter wieder lebendig werden lassen.

♦ www.kraemerbruecke.de

Am Ende der Krämerbrücke befindet sich die Tourist-Information der Stadt Erfurt. Nun sind es nur noch wenige Meter geradeaus bis zum Fischmarkt mit seinem überwältigenden historischen Häuserensemble und dem Rathaus aus dem Jahr 1882. Neben dem Rathaus blickt „Bernd das Brot" mürrisch (sein Markenzeichen) auf das lebhafte Treiben um ihn herum.

i Die Figur **Bernd das Brot** gehört zum Kinderfernsehkanal KiKA, der in Erfurt sein Studio betreibt. Ursprünglich zur Unterhaltung jüngerer Fernsehzuschauer erfunden fand das „Kastenweißbrot" auch bei Erwachsenen – wohl durch seinen tief verwurzelten Fatalismus – schnell Anklang und avancierte zur Kultfigur. 2004 wurde Bernd das Brot mit dem Adolf-Grimme-Preis ausgezeichnet. 2009 sorgte die „Entführung" der rund 2 m großen Figur für viel Wirbel. Nach einigen Tagen wurde Bernd das Brot in einer verlassenen Kaserne unweit Erfurts unversehrt aufgefunden und zurück an seinen angestammten Platz gebracht – und spezialgesichert.

Die Zitadelle auf dem Petersberg

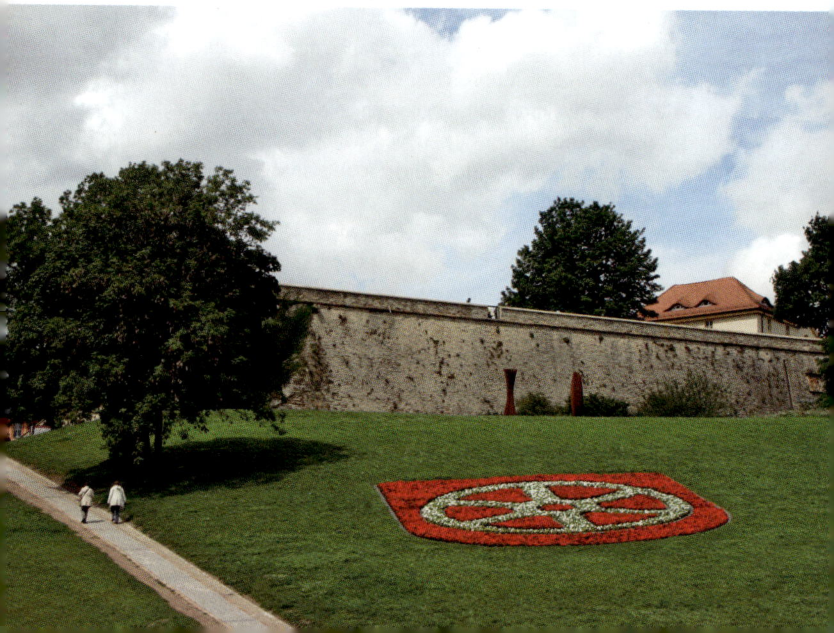

✞ Spaziert man über den Fischmarkt nach links, so ist nach gut 200 m die **Predigerkirche** erreicht. Die in fast 200-jähriger Bauzeit entstandene Basilika gehört zu den wichtigsten Kirchenbauten in Deutschland, bei denen die nüchternen und schlichten Vorgaben des Bettelordens konsequent beachtet wurden.

Vom Fischmarkt führt die Marktstraße an der Allerheiligenkirche vorbei direkt zum Domplatz. Ein imponierendes Bild präsentiert sich, sobald sich die sich zu beiden Seiten erstreckenden Häuserzeilen öffnen und den Blick auf den Domberg mit **St.-Marien-Dom** und Severikirche sowie die sich rechts davon auf dem Petersberg erstreckende **Zitadelle** freigeben.

✞ Mit Gründung des Bistums Erfurt 724 wurde eine erste Kirche dort errichtet, wo sich heute der aus dem 12. Jh. stammende Dom befindet. Das Bistum wurde allerdings nur wenige Jahre später wieder aufgelöst und erst 1994 neu gegründet. Neben den riesigen, kunstvoll gestalteten mittelalterlichen Fenstern fasziniert besonders die Gloriosa. Mit einem Gewicht von über 11 Tonnen ist sie nicht nur die weltweit größte frei schwingende mittelalterliche Glocke, sondern gilt darüber hinaus auch als die mit dem virtuosesten Klangbild. Direkt neben dem Dom erhebt sich die St.-Severi-Kirche, die zu den bedeutendsten gotischen Bauten in Deutschland zählt. Im Jahr 836 wurden die Gebeine des heiligen Severus von der italienischen Stadt Ravenna nach Erfurt überführt. In der Kirche ist der Severisarkophag ein besonderes Kunstwerk.

♦ ☏ 03 61/646 12 65, ✉ dominformation@domberg-erfurt.de,
💻 www.domberg-erfurt.de, 🚪 Mai bis Okt Mo bis Sa 9:30 bis 17:30,
St.-Severi-Kirche bis 18:00, So 13:00 bis 17:30, St.-Severi-Kirche bis 18:00,
Nov bis April jeweils bis 17:00

♜ Bereits in vorchristlicher Zeit wurde der Petersberg von Kelten und Germanen als Siedlungsplatz genutzt. Karl der Große ließ von der Erhebung aus den Verlauf der Via Regia durch Erfurt überwachen. Nachdem das Bistum Erfurt im Jahr 755 im Bistum Mainz aufging, ließ deren Erzbischof auf dem Petersberg ein Benediktinerkloster gründen. Im Dreißigjährigen Krieg wählte der schwedische König Gustav Adolf II. Erfurt als Residenzstadt und ließ das Kloster zu einer Befestigungsanlage ausbauen. Während der französischen Belagerung wurde das Kloster 1813 durch preußische Truppen zerstört, nur die Peterskirche blieb erhalten.

1965 endete die fast durchgängige militärische Nutzung des Areals. Die Zitadelle mit ihrer über 2 km langen und bis zu 23 m hohen Ummauerung gehört heute zu einer der größten und besterhaltenen barocken Stadtfestungen Mitteleuropas.

♦ www.petersberggeschichte.info

Erfurt

ca. 214.000 Einwohner, 03 61

Tourist-Information Erfurt, Benediktsplatz 1, 99084 Erfurt, 664 00, info@erfurt-tourismus.de, www.erfurt-tourismus.de, Mo bis Sa 10:00 bis 18:00, Sonn- und Feiertag 10:00 bis 15:00

In Erfurt gibt es reichlich Hotels, Gasthöfe, Pensionen und Privatzimmer der verschiedensten Kategorien und Preisklassen. Selbst eine Auswahl würde gleich mehrere Seiten füllen. Nachstehend sind daher lediglich ein paar Tipps des Autors aufgeführt. Unter www.erfurt-tourismus.de können Sie sich die für Sie passende Unterkunft bequem heraussuchen.

Ausblick von der Ägidienkirche über Krämerbrücke zu Dom und Severikirche

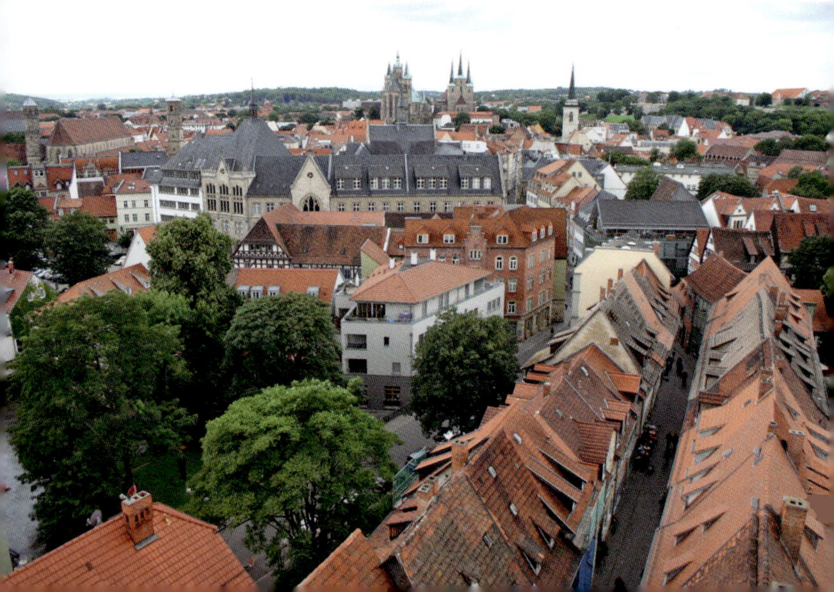

Evangelisches Augustinerkloster, Augustinerstr. 10, 99084 Erfurt, ☏ 57 66 00, info@augustinerkloster.de, www.augustinerkloster.de, EZ ab € 79, DZ ab € 112. Übernachten an historischem Ort!

♦ Altstadtpension Am Dom, Pergamentergasse 42, 99084 Erfurt, ☏ 602 01 97, info@altstadtpension-erfurt.de, www.altstadtpension-erfurt.de, EZ ab € 75, DZ ab € 79, Frühstück € 11 pro Person

♦ OPERA Hostel, Walkmühlstr. 13, 99084 Erfurt, ☏ 60 13 13 60, info@opera-hostel.de, www.opera-hostel.de, EZ ab € 44, DZ ab € 59, MBZ ab € 18, Shuttle-Service vom/zum ÖPNV!

Jugendherberge Erfurt, Hochheimer Str. 12, 99094 Erfurt, ☏ 562 67 05, erfurt@jugendherberge.de, www.erfurt-hochheimerstr.jugendherberge.de, ab € 33,80

Campingpark Erfurt, Feiningerstr. 79, 99085 Erfurt, 01 76/955 31 746, info@campingpark-erfurt.de, www.campingpark-erfurt.de. Übernachtungen sind auch in Campinghütten für 2-4 Personen möglich, Preise bitte anfragen, ÖPNV ins Stadtzentrum.

Stadtgeschichte

Es war der Missionar Bonifatius, der durch sein Wirken dafür sorgte, dass die alte Germanensiedlung Erfurt im Jahr 742 ihre urkundliche Ersterwähnung durch die Gründung des Erzbistums Erfurt fand. Bereits 1094 wurde auch mit dem Bau einer Synagoge begonnen, die heute noch erhalten ist und somit als die älteste in Europa gilt. Das ebenfalls erhaltene Tauchbad (Mikwe) der Synagoge stammt aus dem 13. Jh. Das vielfältige jüdische Leben sollte mit den Pestpogromen im Jahr 1349 allerdings ein jähes Ende finden. Durch die Entdeckung des Waids wurde dieses Jahrhundert für die wirtschaftliche Entwicklung Erfurts von ausschlaggebender Bedeutung. Dank der günstigen Lage an der Via Regia wuchs die Stadt zu einem der wichtigsten Waidmärkte im Heiligen Römischen Reich heran.

Der **Färberwaid** ist eine kultivierte Pflanze, deren Ursprung in der Indigopflanze aus dem Osten Indiens liegt. Im Mittelalter war die Pflanze die einzige Möglichkeit, an blauen Farbstoff zu gelangen. Vom 12. bis zum 17. Jh. war Thüringen europaweit ein Zentrum des Waidanbaus. Danach verlor er aber zunehmend an Bedeutung, da durch billigere Importware sowie synthetische Farbstoffe die arbeitsintensive Farbgewinnung bald nicht mehr lohnte.

Übrigens: Die Redewendungen „blau sein" und „blau machen" haben mit der Verarbeitung des Waids zu tun. Um den Farbstoff aus der Pflanze zu lösen, waren Alkohol und männlicher Urin erforderlich! Und so tranken die Färber reichlich und mussten am Arbeitstag betrunken sein, weil dann (die Farbe) „blau" gemacht wurde.

Durch den lukrativen Handel mit dieser begehrten Pflanze nahmen Einwohnerzahl und Wohlstand schnell zu, was allen anderen Kaufleuten und Händlern wiederum neue Absatzmärkte erschloss. Im Jahr 1331 wurde der Stadt das Messeprivileg zuerkannt; Erfurt entwickelte sich zu einer der größten Städte im Römisch-Deutschen Reich. Längst aber waren es nicht mehr nur die Händler und Kaufleute, die Erfurts Einfluss und Macht ausmachten. 1392 öffnete die dritte Universität Deutschlands ihre Pforten. Somit lebte unter den annähernd 20.000 Einwohnern ein beachtlicher Anteil an Studenten. Der bekannteste von ihnen war Martin Luther, der hier von 1501 bis 1505 studierte.

1664 fiel die Stadt unter die Herrschaft der Mainzer Kurfürsten und Erzbischöfe. Der eingesetzte Statthalter residierte in einem zentral liegenden Barockbau. Das zwischenzeitlich zu Preußen gehörende Erfurt wurde zwei Tage nach der verlorenen Schlacht bei Jena und Auerstedt (14. Oktober 1806) vom siegreichen Kaiser Napoleon besetzt. Im Oktober 1808 machte sich Napoleon die repräsentative ehemalige Residenz des Mainzer Statthalters (heute Thüringer Staatskanzlei) zunutze, um hier Johann Wolfgang von Goethe zu empfangen. Anlass des Zusammentreffens mit dem Dichter war der Fürstenkongress im historischen Kaisersaal, bei dem Napoleon und der russische Zar Alexander I. einen Bündnisvertrag aushandelten. 1814 zogen sich die französischen Truppen aus Erfurt zurück und die Stadt wurde mit Beschluss vom Wiener Kongress erneut Preußen angeschlossen.

Mit Beginn der Industrialisierung wurden zahlreiche Fabriken angesiedelt. Die Stadt machte sich insbesondere durch erfolgreiche Gartenbau- und Saatzuchtbetriebe weltweit einen Namen als „Blumenstadt". Während des Zweiten Weltkrieges erlitt Erfurt durch zahlreiche Bombardements schwere Schäden. Am 26. November 1944 traf es mit der Barfüßerkirche auch eine der charakteristischsten Kirchenbauten der Stadt. Die zerstörte Kirche wurde nicht abgerissen, vielmehr wurden in mehreren zeitlichen Abständen immer wieder Erhaltungs- und Sicherungsarbeiten durchgeführt. Die beeindruckende Kirchenruine inmitten der Altstadt kann besichtigt werden.

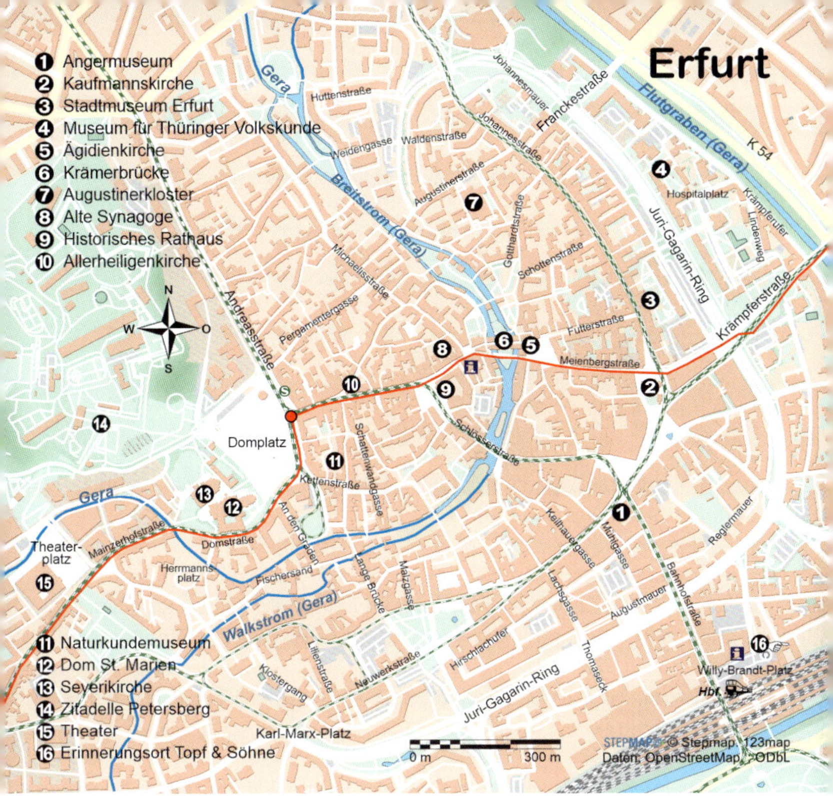

In den 1960ern wurden große Teile der Krämpfervorstadt samt mehrerer Kirchen abgerissen, um Platz für neue Plattenbauten zu schaffen. Das Jahr 1970 ging aufgrund des ersten deutsch-deutschen Gipfeltreffens in die Geschichtsbücher ein. Der damalige Bundeskanzler der BRD, Willy Brandt, reiste nach Erfurt, um sich mit dem stellvertretenden DDR-Staatsratsvorsitzenden Willi Stoph zu treffen. Im Hotel Erfurter Hof direkt gegenüber dem Hauptbahnhof trat Brandt ans Fenster, worauf ihm die versammelte Menge „Willy Brandt ans Fenster!" zurief. Dieser Ausruf prangt heute in großen Lettern an der Fassade des einstigen Hotels. Auch in Erfurt gingen 1989 zigtausend Menschen für Freiheit und Demokratie auf die Straße.

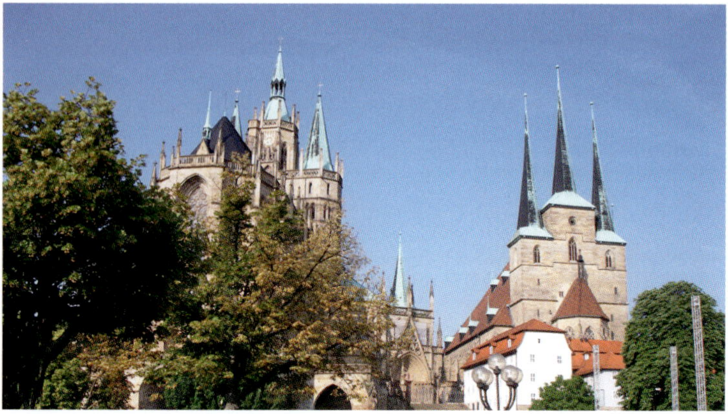

Dom und Severikirche in Erfurt

Nach der friedlichen Revolution wurde mit enormem finanziellem Aufwand und noch mehr Leidenschaft und privatem Engagement mit der umfassenden Restaurierung der völlig verwahrlosten, teilweise gar nur noch baufälligen historischen Altstadt begonnen. Dass es überhaupt so weit kommen konnte, ist den Bürgern Erfurts zu verdanken, die sogar Menschenketten um die Altstadt bildeten, um den bereits von der SED-Regierung beschlossenen Abrissplänen mutig entgegenzutreten.

ℹ In Erfurt gibt es jede Menge zu sehen und zu erleben. Die Hauptsehenswürdigkeiten werden von der Via Regia direkt tangiert und sind in der Wegbeschreibung an entsprechender Stelle beschrieben. Vieles liegt aber auch etwas entfernter von der Route. Hier eine Auswahl der meistbesuchten Ziele.

✝ **Augustinerkloster**. Das Kloster wurde ab der zweiten Hälfte des 13. Jh. erbaut. Hier lebte von 1505 bis 1512 Martin Luther. Mit einer Dauerausstellung wird an das Leben und Wirken des Augustinermönchs erinnert. Zu besichtigen ist auch die „Lutherzelle“. Heute sind hier ein Veranstaltungs- und Tagungszentrum untergebracht (☞ Übernachtungen in Erfurt).

♦ ☎ 57 66 00, ✉ info@augustinerkloster.de, 💻 www.augustinerkloster.de,
🚪 Führungen ganzjährig täglich um 11:00, individuelle Führungen mit Audioguide Mo bis Fr 9:30 bis 16:30, Sa und So bis 14:00

⌘ **Alte Synagoge**. Die Alte Synagoge in der Waagegasse ist nicht nur eine der seltenen mittelalterlichen Synagogen, sondern auch die älteste vollständig erhaltene in ganz Europa! Ganz in der Nähe der Synagoge wurde 1998 bei Bauarbeiten ein weltweit einzigartiger Fund gemacht. Dieser „Erfurter Schatz" beinhaltet neben sehr zahlreichen Gold- und Silberarbeiten auch den jüdischen Hochzeitsring aus dem 13. oder 14. Jh. Dieser Schatz und die mittelalterlichen Erfurter Hebräischen Handschriften sind in der Synagoge ausgestellt.

♦ ☏ 655 15 20, ✍ altesynagoge@erfurt.de, 💻 www.alte-synagoge.erfurt.de, 🚪 Di bis So 10:00 bis 18:00

⌘ **Stadtmuseum Erfurt**. In der Johannesstraße sticht das „Haus zum Stockfisch" mit seiner aufwendigen Spätrenaissancefassade ins Auge. Hier können Sie durch 200 Jahre Erfurter Stadtgeschichte spazieren.

♦ ☏ 655 56 44, ✍ stadtmuseum@erfurt.de, 💻 www.stadtmuseum-erfurt.de, 🚪 Di bis So 10:00 bis 18:00

⌘ **Erinnerungsort Topf & Söhne**. Das in Erfurt ansässige Unternehmen J. A. Topf & Söhne produzierte und „optimierte" die Öfen, mit denen die Leichen in den Konzentrationslagern verbrannt wurden. Dauer- und Wechselausstellungen im Sorbenweg halten die Erinnerung wach.

♦ ☏ 655 16 81, ✍ topfundsoehne@erfurt.de, 💻 www.topfundsoehne.de, 🚪 Di bis So 10:00 bis 18:00

⌘ **Naturkundemuseum**. In einem historischen Waidspeicher in der Straße Große Arche befindet sich das sehenswerte Naturkundemuseum, das über Leben und Landschaften in Thüringen und die weltweite Artengefährdung informiert.

♦ ☏ 655 56 80, ✍ naturkundemuseum@erfurt.de, 💻 www.naturkundemuseum-erfurt.de, 🚪 Di bis So 10:00 bis 18:00

⌘ **Museum für Thüringer Volkskunde**. Im Juri-Gagarin-Ring 140a werden in einem der größten Volkskundemuseen Deutschlands zahlreiche Ausstellungsstücke gezeigt, die das (Land)Leben vergangener Zeiten näherbringen. Mit dem „Jahrhundertschrank" lässt es sich weit zurück in die Geschichte Thüringens reisen.

♦ ☏ 655 56 07, ✍ volkskundemuseum@erfurt.de, 💻 www.volkskundemuseum-erfurt.de, 🚪 Di bis So 10:00 bis 18:00

16. Etappe: Erfurt – Gotha

27,1 km, ca. 7 Std., 185 m, 30 m, 194-307 m

0,0 km	194 m	Erfurt (Dom)
5,1 km	278 m	Schmira
12,3 km	293 m	Kleinrettbach
19,7 km	281 m	Tüttleben
23,7 km	282 m	Siebleben
27,1 km	296 m	Gotha

Auch diese Etappe ist stark durch landwirtschaftliche Nutzung geprägt. Beeindruckend sind die weiten Blicke über das Land, das von den Höhen des Thüringer Waldes begrenzt wird. Mittendrin erheben sich die altehrwürdigen Gemäuer der Drei Gleichen und sorgen für ein unverwechselbares Bild. In Gotha sollte Besuchszeit für das Schloss Friedenstein eingeplant werden.

Am Domplatz halten Sie sich links und folgen der Domstraße, die unmittelbar am Fuße des Domes vorbeiführt. Alternativ können Sie auch die Domstufen erklimmen, denn auf der anderen Seite treffen Sie wieder auf die Via Regia.

Gegenüber dem Treppenaufgang auf der Domrückseite zweigt nach links die Stiftsgasse ab, führt an der Domrendantur vorbei und trifft auf den Hermannsplatz. Hier halten Sie sich rechts, gehen vorbei am Bischöflichen Ordinariat und biegen nach ein paar wenigen Schritten nach rechts in die Holzheienstraße ein. Wiederum nur ein paar Schritte weiter befindet sich das Priesterseminar. Hier weilte Papst Benedikt XVI. während seines Besuchs in Erfurt am 23. und 24. September 2011. Folgen Sie der Straße bis zum Mainzerhofplatz, hier treffen Sie wieder auf den Verlauf der Via Regia. Bei den Erfurtern ist die Stiftsgasse auch als Pfaffengasse bekannt.

Sobald Sie den Dom passiert haben, geht die Domstraße in die Mainzerhofstraße über. Folgen Sie dem Straßenverlauf geradeaus über den Mainzerhofplatz mit dem neuen auffälligen Theaterbau. Sie befinden sich nun in der Brühler Straße.

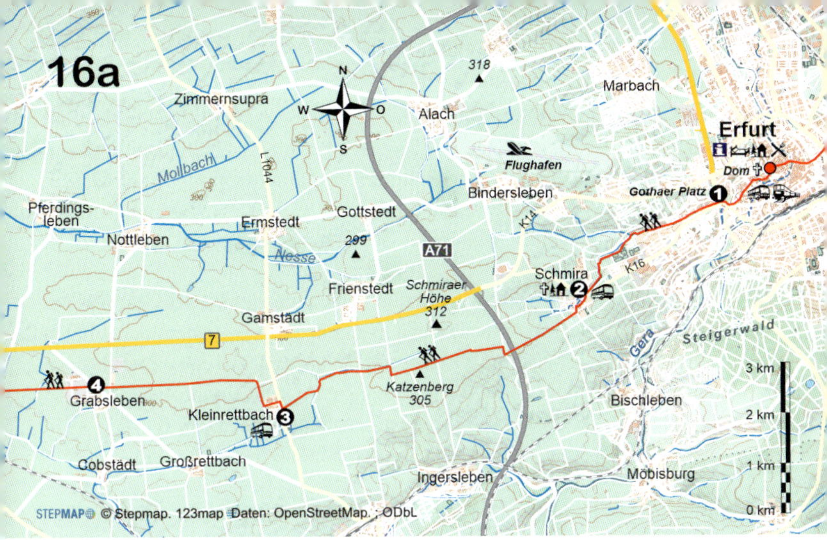

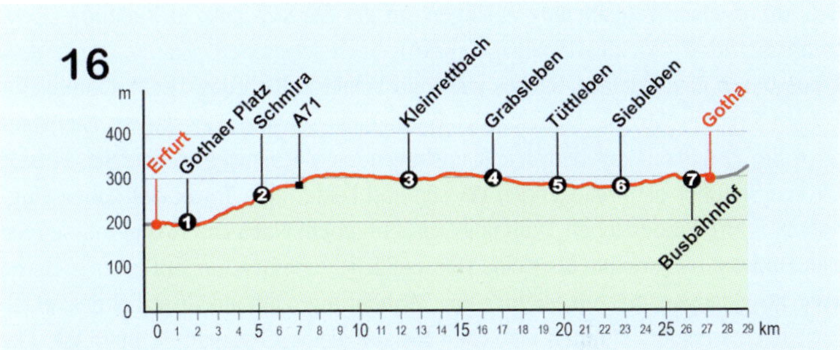

Nach wenigen Schritten passieren Sie zur Linken einen steinernen Torbogen, der den Eingang zum Brühler Garten bildet. Kurz darauf befindet sich auf der rechten Seite die Martinikirche der katholischen Gemeinde.

❀ Der **Brühler Garten** ist eine kleine Parkanlage mit einer schönen, vom Steintor ausgehenden Allee. Dass diese Grünfläche einst auch als Friedhof diente, bezeugt heute noch die aus dem Jahr 1853 stammende Grabstätte des preußischen Generalfeldmarschalls Karl von Müffling. Im Sommer finden auf einer kleinen Bühne Musikveranstaltungen statt.

Am Ende der Brühler Straße folgen Sie den Straßenbahnschienen entlang der Gorkistraße auf der rechten Seite, passieren die Benary-Villa und überqueren den großen Kreuzungsbereich der Bundesstraßen 4 und 7 (Gothaer Platz) ❶. Zur Linken beginnt auch schon die weitläufige Parkanlage „ega". Sie folgen dem Brühler Hohlweg, der rechts der B7 und der Gleise geradeaus verläuft.

Zu einer Stadtbesichtigung in Erfurt sollte auch der Besuch des rund um die alte Festung Cyriaksburg angelegten **egaparks** gehören, einem der größten und attraktivsten Blumen- und Gartenparks in Deutschland mit verschiedenen Themengärten und Schauhäusern sowie dem Deutschen Gartenbaumuseum.

♦ Gothaer Str. 38, ☎ 03 61/564 37 37, info@egapark-erfurt.de, www.egapark-erfurt.de, März bis Okt täglich 9:00 bis 18:00

Vorbei an Wohnhäusern und Kleingärten führt Sie der Brühler Hohlweg allmählich aus Erfurt heraus. Dabei geht es stetig geradeaus, bis Sie nach rund 1,8 km an eine Weggabelung gelangen, an der Sie sich links in Richtung „Cyriaksbreite" und „Kleingartenanlage (KGA) Am Eselsgraben" halten. Nach dem Überqueren eines kleinen Baches weist ein Schild in Richtung „KGA Domblick". Folgen Sie dem Weg ein kurzes Stück bis zu einer scharfen Linkskurve. Hier wandern Sie geradeaus auf dem leicht ansteigenden Wiesenweg weiter. Schon bald blicken Sie über die umliegenden Wiesen und Felder zum Tower des nahen Flughafens Erfurt-Bindersleben. Nun heißt es achtgeben: Nach ca. 150 m müssen Sie den Feldweg nach rechts über eine Wiesenfläche verlassen, um auf einen anderen Weg zu gelangen. Setzen Sie hier Ihre Wanderung nach links parallel zum Bach fort; nach wenigen Minuten erreichen Sie die kleine Ortschaft Schmira ❷. Die durch den Ort verlaufende B7 überqueren Sie und folgen der Breiten Straße, der Sie unmittelbar vor der Kirche zunächst nach rechts, sogleich aber wieder nach links folgen.

In der Kirche befindet sich eine Pilgerherberge mit 6 Matratzen, 01 63/ 869 52 49, Übernachtung auf Spendenbasis.

An der nächsten Kreuzung wenden Sie sich nach links in die Straße der Solidarität und biegen alsbald wieder nach rechts in den Kornweg ab. Dieser kurze Weg führt Sie aus dem Ort heraus auf eine weite Fläche, von der Sie einen hervorragenden Blick in das Erfurter Becken mit den angrenzenden Gebirgszügen genießen können. Auf einem asphaltierten Wirtschaftsweg überqueren Sie die Autobahn A71, von hier können Sie sehr gut die „Drei Gleichen" erkennen.

♜ Als die „Drei Gleichen" werden die drei zwischen dem 8. und 11. Jh. erbauten Burgen bezeichnet. Rechts der Autobahn A4 befindet sich die Burg Gleichen, gegenüber die Mühlburg und etwas weiter auf einem markanten, 420 m hohen Bergkegel die Wachsenburg. Die Mühlburg spielt in dem Roman „Das Nest der Zaunkönige" von Gustav Freytag eine Rolle. In Gedenken an den Schriftsteller wurde ein die Burgen verbindender Wanderweg nach ihm benannt (☞ Gotha, Gustav-Freytag-Pavillon).

Nach der Brücke biegen Sie rechts und kurz darauf gleich wieder links auf den Feldweg ab. Nach rund 550 m gehen Sie auf den nach rechts führenden Feldweg, den Sie nun für die nächsten ca. 1,7 km entlangwandern. Wenden Sie sich dann auf den Wiesenweg nach rechts und zweigen Sie an der nächsten Kreuzung nach links ab. Bald wandern Sie an einem Hain vorbei und biegen wenig später an der T-Kreuzung nach links ab.

Unterwegs nach Grabsleben

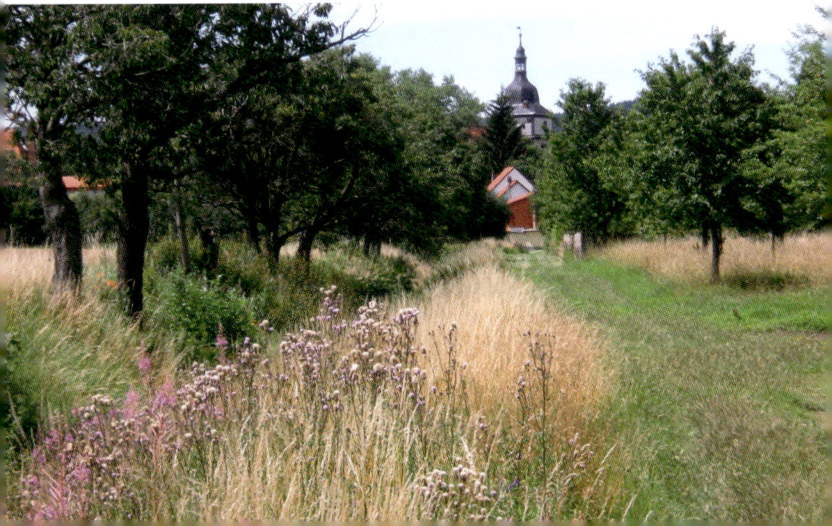

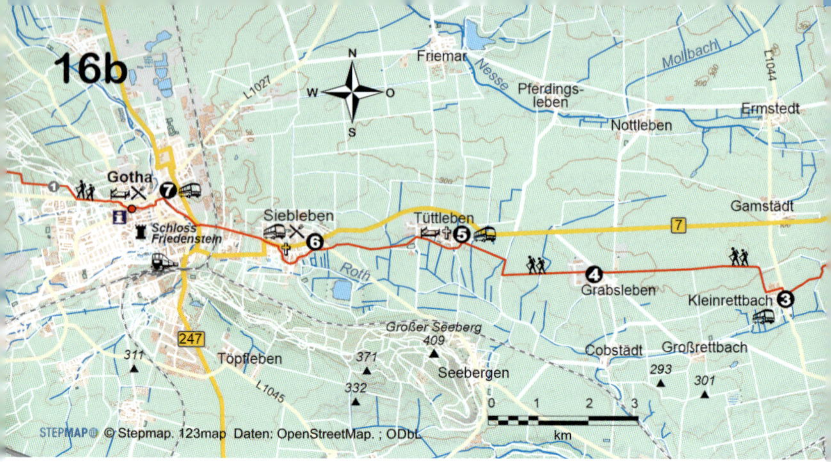

Direkt nach den mächtigen Überlandleitungen schwenken Sie nach rechts über den Rettbach und erreichen zügig Kleinrettbach ❸. Gehen Sie an der Durchgangsstraße (Gamstädter Weg) nach rechts und biegen Sie links in den Dornenweg ein, der geradewegs aus dem Ort wieder herausführt. An der T-Kreuzung am Ortsrand halten Sie sich rechts auf den breiten Feldweg. Sobald der Weg eine Linkskurve macht, geht der Wegbelag in Asphalt über.

Rund 3,2 km wandern Sie nun schnurgrade durch die weitflächigen Feld- und Wiesenflure nach Grabsleben ❹. Im Ort kreuzen Sie die Ichtershäuser Straße und gehen in die Straße Zum Wächs. Bis zur nächsten Ortschaft Tüttleben sind Sie abermals etwa 3 km durchgehend auf asphaltierten Wirtschaftswegen unterwegs. Zunächst sind es ca. 1,8 km wieder nur geradeaus, dann macht der Weg eine scharfe Rechtskurve, um nach rund 300 m wieder nach links abzuzweigen. Unterwegs ist der Ausblick auf das sich am Waldhang erstreckende Seebergen mit seiner Kirche sehr schön.

Am Ortsrand von Tüttleben ❺ angekommen werden Sie sogleich von der Kirche begrüßt.

↳ An Kirche und Friedhof vorbei zweigt bald die Bahnstraße nach rechts ab. Wenn Sie in Tüttleben übernachten möchten, folgen Sie dieser bis zur Spritzenstraße und einer Pension.

Pension Petsch, Spritzenstr. 7, ☎ 036 21/282 03, info@pension-petsch.de, www.pension-petsch.de, EZ € 35, DZ € 60

Hier halten Sie sich links und folgen dem Schotterweg am südlichen Ortsrand entlang. Sie erreichen eine Zufahrtsstraße, die Sie überqueren, um geradeaus dem Plattenweg zu folgen.

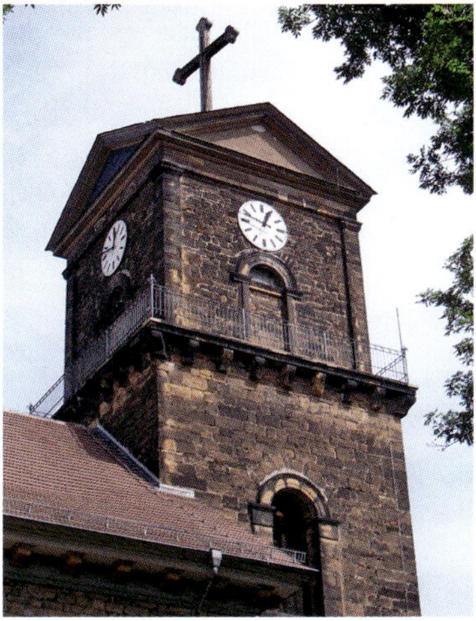
St.-Helena-Kirche in Siebleben

Nun folgt eine echte Abwechslung, denn seit dem rund 50 km entfernten Freyburg durchwandern Sie zum ersten Mal wieder ein Waldgebiet. Auch wenn dieses sehr überschaubar ist, so ist es doch schon mal eine kleine Einstimmung auf die tiefen Wälder, die Sie auf den kommenden Etappen begleiten werden.

Schon bald führt der Plattenweg aber wieder an Wiesenflächen vorbei und nach dem Queren der Kreisstraße 2 (Seeberger Landstraße) haben Sie den Ortsrand von **Siebleben ❻**, einen Vorort von Gotha, erreicht. Über den Weg erreichen Sie die Wiesengasse, die am Abzweig Edelhofgasse in die Unterstraße übergeht. Der Unterstraße folgen Sie bis zum Übergang in die Kirchgasse, auf der Sie dann direkt an der Kirche mit ihrem auffälligen Glasanbau vorbeilaufen.

✞ Die **St.-Helena-Kirche** wurde 1827 nach siebenjähriger Bauzeit eingeweiht. Die vorherige, aus dem 14. Jh. stammende Kirche wurde bei einem Stadtbrand 1809 vollkommen zerstört. Auf dem Kirchengelände befindet sich die Grabstätte des erfolgreichen Schriftstellers Gustav Freytag. In Siebleben besaß er ein Haus, wo ein Großteil seiner Werke entstand. Er starb 1895 in Wiesbaden und wurde seinem Wunsch entsprechend in Siebleben beigesetzt. Zum Gedenken an den Schriftsteller wurde im **Gustav-Freytag-Pavillon** eine Sammlung zusammengetragen.

♦ ☏ 036 21/227 82 22, ✉ heimatgeschichte@siebleben.de, 💻 www.heimatgeschichte-siebleben.de, 🚪 Öffnungszeiten individuell nach vorheriger terminlicher Abstimmung per Mail oder Telefon

Wenige Schritte nach dem Passieren der Kirche biegen Sie auf die Weimarer Straße nach links ab. Dem Straßenverlauf folgen Sie stetig geradeaus, überqueren die Gleichenstraße und gehen unter den Bahngleisen hindurch bis zur Seebergstraße. Diese stark frequentierte und durch eine Fußgängerampel gesicherte Bundesstraße wird überquert, um dann der abschüssigen Erfurter Landstraße für rund 160 m zu folgen. Dann halten Sie sich halb rechts und gehen in die nicht asphaltierte Brückenstraße. Am Ende der Straße schließt sich ein schmaler Fußweg entlang des Flutgrabens an. Diesem folgen Sie nun geradeaus und erreichen nach einem ganz kurzen Anstieg den Busbahnhof ❼ von Gotha. An diesem führt Sie der Weg rechts vorbei zur Straßenkreuzung. Gehen Sie links in die Straße Mohrenberg und steigen Sie nach etwa 75 m geradeaus die Stufen hinauf zur Huttenstraße. Nun gehen Sie wieder nach links bis zum nahen Arnoldiplatz.

Um zum Gothaer Bahnhof zu gelangen, folgen Sie einfach dem Verlauf der B7 über Mönchallee, Salzgitterstraße und Fichtestraße. Nach dem Queren der Enckestraße geht es geradeaus über die Stielerstraße zum Bahnhof.

Ernst-Wilhelm Arnoldi war ein Unternehmer und Visionär, der in und für seine Heimatstadt Gotha lebte. Hier gründete er 1820 ein Versicherungsunternehmen, das Feuerversicherungen und später die erste deutsche Lebensversicherung anbot. Arnoldi gilt somit als Begründer des deutschen Versicherungswesens, aus dem die heutigen Gothaer Versicherungen hervorgegangen sind.

Vom Arnoldiplatz führt Sie die Via Regia durch die Fußgängerzone (Erfurter Straße) in die Gothaer Altstadt hinein. Vorbei an der stattlichen Margarethenkirche, einem der ältesten Gebäude der Stadt, queren Sie den Neumarkt und folgen nun der Marktstraße, weiterhin Fußgängerzone, geradeaus zum Hauptmarkt mit seinen beeindruckenden Gebäuden.

Vom Brunnen am Hauptmarkt sind es nur etwa 400 m über den Platz zum Schloss Friedenstein. Ab 1643 ließ Herzog Ernst I. von Sachsen-Gotha in elfjähriger Bauzeit seine neue Residenz errichten. Die nachfolgenden Herzöge ergänzten die imposante Anlage um eine großzügige Parkanlage nach englischem Vorbild, eine Orangerie und ein Theater, trugen über die Jahrhunderte Kunstwerke zusammen und erweiterten die Bibliothek. Darüber hinaus befindet sich hier die

1646 geweihte Schlosskirche mit Fürstengruft. Heute sind verschiedene Kultur- und Forschungseinrichtungen im Schloss untergebracht. Das Schlossmuseum vermittelt einen umfassenden Eindruck über das ehemalige Leben am Hofe und in Gotha und Umgebung.

♦ ☏ 036 21/823 40, www.stiftungfriedenstein.de, April bis Okt Di bis So 10:00 bis 17:00, Nov bis März Di bis So 10:00 bis 16:00. Die Öffnungszeiten gelten neben dem Schlossmuseum auch für die ebenso hier untergebrachten Museen: Historisches Museum, Museum der Natur, Ekhof-Museum sowie Herzogliches Museum.

Gotha

ca. 46.600 Einwohner, ☏ 036 21

Tourist-Information Gotha, Hauptmarkt 40, 99867 Gotha, ☏ 51 04 50, tourist-info@gotha-adelt.de, www.gotha-adelt.de, Mo bis Fr 10:00 bis 18:00, Sa 10:00 bis 16:00, So 10:00 bis 14:00

Hotel Am Schlosspark, Lindenauallee 20, 99867 Gotha, ☏ 44 20, info@hotel-am-schlosspark.de, www.hotel-am-schlosspark.de, EZ ab € 88, DZ ab € 125

♦ Hotel Der Lindenhof, Schöne Aussicht 5, 99867 Gotha, ☏ 77 20, info@der-lindenhof-gotha.de, www.der-lindenhof-gotha.de, Übernachtungspreise bitte anfragen

♦ Landhaus & Burg Hotel Romantik, Salzgitterstr. 76, 99867 Gotha, ☏ 364 90, gewalter@landhaus-hotel-romantik.de, www.landhaus-hotel-romantik.de, EZ ab € 83, DZ ab € 103

♦ Altstadt-Hotel Athos, Pfortenwallgasse 1, 99867 Gotha, ☏ 295 93 oder -94, info@altstadthotel-athos.de, www.altstadthotel-athos.de, EZ € 60, DZ € 90

♦ Quality-Hotel Am Tierpark, Ohrdrufer Str. 2b, 99867 Gotha, ☏ 71 70, info@quality-hotel-gotha.de, www.quality-hotel-gotha.de, EZ ab € 79, DZ ab € 109

Herberge im Augustinerkloster, Jüdenstr. 27, 99867 Gotha, ☏ 30 29 01, herberge@augustinerkloster-gotha.de, www.augustinerkloster-gotha.de, EZ ab € 70, DZ € 92. Sehr atmosphärischer Aufenthalt im über 750 Jahre alten Kloster!

♦ Pension Café Suzette, Bebelstr. 8, 99867 Gotha, ☏ 85 67 55, 01 51/50 48 46 27, pension@cafe-suzette.de, www.cafe-suzette.de, EZ ab € 50, DZ ab € 75

- Hotel garni Zur Alten Druckerei, Oststr. 51b, 99867 Gotha, ☏ 339 97 92, rezeption@zur-alten-druckerei.de, www.zur-alten-druckerei.de, EZ € 72, DZ € 92
- Pension Der kleine Nachbar, Weimarer Str. 16, 99867 Gotha, ☏ 40 07 95, 01 73/697 95 18, info@derkleinenachbar.de, www.derkleinenachbar.de, EZ € 52, DZ € 73
- Pension Regina, Schwabhäuser Str. 4, 99867 Gotha, ☏ 40 80 20, 01 72/770 83 84, regina-in-gotha@t-online.de, www.pension-regina.de, EZ € 49, DZ € 69
- Pension Am Schloss, Bergallee 3a, 99867 Gotha, ☏ 85 32 06, p-a-s@gmx.net, www.pas-gotha.de, EZ ab € 35, DZ ab € 50
- Pension Maria, Purgoldweg 4, 99867 Gotha, ☏ 85 61 92, 01 74/959 77 32, info@pension-maria-gotha.de, www.pension-maria-gotha.de, EZ ab € 25, DZ ab € 40
- Pension Gaa, Kleine Fahnenstr. 6, 99867 Gotha, ☏ 75 58 90, pension-gaa-gotha@web.de, www.pension-gaa-gotha.com, Übernachtungspreise bitte anfragen
- Pension Vera, In der Klinge 13, 99867 Gotha, ☏ 74 43 09, 01 70/807 22 38, vera.jere@freenet.de, www.pension-vera-gotha.de, ab € 23 pro Person

Stadtgeschichte

Bereits lange vor der urkundlichen Ersterwähnung Gothas im Jahr 775 war die Gegend besiedelt. Zu Beginn des 6. Jh. kamen Goten in die Region, um der Vermählung der Tochter ihres Königs mit dem König von Thüringen beizuwohnen. Der Überlieferung nach sollen die Goten eine Siedlung gegründet haben, die sie in Anlehnung an ihr Volk als „Gota" bezeichneten. Die Siedlung profitierte sehr von der unmittelbaren Lage an der Via Regia und so entwickelte sich recht zügig ein florierender Markt. Um den stetig steigenden Warenverkehr sowie natürlich auch die Handelsstraße selbst entsprechend schützen zu können, wurde im 11. Jh. eine Burgfeste – Burg Grimmenstein – errichtet. Dem wirtschaftlichen und politischen Einfluss Gothas Rechnung tragend bekam der Ort in der Mitte des 12. Jh. die Stadtrechte verliehen. Die steigende Einwohnerzahl brachte ein ernstes Problem mit sich: eingeschränkte Wasserversorgung. In Ermangelung eines Flusses war man auf Brunnen angewiesen, was sich aber als zunehmend schwierig herausstellte.

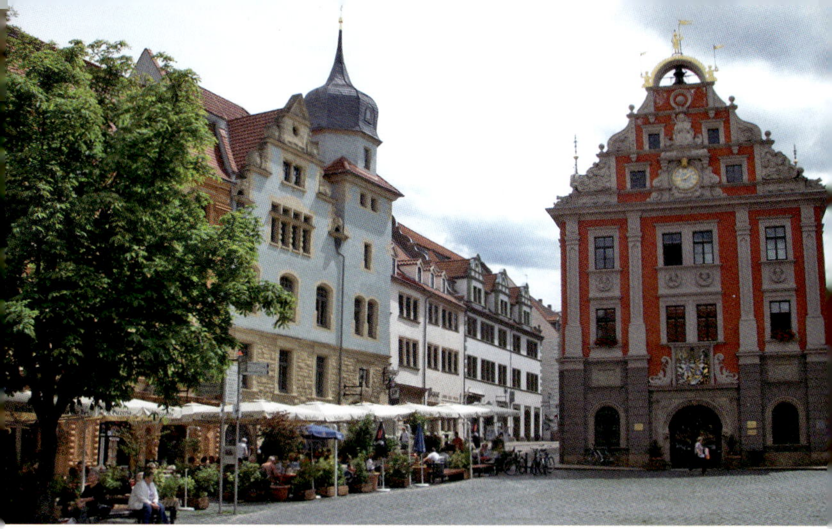

Das historische Rathaus am Marktplatz in Gotha

So wurde 1369 ein rund 30 km langer Kanal gebaut, der Gotha mit Wasser aus dem Fluss Leina im Thüringer Wald versorgte. Für die zunächst dauerhafte Sicherung des relativen Wohlstandes der Bevölkerung sorgte bis ins 16. Jh. der einträgliche Handel mit Färberwaid (☞ Erfurt, S. 147).

Die Burg Grimmenstein wurde zwischen 1547 und 1567 komplett eingerissen und abgetragen. In der Zeit von 1708 bis 1711 entstand im Auftrag des Herzogs Friedrich II. von Sachsen-Gotha-Altenburg in Anlehnung an das Versailler Schloss das Schloss Friedrichsthal (Besichtigung nur von außen möglich) in direkter Nachbarschaft zu Schloss Friedenstein.

1847 wurde Gotha an das Schienennetz angebunden. 1875 wurde in einer Gaststätte die Sozialistische Arbeiterpartei Deutschlands (SAP) gegründet. Bei Luftangriffen in den Jahren 1944/45 erlitt die Stadt schwere Schäden. Im Dezember 1979 kam es zu einem spektakulären Kunstraub: Aus Schloss Friedenstein wurden fünf äußerst wertvolle Gemälde gestohlen, die bis heute spurlos verschwunden sind. Die Umstände der Tat ließen viele Fragen offen und gaben immer wieder Anlass zu Spekulationen, die insbesondere nach der Wende neuen Antrieb bekamen. Im Dezember 2009 verjährte die Tat, im Dezember 2019 tauchten die Bilder dann wieder auf. Nach deren Restaurierung sind sie seit Oktober 2021 wieder an ihrem angestammten Platz zu sehen.

17. Etappe: Gotha – Eisenach

30,5 km, ca. 8 Std. 30 Min., ↑ 393 m, ↓ 473 m, ⇧ 216-486 m

0,0 km	⇧ 296 m	Gotha
4,1 km	⇧ 402 m	NSG Kriegberg
17,5 km	⇧ 312 m	Hastrungsfeld
19,1 km	⇧ 486 m	Großer Hörselberg
24,9 km	⇧ 291 m	ehem. Gasthaus Kleiner Hörselberg
30,5 km	⇧ 216 m	Eisenach

Nicht weit hinter Gotha eröffnet die Etappe mit dem Kriegberg eine faszinierende Landschaft, die heute unter besonderen Schutz gestellt ist. Toll sind auch hier wieder die herrlichen Aussichten tief in die Landschaft und zum Großen Inselsberg. Mit den Hörselbergen folgt nicht nur eine der faszinierendsten Landschaften entlang der Via Regia, sondern auch die mystischste. Herrlich winden sich die schmalen Pfade am Rande der Muschelkalkfelsen entlang. Kaum liegt der kräftige Abstieg zurück, wird es auch schon wieder „zivilisiert".

Am Hauptmarkt halten Sie sich rechts und folgen der Straße Brühl bis zum Bertha-von-Suttner-Platz. Nach dem Überqueren der gleichnamigen Straße zweigen Sie links in die schnurgerade verlaufende Eisenacher Straße ab. Nur ein paar Schritte nach dem Friedhof gehen Sie nach rechts in den Berggartenweg und bie-

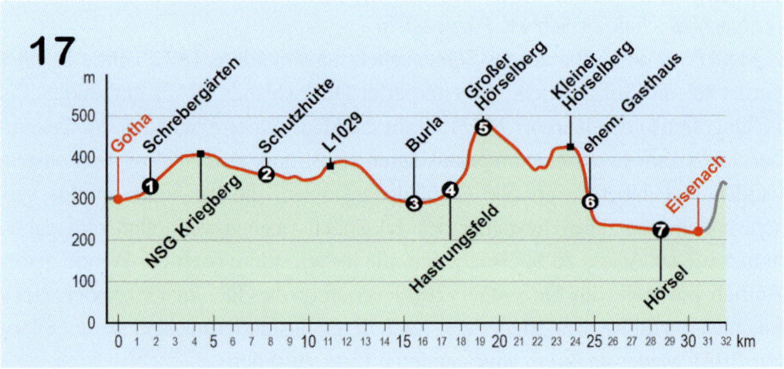

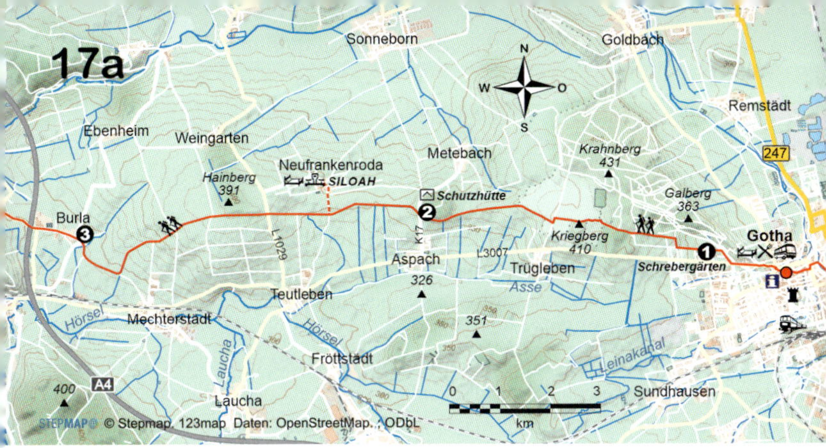

gen am nächsten Abzweig nach links in den geschotterten Birkenweg ein. Zu beiden Seiten erstrecken sich Schrebergärten ❶. Nach knapp 1 km gehen Sie an der Kreuzung nach rechts und können bald von der Anhöhe herrlich auf Gotha blicken. Folgen Sie dem Wegverlauf nach links. Nach weiteren rund 300 m führt am Waldrand ein fußbreiter Pfad erneut nach links, zunächst noch am kleinen Waldstück, dann wieder an Wiesen vorbei bis zu einem breiten geschotterten Weg. Kaum erkennbar führt hier über die vor Ihnen liegende Wiesenfläche ein Pfad, der Sie nach rund 50 m an einen breiten, aus großen Betonplatten bestehenden Weg bringt. Biegen Sie auf diesen nach rechts ab und wandern Sie durch das angrenzende Waldstück.

Kurz nachdem Sie dieses wieder verlassen haben, betreten Sie den „geschützten Landschaftsbestandteil" **Kriegberg** und wenden sich auf den nach links abzweigenden geschotterten Feldweg. Dieses Gebiet gehört ganz bestimmt zu einem der landschaftlich reizvollsten entlang der Via Regia.

ℹ Dieser unbewaldete Höhenzug war sehr lange Zeit militärisches Sperrgebiet. Dass das Betreten strengstens verboten war, hatte für Flora und Fauna positive Auswirkungen. Insbesondere für wiesen- und heckenbrütende Vögel sowie für Amphibien stellt der Kriegberg einen perfekten Lebensraum dar.

Im Folgenden wechseln sich Asphaltbelag und geschotterte Abschnitte ab. Links des Weges erhebt sich augenfällig der **Große Inselsberg**, dessen Anblick Sie bis Eisenach begleiten wird.

i Das Vulkanmassiv des Großen Inselsbergs ist mit seinen 916 m zwar nicht der höchste, wohl aber der markanteste und wegen der brillanten Fernsicht der meistbesuchte Berg im Thüringer Wald.

Dann kommen Sie an eine T-Kreuzung, biegen nach links ab, folgen dem Wegverlauf für nur etwa 75 m, um dann wieder nach rechts abzubiegen. Auf einer Länge von rund 2,7 km durchstreifen Sie nun die herrliche Landschaft. Die Fernblicke von diesem Plateau sind wunderschön! Kurz vor der Kreisstraße 17 treffen Sie auf ein kleines Waldstück sowie eine Schutzhütte ❷ und ein altes Steinkreuz.

Überqueren Sie die Kreisstraße und gehen Sie auf dem geradeaus verlaufenden breiten Betonplattenweg weiter. Diesem Wirtschaftsweg folgen Sie auf den nächsten rund 7,3 km durch die weiten landwirtschaftlich genutzten Flächen bis zu der Ortschaft Burla ❸. Nach knapp 2 km können Sie Ihre Wanderung in der Familienkommunität SILOAH in Neufrankenroda unterbrechen.

Ein kleines schmiedeeisernes Schild weist nach rechts zu der etwa 600 m entfernten Einrichtung.

Familienkommunität SILOAH, Gutsallee 4, 99880 Neufrankenroda, ☏ 03 62 54/84 40, kontakt@siloah-hof.de, www.siloah-hof.de. Im Gästehaus kann in Mehrbettzimmern rustik übernachtet werden, Preise auf Anfrage. Toll ist der Hofladen, in dem neben Produkten aus der eigenen Biolandwirtschaft auch selbst gefertigte Töpferware angeboten wird.

Nachdem der Weg längere Zeit leicht abschüssig verlief, verlassen Sie ihn unmittelbar vor einer scharfen Linkskurve und gehen geradeaus auf einem Schotterweg ins ca. 130 m nahe Burla. Sie durchwandern den kleinen Ort auf der Creuzburger Straße, passieren die Kirche und folgen dem Straßenverlauf, bis diese in die Landstraße 2120 mündet. Nun gehen Sie auf dieser Straße weiter und erreichen nach etwa 300 m die Ortschaft Hastrungsfeld ❹. Nur wenige Meter sind es bis zur Kreuzung, die bereits die Ortsmitte darstellt.

Die Via Regia zweigt nach links in die Hauptstraße ab und das Schild mit dem Hinweis auf den Großen Hörselberg lässt bereits vermuten, dass es nun bergan geht. War die gesamte Streckenführung aus topografischer Sicht bisher ohne Schwierigkeiten, so ändert sich das ab Hastrungsfeld. Bis auf den Großen Hörselberg werden nun 180 Höhenmeter überwunden, die sich auf ca. 1,7 km Streckenlänge verteilen.

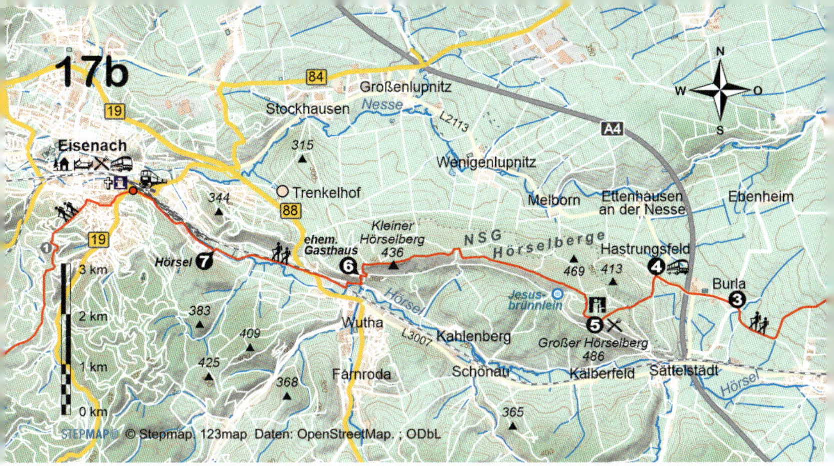

Erwähnenswert ist noch, dass sich an der Kreuzung ein Briefkasten mit der Aufschrift „Frau Holle“ befindet.

Glaubt man dem Volksmund, so hat die durch die Brüder Grimm bekannte Märchengestalt Frau Holle ihr Zuhause im Großen Hörselberg, der ihr den Zugang in die Anderswelt ermöglicht. Frau Holles „Wohnort“ wird aber auch im Hohen Meißner, einem Berg zwischen Eschwege und Kassel, vermutet. Hier befindet sich der Frau-Holle-Teich, der aufgrund seiner angeblich unvorstellbaren Tiefe der Eingang in die Anderswelt sein soll.

Der Glaube an eine Anderswelt entspringt der keltischen Mythologie. Überhaupt hat der Hörselberg schon immer die Fantasie der Menschen angeregt. So wird auch die folgende Sage erzählt:

„Mitten im Thüringerlande, zwischen Gotha und Eisenach, liegt ein hoher, schroffer, kahler Berg, von weitem recht anzusehen wie ein Sarg; dicht an seinem Fuße hin zieht die Eisenbahn, die schneidet durch ein Dorf des Namens Sättelstädt. Dieser Berg ward der Hörseelenberg geheißen schon in grauen Zeiten, darum, weil man in und aus ihm manch seltsamlich und grauenhaft Getön vernommen, absonderlich bei einer Felskluft hoch oben unterm steinigen Gipfelhorn nach Eisenach hinwärts, und das war das Geschrei der Seelen, das man allda hörte, neben dem Geräusch unterirdischer fallender Wasser und dem Geheul der Windsbraut, darum nannte man den Berg auch auf Latein Mons horrisonus …

Ein König in England hatte ein holdseliges Frauenbild aus geringem Stande zu sich erhoben, Reinssweig oder Rinswiga genannt, war aber bald hernach verstorben, und Reinssweig betrauerte ihren Herrn und Gemahl tief und sehr und ließ viel für ihn beten, damit seine Seele vom Fegefeuer erlöst werde. Da hatte sie zu einer Nacht ein Gesicht, und sie hörte ihres Gemahles Stimme und sah seine Gestalt und erfuhr von ihm, er leide Pein im fernen Thüringerlande in eines Berges Schoß mit andern armen Seelen, und ihre Fürbitten und Gebete überm Meere drüben frommten ihm nicht.

Da erhob sich die Königin mit all ihren Schätzen, ihren Jungfrauen und ihrer Dienerschaft und fuhr über Meer nach Deutschland herüber, und der Schatten zeigte ihr die Straßen an, und sie kam an des Berges Fuß, wo er sanft nach Gotha zu sich abdacht, dort baute sie ein Kirchlein und ein klösterliches Haus, und da sie selbst zum öftern die Stimmen der gequälten Seelen zu vernehmen glaubte, so nannte sie den Ort Satans Stätte, daraus ist hernachmals Sättelstätt geworden, als sich Leute anbauten und den Ort bewohnten. Diese fromme Königin erbaute in jener Gegend der Kapellen noch mehrere und diente nebst ihren Frauen Gott im eifrigen Gebet, bis sie ihres Gemahles Seele aus dem Fegefeuersitz im Hörseelenberge erlöste.

Als sie dann gestorben war, sind ihre Jungfrauen nach Eisenach gezogen, allwo Ludwig des Milden Tochter, Jungfrau Adelheid, das Nikolaikloster begründet hatte, und haben in diesem Kloster als Benediktinerinnen ihr Leben beschlossen."

Quelle: Ludwig Bechstein, Deutsches Sagenbuch, Leipzig 1853,
entnommen mit freundlicher Genehmigung bei 💻 www.sagen.at

Kaum haben Sie die wenigen Wohnhäuser hinter sich gelassen, gabelt sich der Asphaltweg an einem Wanderparkplatz. Hier halten Sie sich rechts. Der gesplittete Weg führt Sie zu einem weiteren Wanderparkplatz am Waldrand. Unmittelbar vor dem Parkplatz halten Sie sich links und folgen dem Weg in den Wald. Nach rund 200 m kommen Sie an eine Weggabelung, an der eine Jakobsmuschel auf den nach links führenden Weg weist. Sie können sich hier aber getrost rechts halten, denn der markierte Weg macht lediglich einen Bogen und beide Wege treffen nach nur etwa 30 m wieder zusammen.

Ein schöner Pfad bringt Sie zu einem breiten geschotterten Forstweg, auf den Sie nach links abbiegen. An der nächsten Kreuzung erreichen Sie das ❀ **Naturschutzgebiet Hörselberge**, gehen geradeaus weiter und steigen auf den nahen

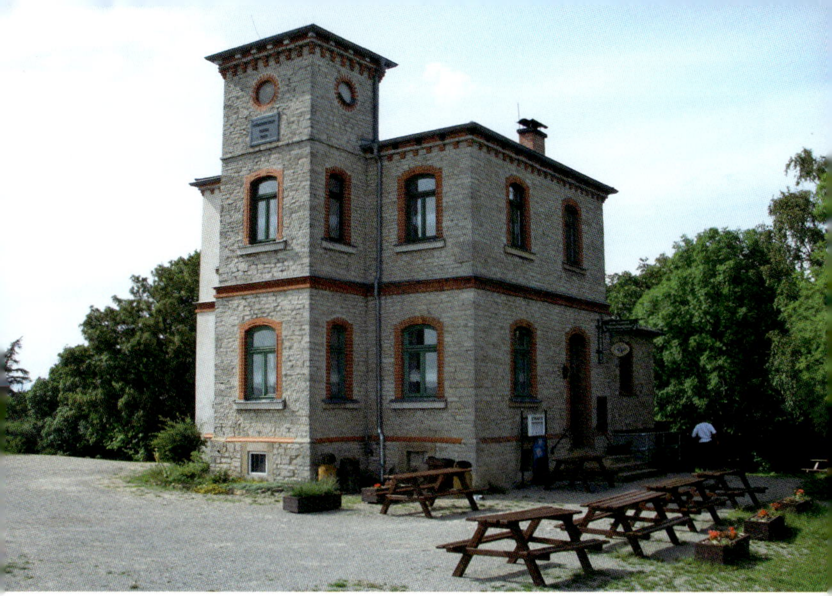

Das beliebte Berggasthaus Großer Hörselberg

Gipfel des **Großen Hörselberges** (486 m) hinauf. Nach den Mühen des Aufstiegs können Sie sich auf einen prächtigen Ausblick auf den Thüringer Wald sowie auf eine herrliche Rast im hiesigen Berggasthaus ❺ freuen.

Berggasthaus Großer Hörselberg, ☏ 036 22/90 73 20,
kontakt@hoerselberg.info, www.hoerselberg.info, Fr bis So ab 11:00

Aussichtsreich führt der Pilgerweg am Gasthaus vorbei. Nach ungefähr 200 m schwenkt der Weg in den Wald, durch den er leicht abwärts bis zu einem Forstweg mit Schutzhütte führt.

Nach ca. 300 m queren Sie im Wald einen Weg. Wenn Sie diesem nach links folgen, gelangen Sie nach etwa 1 km zum Jesusbrünnlein. Von hier sind es dann knappe 600 m bergan zum Pilgerweg.

Das Jesusbrünnlein ist eine schön gefasste .Quelle, über die sich eine Sage erzählt wird. So ist hier. auf einem Schild zu lesen:

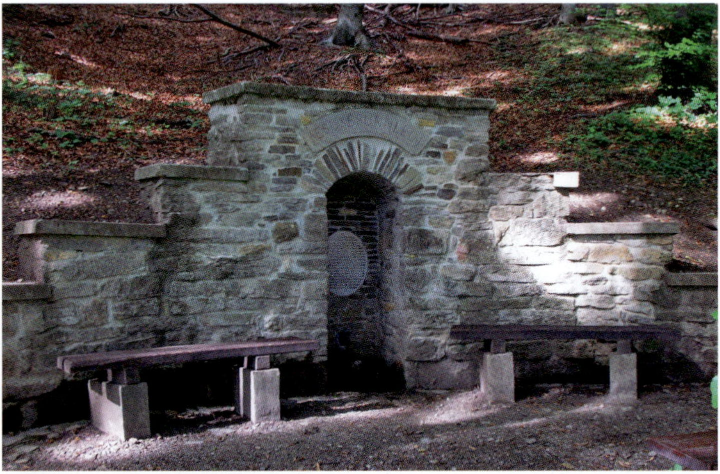

Das sagenhafte Jesusbrünnlein

„Hoch auf dem Hörselberge hielt unter treuer Hut ein Schäfer seine Herde in heißer Sonnenglut. Die armen Schäfchen lechzten nach einem Wasserstrahl. Der Hirte selber wankte matt von des Durstes Qual. Wohin er ging und blickte, vertrocknet war der Quell, vertrocknet Fluß und Bächlein, ihn labend sonst so hell. Da fällt er auf die Kniee und stammelt im Gebet, indes vor seinen Augen sich Erd' und Himmel dreht: „Mein Jesus lieber Heiland, hilf gnädig mir durch Gott, o hilf o hilf mir Armen aus solcher großen Not!" Und als er zu dem Himmel noch betend sah empor, sprang aus dem nahen Felsen ein frischer Quell heraus. Dem Heiland freudig dankend streckt aus er seine Hand, und schöpfte neues Leben sich von der Felsenwand. Und nie seitdem versiegte der kühle Gnadenquell; das Jesusbrünnlein rieselt noch heute silberhell."

An der Schutzhütte folgen Sie dem Forstweg nach links für etwa 300 m, um nun mit einem nach links abzweigenden Waldweg wieder kräftig an Höhe zu gewinnen. Oben angekommen erwartet Sie ein wunderschöner, von zahlreichen historischen Grenzsteinen gesäumter Kammweg.

Nach ungefähr 2,3 km gelangen Sie an eine Kreuzung, an der Sie sich links auf den oberen Schotterweg halten.

Nach rund 140 m biegen Sie auf den nach links führenden schmalen Weg Richtung Eisenach ab. Ein kräftiger Anstieg bringt Sie auf einen weiteren Kammweg, der auf und über den **Kleinen Hörselberg** (436 m) führt. Der Weg verengt sich bald zu einem schmalen Pfad, der sich dicht am Rand der mächtigen Muschelkalkfelsen entlangschlängelt und tolle Blicke ins Tal und auf die Ortschaft Wutha-Farnroda ermöglicht. Am Ende des Pfades geht es dann sehr steil, zum Teil über Stufen, bergab.

An der wenig später folgenden T-Kreuzung gehen Sie nach links und an der dicht darauf folgenden wieder nach rechts auf den Asphaltweg, der Sie zum ehemaligen Berggasthaus Kleiner Hörselberg ❻ bringt.

Sozusagen über dessen Terrasse steigen Sie zunächst über Stufen, dann auf einem kräftig bergab führenden Pfad nach Wutha-Farnroda ab. Am Ortsrand zweigen Sie nach rechts in die Weinbergstraße ab und halten sich nach etwa 300 m auf einem Radweg nach links. Kurz darauf queren Sie die Bahngleise und wandern nach rechts weiter auf einem Wirtschaftsweg zwischen Gleisen und dem Bach Hörsel. Sie unterqueren die B88, ignorieren nach rund 1 km den Abzweig zum Eisenacher Stadtteil Rothenhof wie auch nach weiteren etwa 600 m den (Auestraße nach rechts) nach Fischbach. Vielmehr biegen Sie an der hiesigen Kreuzung nach links über die Hörsel ab, um dem Fluss sogleich weiter nach rechts zu folgen. Mit der Hörsel ❼ passieren Sie einige Industrieflächen und stoßen auf den Eichrodter Weg. Am Hauptbahnhof mündet der Eichrodter Weg in die Bahnhofstraße (Bundesstraße 19).

Eisenach

ca. 36.450 Einwohner, ✆ 036 91

- **i** Tourist-Information Eisenach, Am Markt 24, 99817 Eisenach, ☎ 792 30, ✉ info@eisenach.info, 💻 www.eisenach.info, Mo bis Fr 9:00 bis 17:00, Sa und So 10:00 bis 17:00
- Hotel auf der Wartburg, ☎ 79 70, ✉ info@wartburghotel.de, 💻 www.wartburghotel.de, Übernachtungen in dem einzigartigen 5-Sterne-Hotel ab € 159 im EZ
- ♦ Vienna Hof Thüringer Hof, Karlsplatz 11, 99817 Eisenach, ☎ 280, ✉ info.thueringerhof-eisenach@viennahouse.com, 💻 www.viennahouse.com, EZ ab € 108, DZ ab € 117

🛏 ✕ Göbels Sophienhotel, Sophienstr. 41, 99817 Eisenach, ☏ 25 10, ✉ info@sophienhotel.de, 💻 www.sophienhotel.de, EZ ab € 85, DZ ab € 130

♦ Hotel Kaiserhof, Wartburgallee 2, 99817 Eisenach, ☏ 888 90, ✉ info@kaiserhof-eisenach.de, 💻 www.kaiserhof-eisenach.de, EZ ab € 69, DZ ab € 94

♦ Hotel am Markt, Markt 10, 99817 Eisenach, ☏ 70 20 00, ✉ info@hotel-eisenach.de, 💻 www.hotel-eisenach.de, EZ ab € 51, DZ ab € 85

♦ Berghotel Eisenach, An der Göpelskuppe 1, 99817 Eisenach, ☏ 226 60, ✉ info@berghotel-eisenach.de, 💻 www.berghotel-eisenach.de, EZ € 74, DZ ab € 123

♦ Hotel Logotel, Karl-Marx-Str. 30, 99817 Eisenach, ☏ 23 50, ✉ info@logotel.de, 💻 www.logotel.de, EZ ab € 75, DZ ab € 101

♦ Hotel Glockenhof, Grimmelgasse 4, 99817 Eisenach, ☏ 23 40, ✉ info@glockenhof.de, 💻 www.glockenhof.de, EZ ab € 69, DZ ab € 89

♦ Hotel am Bachhaus, Marienstr. 7, 99817 Eisenach, ☏ 204 70, ✉ info@hotel-am-bachhaus.de, 💻 www.hotel-am-bachhaus.de, EZ ab € 59, DZ ab € 94

♦ Hotel Eisenacher Hof, Katharinenstr. 13, 99817 Eisenach, ☏ 293 90, ✉ info@eisenacherhof.de, 💻 www.eisenacherhof.de, Übernachtungspreise bitte anfragen

♦ Hotel Haus Hainstein, Am Hainstein 16, 99817 Eisenach, ☏ 24 20, 💻 www.haushainstein.de, Übernachtungspreise bitte anfragen

♦ City-Hotel, Bahnhofstr. 25, 99817 Eisenach, ☏ 209 80, ✉ info@cityhotel-eisenach.de, 💻 www.cityhotel-eisenach.de, EZ ab € 63, DZ ab € 89

♦ Pension Zum Burschen, Am Ofenstein 12, 99817 Eisenach, ☏ 74 32 06, 💻 www.thueringen.info/pension-zum-burschen-eisenach.html, EZ € 50, DZ € 70

♦ Wanderpension und Gasthof Am Storchenturm, Georgenstr. 43a, 99817 Eisenach, ☏ 73 32 63, ✉ info@gasthof-am-storchenturm.de, 💻 www.gasthof-am-storchenturm.de, EZ ab € 49, DZ ab € 60, MBZ (3-6 Pers.) ab € 25/Pers., Frühstück € 8 pro Person. Rustikal im uralten Gemäuer und spezieller Service für Wanderer!

🛏 Hotel garni Villa Anna, Fritz-Koch-Str. 12, 99817 Eisenach, ☏ 239 50, ✉ info@hotel-villa-anna.de, 💻 www.hotel-villa-anna.de, Übernachtungspreise bitte anfragen

- Pension Mahrets Puppenstube, Neustadt 30, 99817 Eisenach, ☏ 74 27 44, pension.mahret@t-online.de, www.puppenstubenhotel-eisenach.de, Übernachtungspreise bitte anfragen
- ♦ Hotel Klostergarten, Am Klosterholz 23, 99817 Eisenach, ☏ 78 51 66, info@hotel-klostergarten.de, www.hotel-klostergarten.de, EZ ab € 50, DZ ab € 68
- Jugendbildungsstätte Junker Jörg, Hainweg 33, 99817 Eisenach, ☏ 79 55 90, info@junker-joerg.net, www.junker-joerg.net, EZ ab € 40, MBZ ab € 30
- ♦ Pilgerherberge und Gästezimmer in der Ev.-Luth. Diakonissenhaus-Stiftung Eisenach, Karlsplatz 27-31, 99817 Eisenach, ☏ 26 00, reservierung@diako-thueringen.de, www.diako-thueringen.de. Pilgern stehen auf Spendenbasis acht Schlafplätze, Bad/Dusche und eine Küche zur Verfügung. Darüber hinaus gibt es auch Zimmer verschiedener Ausstattungen.

Stadtgeschichte

Das an verschiedenen Handelsstraßen liegende Eisenach wurde im Jahr 1180 das erste Mal urkundlich erwähnt. Bereits 100 Jahre zuvor trat die ☞ Wartburg urkundlich zum ersten Mal in Erscheinung. Die Thüringer Landgrafen wählten die Wartburg als Hauptresidenz, was Eisenach zusammen mit der zunehmenden Bedeutung der Via Regia zu einer der einflussreichsten Städte im Herrschaftsbereich der Ludowinger werden ließ.

1226 ließ Elisabeth von Thüringen unterhalb der Wartburg ein Hospital für die arme Bevölkerung der Stadt errichten. Mit dem Tod des letzten Thüringer Landgrafen Heinrich Raspe im Jahr 1247 starb das Herrschergeschlecht der Ludowinger aus, woraufhin der thüringisch-hessische Erbfolgekrieg ausbrach. Die Auseinandersetzungen um die zukünftige Macht entschied das Geschlecht der Wettiner für sich.

Im 14. Jh. verlor Eisenach deutlich an Geltung. Martin Luther kam 1498 als Lateinschüler nach Eisenach und lebte von 1521 bis 1522 zehn Monate auf der Wartburg, wo er als Junker Jörg das Neue Testament in deutsche Sprache übersetzte. Als 1524 aufständische Bauern den sogenannten Bauernkrieg auslösten, griffen die Kämpfe schnell auch in Thüringen um sich. Die Aufständischen sahen sich durch die Reformation in ihrem Tun bestätigt, Luther jedoch distanzierte sich von den Geschehnissen. 1525 wurden mehrere vermeintliche Rädelsführer durch Enthauptung vor der Georgenkirche hingerichtet.

Am 21. März 1685 wurde Johann Sebastian Bach in Eisenach geboren. 1777 besuchte Johann Wolfgang von Goethe die Wartburg. Bei diesem ersten Besuch sollte es nicht bleiben, denn der Dichter hielt sich danach mehrfach auf der Burg und in der Stadt auf.

Am 23. Januar 1840 kam Ernst Abbe in Eisenach zur Welt. Aus einfachen Verhältnissen kommend wurde ihm durch vielfältige Unterstützung ein Studium der Physik ermöglicht. Als begnadeter Wissenschaftler und Unternehmer hatte er erheblichen Anteil daran, dass die Jenaer Firma Carl Zeiss an die Weltspitze gelangte.

Bereits mit Beginn des 19. Jh. wurden die ersten Fabriken gegründet. Mit der Anbindung an das Eisenbahnnetz 1847 und der Produktionsaufnahme der Eisenacher Fahrzeugfabrik 1896 untermauerte die Stadt ihren Anspruch als moderner Industriestandort. Mit der fortschreitenden industriellen Entwicklung wurde durch das 1879 erbaute Stadttheater auch das kulturelle Leben beflügelt. Eisenach machte sich außerdem einen Namen als vielfältiger Urlaubsort – für Leute, die es sich leisten konnten. Von dieser glanzvollen Zeit zeugen heute noch die prächtigen Stadtvillen.

Im Zweiten Weltkrieg erlitt Eisenach schwere Zerstörungen. Durch die Schließung der innerdeutschen Grenze 1952 fanden sich Stadtteile aufgrund ihrer zu großen Nähe zur BRD plötzlich in einem Sperrgebiet wieder. Trotz der noch ansässigen Automobilindustrie (Produktion des Wartburgs) verlor Eisenach rasch an Bedeutung. Schon kurz nach der Wende wurde die Produktion der Marke Wartburg eingestellt und die Firma Opel übernahm und investierte in den Produktionsstandort. Auch der Tourismus spielt heute wieder eine bedeutende Rolle und ist dank zahlreicher historischer Stätten zu einem der wichtigsten Wirtschaftszweige geworden. Seit 2004 ist Eisenach Drehort für die beliebte ARD-Serie „Familie Dr. Kleist“.

⌘ **Thüringer Museum**. Im Stadtschloss am Markt sind kunsthandwerkliche Sammlungen und umfangreiche volkskundliche Bestände zu sehen; wechselnde Ausstellungen.

♦ ☏ 67 04 50, ✉ museum@eisenach.de,
💻 www.eisenach.de/kultur/museen/thueringer-museum-eisenach, 🚪 Mi bis So und feiertags 10:00 bis 17:00

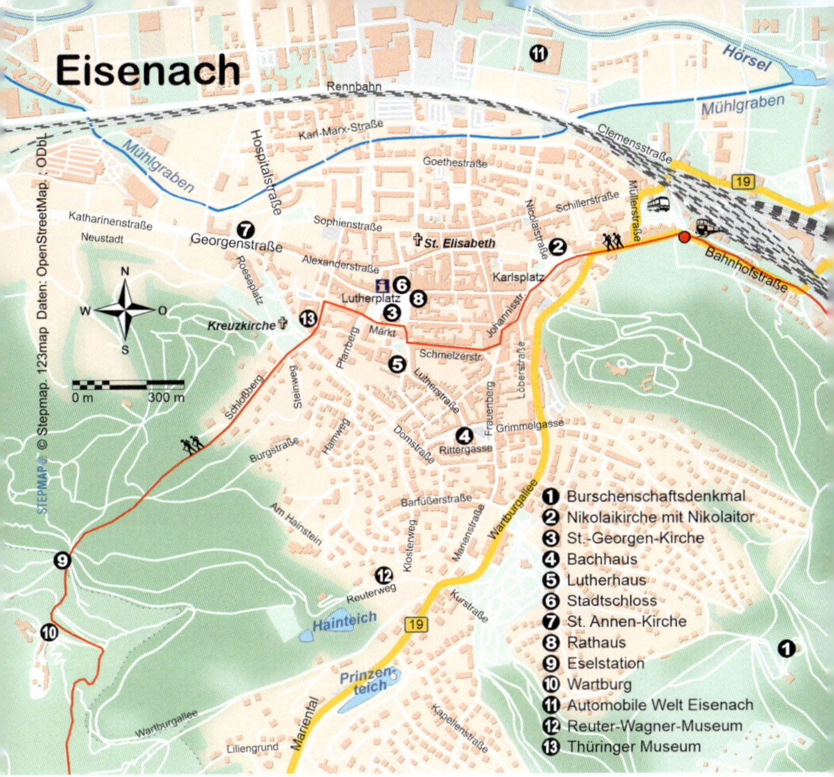

⌘ **Lutherhaus**. In dem prächtigen Fachwerkhaus am Lutherplatz wohnte der Reformator Martin Luther während seiner Eisenacher Schulzeit von 1498 bis 1501. Eine Ausstellung im ältesten Fachwerkhaus Thüringens stellt die herausragende Persönlichkeit Luthers dar.

♦ ☏ 298 30, info@lutherhaus-eisenach.de, www.lutherhaus-eisenach.de, Di bis So 10:00 bis 17:00 (Jan geschlossen)

⌘ **Bachhaus**. Johann Sebastian Bach erblickte vermutlich in diesem Haus in der Straße Frauenplan das Licht der Welt. Heute beherbergt das über 600 Jahre alte Gebäude historische Zeugnisse aus dem Leben des Künstlers sowie eine große Sammlung von Musikinstrumenten.

♦ ☏ 793 40, info@bachhaus.de, www.bachhaus.de, täglich 10:00 bis 18:00

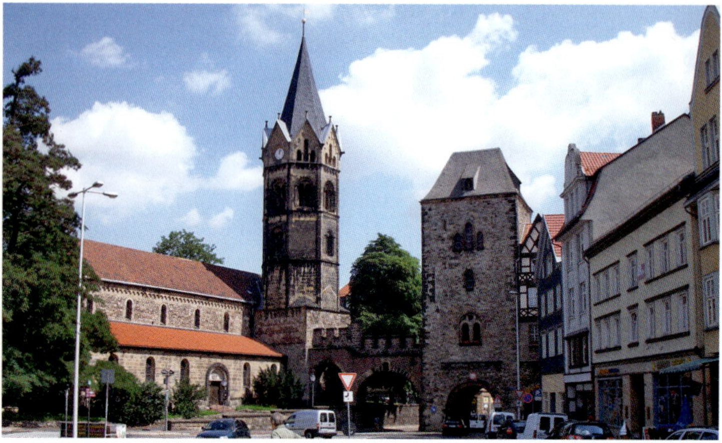

Nikolaikirche und Nikolaitor

⌘ **Reuter-Wagner-Museum**. Unterhalb der Wartburg befindet sich im Reuterweg die Villa des Schriftstellers und Dichters Fritz Reuter, in der er bis zu seinem Tod lebte. Hier befindet sich auch eine umfangreiche und wertvolle Richard-Wagner-Sammlung.

♦ ☏ 74 32 93, ✉ reutervilla@web.de, 💻 www.eisenach.info/kunst-und-kultur/museen/reuter-villa, 🚪 Mi bis So 14:00 bis 17:00

⌘ **Automobile Welt Eisenach**. Im Museum in der Friedrich-Naumann-Straße werden über 100 Jahre Eisenacher Automobilbaugeschichte dokumentiert. Zu sehen sind Fahrzeuge der verschiedenen Epochen.

♦ ☏ 772 12, ✉ museum@awe-stiftung.de, 💻 www.awe-stiftung.de, 🚪 Di bis So 10:00 bis 18:00 (Nov bis März 11:00 bis 17:00)

⌘ **Das schmalste Haus**. Mitten im Stadtzentrum am Johannisplatz steht ein liebevoll saniertes Haus, das so manchem Besucher wahrscheinlich gar nicht auffällt. Geschuldet ist das seiner „Größe“: Mit einer Grundfläche von 20 m^2 und einer Breite von lediglich 2,05 m – aber zwei Stockwerken! – dürfte es wohl die Auszeichnung „schmalstes bewohntes Fachwerkhaus Deutschlands“ verdient haben.

18. Etappe: Eisenach – Oberellen

14,3 km, ca. 4 Std. 15 Min., 261 m, 236 m, 216-423 m

0,0 km	216 m	Eisenach
2,1 km	411 m	Wartburg
4,0 km	327 m	Sängerwiese
8,8 km	373 m	Vachaer Stein
14,3 km	239 m	Oberellen

Die vorletzte Etappe führt von der Stadtmitte steil bergan zur Wartburg, dem weltbekannten UNESCO-Weltkulturerbe. Das einzigartige Gemäuer ist nicht zuletzt dadurch eine der Sehenswürdigkeiten im Thüringer Wald. Immer tiefer führt die Via Regia in das dichte Grün und verläuft dabei auch auf dem historischen und wohl bekanntesten Wanderweg Deutschlands, dem Rennsteig. Hier hat man das Gefühl, der Zivilisation ein Stück entrückt zu sein.

Vom Bahnhof folgen Sie der Bahnhofstraße in Richtung Stadtzentrum. Es dauert nicht lange, bis Sie Nikolaitor und Nikolaikirche vor sich erblicken. Mit dem Durchschreiten des einzig erhaltenen Stadttores haben Sie den Karlsplatz mit dem Lutherdenkmal und die Altstadt erreicht.

Der gepflegte Platz wird links passiert; an seinem Ende schließt sich die Johannisstraße an. Folgen Sie der Straße bis zum Abzweig der Schmelzerstraße, die Sie geradewegs zum Lutherplatz führt. Biegen Sie hier zunächst nach rechts und wenige Meter darauf am Residenzhaus wieder nach links ab. Vom Lutherplatz sind es nur ein paar Meter nach links zum ☞ Lutherhaus. Sie wandern an der St.-Georgen-Kirche vorbei, die sich am Rande des Marktplatzes erhebt.

✞ Die zum Ende des 12. Jh. erbaute **St.-Georgen-Kirche** gilt als die bekannteste Eisenacher Kirche. Bedeutende geschichtliche Ereignisse hängen unmittelbar mit der Kirche zusammen. 1221 heiratete hier der Thüringer Landgraf Ludwig IV. die Königstochter Elisabeth. Elisabeth von Thüringen wurde vier Jahre nach ihrem Tod (1231) heiliggesprochen. Martin Luther predigte wiederholt in der Kirche und 1685 wurde hier Johann Sebastian Bach getauft. 1989 war sie Ausgangspunkt der Demonstrationen gegen das SED-Regime.

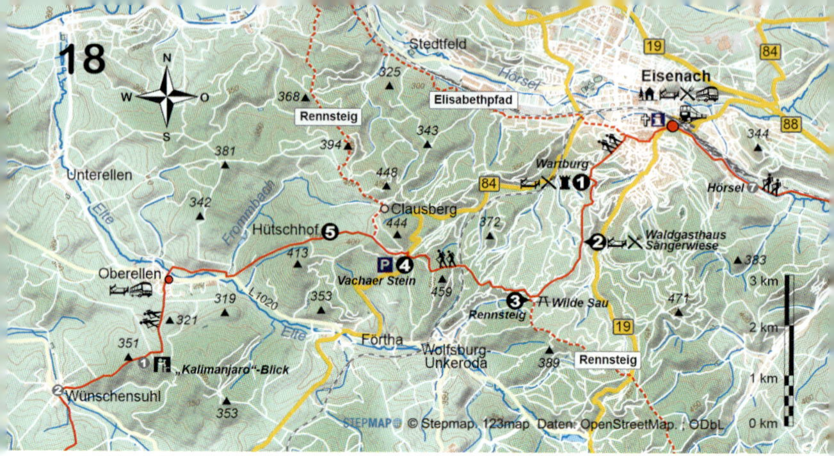

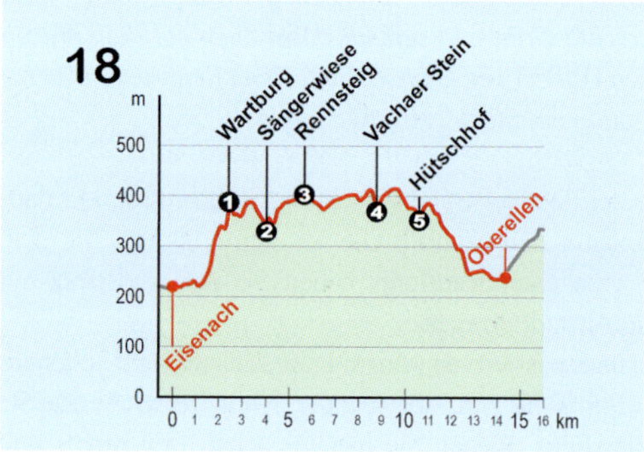

Am Ende des Marktplatzes gehen Sie geradewegs in die Untere Predigergasse. An der nächsten Kreuzung zweigen Sie nach links in die Straße Schloßberg ab. Die Straße steigt nun stetig an und führt, vorbei an einigen herrlichen Villen, aus Eisenach heraus direkt in den Wald. Sie erreichen die Eselstation und folgen weiter dem Fußweg, der direkt hinauf zur Wartburg führt.

Auch wenn der lange Anstieg anstrengend werden kann, am Ende wartet als Belohnung eine weltberühmte Sehenswürdigkeit: die Wartburg ❶. Bevor Sie der Via Regia unmittelbar vor dem Burgtor über die Stufen rechts hinunter folgen, steht natürlich noch der Besuch dieser geschichtsträchtigen Anlage an.

♜ Die erste urkundliche Erwähnung der **Wartburg** geht auf das Jahr 1080 zurück. Der Sage nach soll Graf Ludwig der Springer aus dem Geschlecht der Ludowinger die Burg aber bereits 13 Jahre zuvor gegründet haben. Im Jahr 1155 wird mit dem Bau des Hauptgebäudes begonnen, das heute als der besterhaltene romanische Profanbau nördlich der Alpen gilt. Der Sage nach war die Burganlage in den Jahren 1206/1207 Schauplatz des sogenannten „Sängerkrieges". Bei diesem Wettstreit sollen sich berühmte Sänger wie Walther von der Vogelweide oder Heinrich von Ofterdingen in ihrer Kunst gemessen haben. Stattgefunden hat dieser künstlerische „Krieg" nie, allerdings verdeutlicht die Geschichte anschaulich, welcher Stellenwert der Kunst zu Zeiten von Hermann I. zuteilwurde.

In den Jahren 1211 bis 1228 lebte Elisabeth von Thüringen auf der Wartburg. 1317 wurden große Teile der Burg durch einen Brand zerstört. Martin Luther kam im Jahr 1521 auf die Wartburg und übersetzte hier das Neue Testament in die deutsche Sprache. 1777 besuchte Johann Wolfgang von Goethe zum ersten Mal die Wartburg und fertigte Zeichnungen der Burg an, die heute noch existieren. 40 Jahre später versammelten sich hier anlässlich des 300. Reformationsjubiläums sowie des vierten Jahrestages der Leipziger Völkerschlacht Studenten zur ersten deutschen bürgerlichen demokratischen Versammlung.

Wartburg

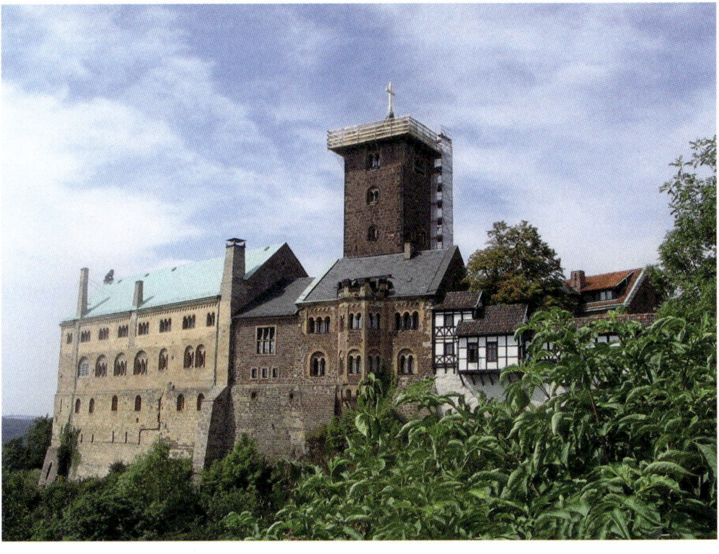

Von 1838 bis 1890 wurde die Wartburg wiederaufgebaut. 1922 nahm die Wartburg-Stiftung ihre Arbeit auf und 1952 begann eine zweijährige Baumaßnahme. Die UNESCO nahm die Wartburg 1999 in ihre Weltkulturerbeliste auf.

Im Jahr 2007 wurde auf der Wartburg des 800. Geburtstags der heiligen Elisabeth mit zahlreichen Veranstaltungen gedacht (und im selben Jahr heiratete hier der Autor dieses Buches). Innerhalb der Gemäuer erinnern insbesondere zwei Räumlichkeiten an den Aufenthalt der heiligen Elisabeth: die Elisabethkemenate und die Elisabethgalerie im ersten Obergeschoss. Die prachtvollen Mosaike an Wänden und Gewölben der Kemenate zeigen das Leben der heiligen Elisabeth. In der Galerie wird dieses auf sechs Fresken dargestellt. Planen Sie für den Besuch der Wartburg und des Museums unbedingt genügend Zeit ein!

♦ ☏ 036 91/25 00, info@wartburg.de, www.wartburg.de, April bis Okt Führungen täglich 8:30 bis 17:00, Schließung des Burgtores 20:00, Nov bis März Führungen täglich 9:00 bis 15:30, Schließung des Burgtores 17:00. Der Innenhof der Burg ist frei zugänglich, die Räumlichkeiten sind nur im Rahmen einer Führung zugänglich.

An der Wartburg startet der Elisabethpfad, der zunächst durch Eisenach und weiter zur nicht weit entfernten Creuzburg, die Elisabeths liebster Aufenthaltsort war, im gleichnamigen Ort führt. Der Weg endet an der Elisabethkirche in Marburg/Lahn. Insgesamt müssen knapp 200 km zurückgelegt werden.

Elisabethpfad, Thorsten Hoyer, Band 255, Conrad Stein Verlag, ISBN 978-3-86686-560-0, € 9,90

Am Ende der Stufen sind einige wegweisende Schilder angebracht, die u. a. auf den Pummpälzweg, den Lutherweg und den rund 3 km entfernten Rennsteig hinweisen. Dieser Beschilderung folgend geht es auf einem Pfad in einigen Kehren durch einen Laubwald kräftig bergab.

Auf dem Pummpälzweg kann man von Eisenach nach Bad Salzungen wandern. Die 28 km lange Strecke ist von kunstvoll geschnitzten Holzskulpturen gesäumt, die der Thüringer Sagenwelt entstammen. Eine dieser Figuren hört auf den Namen Pummpälz. Der Sage nach soll dieser Kobold Wanderern in den Nacken springen und sich tragen lassen. Zum Dank verteilt er dabei Ohrfeigen.

Thüringen und Martin Luther sind untrennbar miteinander verbunden; hier lebte und wirkte er und im ganzen Land stößt man auf Spuren des Reformators. Anlässlich des 500. Jahrestages der Reformation im Jahr 2017 wurde der über 900 km lange Lutherweg, vielmehr ein Wegenetz, als „nur“ ein Weg, kreuz und quer durch Thüringen installiert.

www.lutherweg.de

Ist der Abstieg geschafft, wird der Pfad breiter und verläuft landschaftlich sehr reizvoll durch lichten Eichen- und Buchenwald am Fuße der Wartburg entlang. Der eher seltene Blick auf die Rückseite der Burg ist ebenfalls sehr beeindruckend.

Wenige Minuten später halten Sie sich an der Weggabelung links und wandern schnurgerade in südliche Richtung durch den wunderschönen Wald direkt zum Wander- und Waldgasthaus Sängerwiese ❷.

Die urige Gaststätte bietet nicht nur rustikale Gerichte, sondern auch zwei Appartements. ☏ 036 91/20 32 72, 01 60/843 51 63, www.saengerwiese-eisenach.de, täglich 11:00 bis 17:30

Vom Waldgasthaus führt Sie der Weg leicht ansteigend geradeaus. Hier weist ein Schild in Richtung „Altenberger See“. An der folgenden Kreuzung wandern Sie geradeaus in Richtung Rennsteig weiter. Nach etwa 160 m treffen Sie auf eine weitere Kreuzung, an der Sie nach links abbiegen.

Diesem Weg folgen Sie nun bis zu einer Kreuzung, an der Sie eine Schutzhütte direkt vor sich sehen. Noch ein kurzer Anstieg und Sie haben diese Hütte am Rastplatz Wilde Sau und damit den traditionsreichen Fernwanderweg Rennsteig ❸ erreicht.

Der Rennsteig gilt als der älteste und vermutlich auch bekannteste Fernwanderweg in Deutschland. Er beginnt am Mittellauf der Werra in der zu Eisenach gehörenden Ortschaft Hörschel, führt über die Höhen des Thüringer Waldes, durch das Thüringer Schiefergebirge und den nördlichen Teil des Frankenwalds und endet nach fast 170 km in der Ortschaft Blankenstein am Oberlauf der Saale. Bereits 1830 wurde die Strecke von Julius von Plänckner „erstbegangen“ und beschrieben. Von seinem Reiz hat der Rennsteig im Laufe der

Jahrhunderte nichts eingebüßt und so zieht es auch heute noch Wanderer aus allen Teilen Deutschlands und den Niederlanden auf den Weg. Das Steinkreuz „Wilde Sau" ist ein Sühnekreuz in Malteserform aus dem Jahr 1483 und der älteste der zahlreichen Steine mit Jahreszahl entlang des Rennsteigs. Auf dem Kreuz ist ein Jagdunfall zweier Jäger mit einer wilden Sau dargestellt.

📖 **Thüringen: Rennsteig**, Thorsten Hoyer, Band 113, Conrad Stein Verlag, ISBN 978-3-86686-734-5, € 12,90

Ab hier verlaufen die Via Regia und der Rennsteig auf einer Länge von rund 4 km zusammen. Sie können sich somit von der sehr guten Rennsteigmarkierung – ein weißes R – sicher leiten lassen. Am Wanderparkplatz Vachaer Stein ❹ überqueren Sie die Bundesstraße 84 und folgen dem Waldweg parallel zur Kreisstraße 15, die nach Clausberg führt. Kurz vor der Siedlung trennen sich die beiden Wege. Sie überqueren die schmale Straße nach links, um auf dem asphaltierten Zufahrtsweg vorbei an Wiesen und Feldern zum Hütschhof ❺ zu wandern.

Sie gehen geradeaus weiter und auf dem geschotterten Weg wieder in den Wald. Nach etwa 200 m folgen Sie an der Kreuzung dem Weg geradeaus und haben kurz darauf eine nicht steile, aber doch sehr lange Gefällstrecke bis zur Landstraße 1020 und zum Bach Herrensee vor sich. Etwa 50 m folgen Sie der Landstraße nach rechts und schwenken dann erneut nach rechts auf den asphaltierten Wirtschaftsweg ein. Gleich darauf zweigt nach links ein Feldweg ab, dem Sie bis nach Oberellen folgen. Sobald Sie die ersten Häuser erreicht haben, gehen Sie an der T-Kreuzung nach links, überqueren den Eltebach und folgen der Elte- und Kapellenstraße bis zur Durchgangsstraße (Friedensteinstraße).

Oberellen

🛏 🚌, ca. 830 Einwohner, ✆ 03 69 25

🛏 Ferienwohnungen Stützel, Friedensteinstr. 37, 99834 Oberellen, ☎ 614 05, 💻 www.thueringen.info/haus-stuetzel, verschiedene Übernachtungsangebote, bitte nachfragen

🚌 Von Montag bis Freitag fahren den ganzen Tag über (bis ca. 17:00) verschiedene Buslinien der Verkehrsgesellschaft Wartburgkreis mbH von der Haltestelle „Oberellen Mitte" zum Bahnhof nach Eisenach. Teilweise sind es Direktverbindungen, teilweise muss umgestiegen werden. Samstag und Sonntag gibt es ebenfalls gute Verbindungen (bis ca. 17:40) mit und ohne Umstieg. 💻 www.vgwak.de

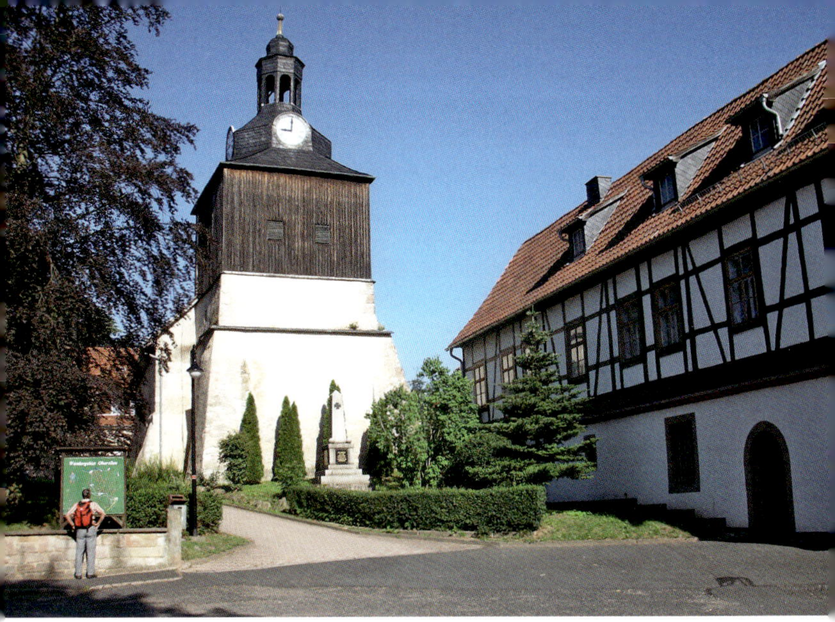

Kirche und Schloss in Oberellen

Ortsgeschichte

Über die Ersterwähnung Oberellens gibt es unterschiedliche Angaben. Als gesichert gilt die urkundliche Erwähnung aus dem Jahr 1121, als das Dorf dem Kloster Reinhardsbrunn zufiel. Möglicherweise fand der Ort aber schon viel früher, nämlich bereits 1014 Erwähnung. Nachdem das Dorf dem Kloster zugesprochen worden war, ernannte dessen Abt die kleine Dorfkapelle zur Klosterkirche.

Im Zuge der Säkularisierung errangen die Adligen von Hansteins die Herrschaft über den Ort. Als adäquate Residenz ließen sie um 1600 ein Schloss erbauen. Für die Adelsfamilie war der Besitz der hiesigen Ländereien lukrativ, denn Oberellen lag nicht nur an der Via Regia, sondern mit den Straßen „durch die kurzen Hessen“ und „durch die langen Hessen“ gleich an zwei weiteren Handelsstraßen, die die Messestadt Frankfurt mit den Messestädten Erfurt und Leipzig verbanden. Der zur Ruine verfallenen einstigen Klosterkirche wurde 1667 neue Aufmerksamkeit zuteil und sie wurde wiederaufgebaut. Fragmente aus dieser Zeit konnten bis in die heutige Zeit gesichert werden und finden sich in der hiesigen Dorfkirche wieder.

19. Etappe: Oberellen – Vacha

24,1 km, ca. 6 Std. 45 Min., ↑ 405 m, ↓ 412 m, ⇧ 224-436 m

0,0 km	⇧ 239 m	Oberellen
3,7 km	⇧ 229 m	Wünschensuhl
8,9 km	⇧ 417 m	Schutzhütte Am Lehnhaus
15,1 km	⇧ 378 m	Schutzhütte Ruhebank
21,6 km	⇧ 238 m	Oberzella
24,1 km	⇧ 233 m	Vacha BANK ⌘

Nun heißt es, Endspurt nach Vacha – und das fast vollständig durch die Stille des Thüringer Waldes. Sobald der Wald verlassen wurde, ändert sich die Landschaft. Mit der Werra ist auch die thüringisch-hessische und damit die ehemalige innerdeutsche Grenze erreicht. Auf der anderen Seite liegt Vacha, das Tor zur Thüringer Rhön und Ziel der Via Regia.

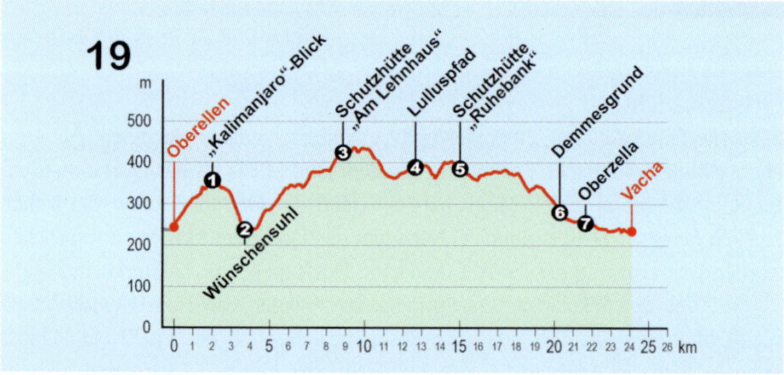

Von der Kapellenstraße wandern Sie geradeaus in die Schafsgasse und an deren Ende nach links in die Weiherstraße. Unter der Eisenbahnbrücke hindurch verlassen Sie Oberellen und wandern geradeaus auf einem von verschiedenen Gehölzen gesäumten Hohlweg bergan bis zum Waldrand. Hier wenden Sie sich nach rechts auf den Wiesenweg, der Sie auf den nächsten rund 1,6 km am Waldrand entlangführt. Ein herrlich zu laufender Weg, von dem Sie weite Blicke über die Landschaft bis hin zum „Kalimanjaro" genießen können ❶.

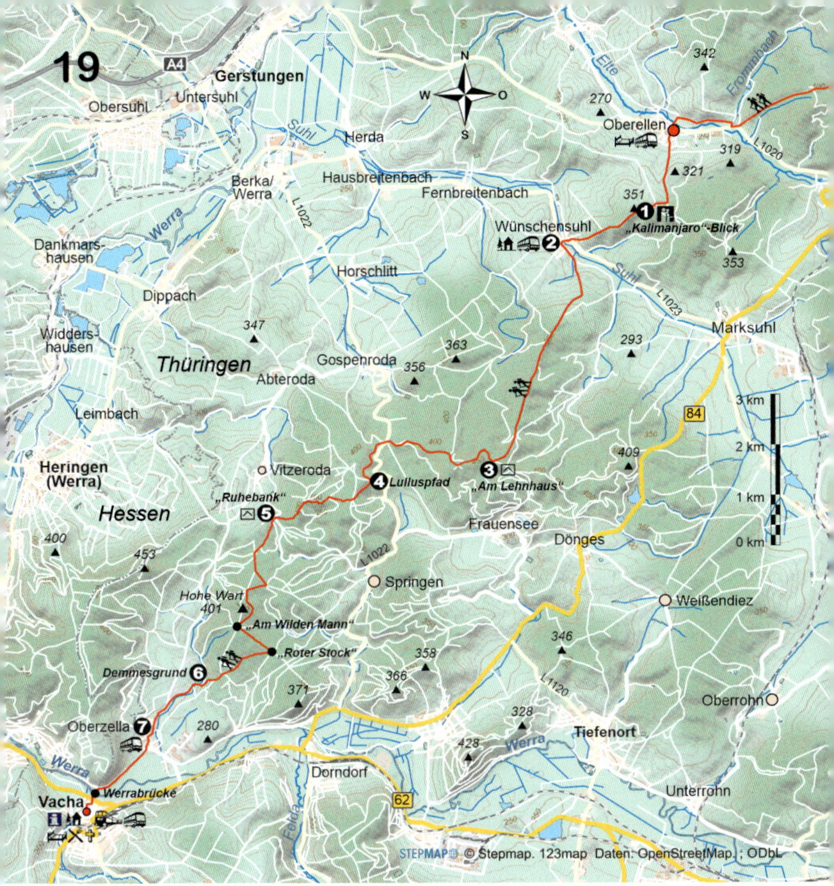

Der umgangssprachlich als Monte Kali oder auch Kalimanjaro bezeichnete künstliche Berg ist eine Abraumhalde des Kalibergbaus. Seit 1973 wurden hier etwa 150 Millionen Tonnen Salz auf rund 200 m Höhe aufgeschüttet und täglich wächst der Berg weiter.

Kurz bevor Sie den Waldrand verlassen, beginnt der Weg bis zur Ortschaft Wünschensuhl ❷ abzusteigen. Am Ortsrand geht der Weg in den Triftweg über, der Sie zur Durchgangsstraße (Salzunger Straße) führt.

Auf diese schwenken Sie nach rechts und wandern nach dem Überqueren des Baches Suhl zu einer nahen Straßenkreuzung, an der Sie nach links in die Wäldersgasse einbiegen.

An der nächsten Kreuzung geradeaus befindet sich in der Straße Zum Rehlos nach nur wenigen Schritten ein Pilgerhostel.

Pilgerhostel direkt an der Via Regia mit fünf Schlafplätzen, 01 63/369 22 24. Übernachtungen auf Anfrage

Die Wäldersgasse führt Sie zum Ortsausgang, wo Sie sich rechts halten. Nach dem Passieren von Stallungen gehen Sie auf dem ansteigenden Feldweg nach rechts bis zum Waldrand. Dem Weg folgen Sie bis zum Ende des Waldrandes und weiter entlang einiger Wiesen und Felder bis zum nahen Wald. Wandern Sie auf diesem Weg die nächsten rund 2,5 km geradewegs weiter und lassen Sie dabei alle Abzweige außer Acht. Dann gelangen Sie an eine große Wegkreuzung, an der Sie auf den halb rechts abzweigenden Schotterweg wechseln. Es ist nicht weit bis zur Kreuzung mit dem Namen „Am Lehnhaus" ❸, an der sich eine Schutzhütte befindet. Biegen Sie nach rechts ab; der Weg macht nun einen weiten Linksbogen. Folgen Sie dem Wegverlauf und ignorieren Sie auf dem nächsten rund 1 km alle Abzweige. Dann treffen Sie auf eine Kreuzung und wandern auf dem nach rechts abknickenden Weg weiter. Waren Sie bisher zumeist in Laubwald unterwegs, wechselt der Baumbestand nun zu Nadelgehölzen. Wieder folgen Sie stetig dem Wegverlauf, bis Sie auf die Landstraße 1022 treffen. Nach dem Queren der Straße gehen Sie ein paar Schritte geradeaus bis zu einer Weggabelung, an der Sie sich links halten. Etwa 200 m weiter müssen Sie sich abermals links halten. Der Weg führt in einigem Abstand zur zuvor gequerten Landstraße in südliche Richtung weiter. Nach rund 1,5 km kommen Sie an eine Kreuzung, an der Sie zunächst geradeaus weiterlaufen, um dann nach ca. 45 m an der Weggabelung nach rechts weiterzuwandern. Auf diesem Schotterweg wandern Sie parallel mit dem Lulluspfad ❹, der mit X16 gekennzeichnet ist.

Der Lulluspfad verbindet auf rund 180 km Länge den Edersee in Nordhessen mit dem Rennsteig. Ungefähr in der Mitte des Wanderweges liegt Bad Hersfeld, dessen Ursprung auf ein vom Mainzer Erzbischof Lullus gegründetes Kloster zurückgeht.

An der nächsten Wegkreuzung – hier weist rechter Hand ein verwittertes Schild auf eine Kaiserbuche hin – macht der breite Weg eine scharfe Linkskurve. Gehen Sie hier aber geradeaus auf dem unbefestigten Waldweg weiter, dem Sie bis zum Kreuzungspunkt „Liethen Eiche“ folgen. Laufen Sie auf dem nun wieder befestigten, nach links abzweigenden Weg, bis Sie an der Kreisstraße 106 angelangt sind. An diesem mit „Ruhebank“ ❺ bezeichneten Kreuzungsbereich befindet sich eine ⌂ Schutzhütte.

Nach dem Überqueren der Straße wandern Sie auf dem breiten Forstweg weiter. Etwa 800 m später halten Sie sich an der Weggabelung links und erreichen wenig später eine Lichtung mit einem kleinen Holzhaus. Hier biegen Sie rechts ab, passieren das Haus und folgen dem Wegverlauf stetig bis zur Kreuzung mit dem Namen „Am Wilden Mann“.

Weiter geht es nach links auf einem etwa 800 m langen, schnurgeraden Weg bis zur Kreuzung „Roter Stock“. Biegen Sie hier nach rechts ab und folgen Sie dem Verlauf des Weges durch den Wald, bis Sie in einem reizvollen Tal mit dem Bach Demmesgrund ❻ ankommen.

Nach den langen Waldetappen ist das herrliche Bachtal eine willkommene Abwechslung. Entlang des Baches gelangen Sie in den Vachaer Ortsteil Oberzella ❼. Gehen Sie durch die Martinstraße und biegen Sie an deren Ende nach links in die Mittelstraße ab. Diese geht im weiteren Verlauf in Wirtsgasse über, auf der Sie am Ortsrand auf die Sachsenheimer Straße (K502) treffen.

Auf der gegenüberliegenden Straßenseite geht es auf einem Fuß-/Radweg rechts nach Vacha. Dieser endet schon bald vor der mächtigen Steinbrücke, die über die Werra direkt nach Vacha führt. Die direkt vor Ihnen stehenden Häuser gehören bereits zum Bundesland Hessen.

i Bis zum 12. November 1989 um 8:00 Uhr verlief hier der Eiserne Vorhang, der während des Kalten Krieges nicht nur Deutschland, sondern Europa über Jahrzehnte in zwei Teile trennte.

Am Ende der **Werrabrücke** überqueren Sie die Straße, gehen in die Straße Untertor, biegen nach rechts in die Straße Kirchplatz ein, passieren die Kirche und erreichen zur Linken den Marktplatz – das Ende der Wanderung auf der Via Regia.

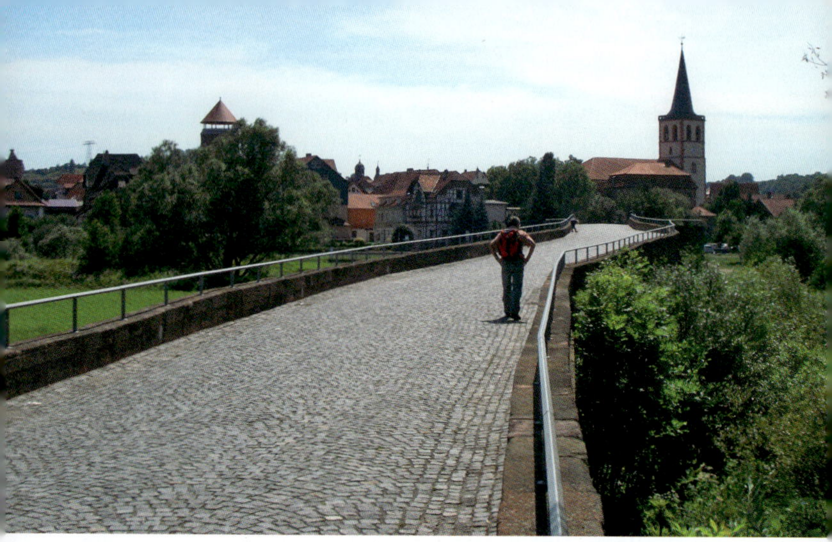

Die letzten Meter geht's über die historische Werrabrücke direkt nach Vacha

Vacha

ca. 3.700 Einwohner, 03 69 62

Stadt Vacha, Bahnhofstraße 24, 36404 Vacha, 26 10, allgemein@vacha.de, www.vacha.de, Mo, Di, Do und Fr 9:00 bis 12:00 (Mi geschlossen), zusätzlich Di 13:00 bis 16:00 und Do 13:00 bis 18:00

Hotel Adler, Markt 1, 36404 Vacha, 26 50, info@hotel-adler-vacha.de, www.hotel-adler-vacha.de, EZ ab € 59, DZ ab € 79

♦ Gasthaus & Pension Zum Oechsetal, Jahnweg 15, 36404 Vacha, 17 74 74 (ab 17:00) und 24 370, 01 57/32 55 08 89, www.thueringen.info/zum-oechsetal, EZ € 42, DZ € 75

Pilgerherberge in einem der ältesten Gebäude Vachas, Kirchplatz 8, 36404 Vacha. Den Schlüssel erhält man bis 18:00 in der Rhönbuchhandlung in der Widemarkter Straße, danach bei den Herbergseltern, 01 51/25 80 45 84. 12 Schlafplätze verteilen sich auf zwei Räume, Preise auf Anfrage.

Von Montag bis Samstag bestehen ab der Haltestelle „Bahnhof“ ganztägig ausreichend Busverbindungen mit der Linie 100 zum Bahnhof Bad Salzungen; von dort gibt es gute Verbindungen mit der Süd-Thüringen-Bahn nach Eisenach. An Sonn- und Feiertagen ist das Angebot „dünner“, aber immer noch ausreichend.

Stadtgeschichte

Vacha wurde im Jahr 817 das erste Mal urkundlich erwähnt. Die Besiedlung der Region sowie die Gründung einer Ortschaft an dieser Stelle lassen sich aber bis in vorgeschichtliche Zeiten zurückverfolgen. Bei Ausgrabungen auf dem etwa 2 km entfernten Öchsenberg (oft auch nur „Öchsen" genannt) wurden Steinwälle entdeckt, die auf eine befestigte stadtähnliche Anlage keltischen Ursprungs schließen lassen. Im Jahr 1186 wurde Vacha in einer Urkunde als Stadt betitelt. Eine erste Erwähnung fand im selben Jahr ebenfalls die Werrabrücke. Bestand diese zunächst noch aus Holz, wurde 1342 eine imposante Natursteinbrücke, bestehend aus 14 Bögen, errichtet. Die 225 m lange Brücke war für die Via Regia von großer Bedeutung, denn nun waren Reisende und Güter nicht mehr auf das riskante und zeitraubende Übersetzen mit Booten angewiesen. Durch Vachas Lage an mehreren Handelsstraßen wuchs die Bedeutung der Stadt. Dem wurde im 13. Jh. durch den Bau der Stadtmauer und der Burg Wendelstein Rechnung getragen. Die Burg wurde in direkter Ufernähe errichtet, sodass die strategisch wichtige Werrabrücke perfekt überwacht und kontrolliert werden konnte. Über die Jahrhunderte blieb die Burg von Beschädigungen weitgehend verschont, weshalb sie heute als eine der wenigen noch erhaltenen Stadtburgen Deutschlands gilt. In der Burg lädt das Stadt- und Heimatmuseum zu einem geschichtlichen Rückblick ein.

Teil der Heimatgeschichte sind auch die hiesigen Aufstände während des Deutschen Bauernkrieges. Im Jahr 1524 erhoben sich die Bauern (und Arbeiter) und begehrten gegen die sie unterdrückende Feudalgesellschaft auf. Die Aufstände wurden blutig niedergeschlagen und die Rädelsführer verfolgt. An diese Geschehnisse erinnert eine am Burggemäuer angebrachte Gedenktafel. Während des Aufstandes wurde das Kloster des seit Ende des 14. Jh. in Vacha ansässigen katholischen Serviten-Ordens zunächst besetzt, bis es 1527 der Säkularisierung ganz zum Opfer fiel. Reste des Klosters sind heute Teil der Friedhofskapelle, die auch noch gotische Wandfresken des einstigen Ordens beherbergt.

Aufgrund der unmittelbaren Nähe zu Hessen wechselte die Zugehörigkeit Vachas mehrfach zwischen Thüringen und Hessen. Nach dem Zweiten Weltkrieg befand sich Vacha in der Sowjetischen Besatzungszone und wurde vier Jahre später Teil der Deutschen Demokratischen Republik. Die Folge war, dass sich die Stadt aufgrund der Lage unmittelbar an der Grenze zur Bundesrepublik in einer penibel überwachten Sperrzone befand, die nur noch mit Sondergenehmigungen erreicht werden konnte.

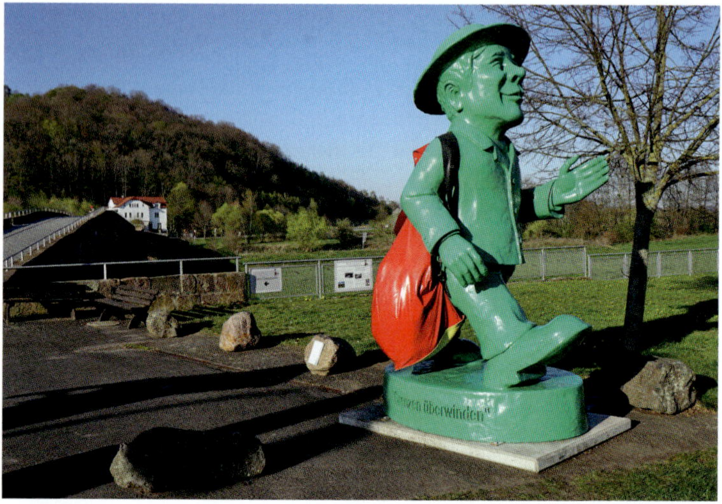

Die Statue in Vacha erinnert an die überwundene Teilung Deutschlands

War Vacha über Jahrhunderte eine wichtige Handelsstation entlang der Via Regia sowie wirtschaftliches und kulturelles Zentrum der Region gewesen, so befand sich die Stadt nun in weitgehend isolierter Lage.

Bestand hatte die tödliche Grenze glücklicherweise nicht: Seit dem 12. November 1989 kann die historische Werratalbrücke wieder begangen werden. Das Positive dieser Isolation war, dass Vacha von uniformen Plattenbauten verschont und fast der gesamte mittelalterliche Stadtkern erhalten blieb. Der Marktplatz mit dem prächtigen Fachwerkrathaus und dem Vitusbrunnen (beides aus dem Jahr 1613) sowie den zahlreichen ansehnlich restaurierten Fachwerkhäusern hessischen Stils ist ein außergewöhnlicher Genuss.

⌘ **Stadtmuseum in der Burg Wendelstein**. Ist die Werrabrücke überquert, erhebt sich zur Linken die Burg Wendelstein. Das hier eingerichtete Stadtmuseum informiert über die Geschichte Vachas, über das Leben der Menschen in früheren Zeiten sowie über die Grenzgeschichte und zeigt eine Puppensammlung.

♦ ☏ 228 39, museum-vacha@t-online.de, www.museum-vacha.de,
Di bis Fr 10:00 bis 17:00 (Mi nur bis 12:00), Sa, So und Feiertage 14:00 bis 17:00

✝ **Johanniskirche**. Die evangelische Stadtkirche wurde in den Jahren 1821 bis 1824 errichtet. Da es an dieser Stelle zuvor bereits zwei Kirchenbauten gab, findet man an dem „Neubau" auch noch deren Bausubstanz.

Sie haben es geschafft, Sie sind auf der alten Handelsstraße Via Regia von der deutsch-polnischen Grenze quer durch die Bundesländer Sachsen, Sachsen-Anhalt und Thüringen direkt bis zur Grenze nach Hessen gewandert – rund 450 km! Dabei haben Sie Städte mit einem enormen Schatz an historischen Zeugnissen kennengelernt, passierten verschlafene Dörfer, sind durch ganz unterschiedliche Landschaften gestreift und haben hoffentlich viele schöne und spannende sowie genussvolle und heitere Zeiten erlebt.

Die Motivation, auf Wanderschaft zu gehen, ist so unterschiedlich wie die Menschen selbst. Dass das schon seit vielen Jahrhunderten so ist, zeigt uns ja eindrucksvoll die Geschichte der Via Regia. Und daran wird sich wahrscheinlich auch in den nächsten Jahrhunderten nichts Grundsätzliches ändern. Ob nun Wandern oder Pilgern, immer steckt das eine auch in dem anderen. Auch wenn die Beweggründe unterschiedlicher Natur sind, am Ende einer Reise steht immer das gute Gefühl, angekommen zu sein. Dabei ist es gar nicht unbedingt entscheidend, wie das „Auf-dem-Weg-Sein" vorher definiert wurde. Manchmal sind Umwege notwendig, die im Nachhinein aber vielleicht wichtig waren, um sicher anzukommen. Dafür lohnt auch ein Rückblick! Ich wünsche Ihnen, dass Sie den Weg zu Ihrem Ziel nicht aus den Augen verlieren.

Oder sagen Sie sich nun so etwas wie „Was, schon am Ziel?", „Da geht noch was!" oder „Wohin als nächstes?", dann empfehlen wir:

📖 **Jakobsweg von der Rhön an die Donau**, Martin Simon, Band 235, Conrad Stein Verlag, ISBN 978-3-86686-768-0, ca. € 17,90, Neu 2023

☺ Anlässlich des 30. Jahrestages der deutschen Wiedervereinigung wanderte Thorsten Hoyer entlang des Grünen Bandes, der ehemaligen innerdeutschen Grenze. Gestartet am Dreiländereck Sachsen-Bayern-Tschechien erreichte er nach 1.250 km und 24 Tagen die Ostsee. Eine Wanderung voller Geschichte und Geschichten!

💻 www.opigez.de/grenzerfahrungen/

Index

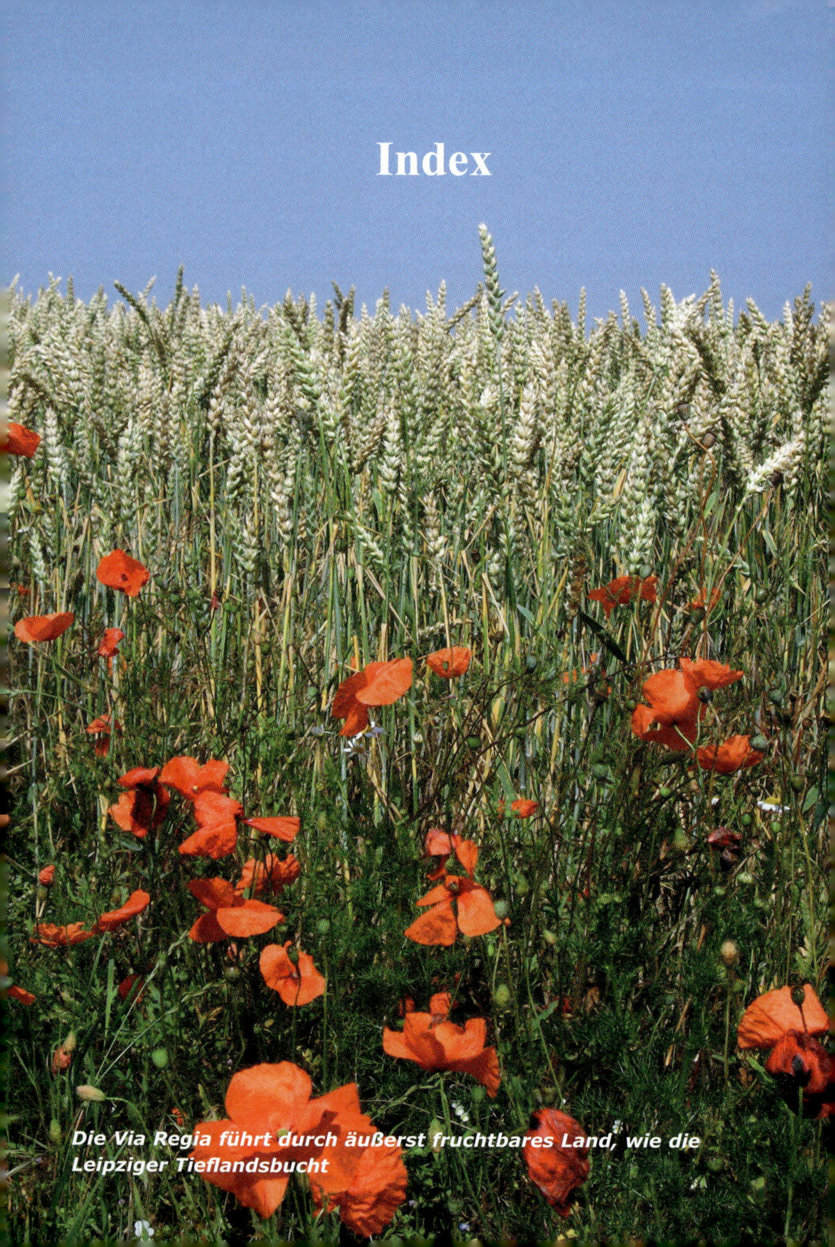

Die Via Regia führt durch äußerst fruchtbares Land, wie die Leipziger Tieflandsbucht